WERNER TEUBNER

Kodifikation und Rechtsreform in England

Schriften zur Rechtsgeschichte

Heft 7

Kodifikation und Rechtsreform in England

Ein Beitrag zur Untersuchung des Einflusses von Naturrecht und Utilitarismus auf die Idee einer Kodifikation des englischen Rechts

Von

Dr. Werner Teubner

DUNCKER & HUMBLOT / BERLIN

Gedruckt 1974 bei Berliner Buchdruckerei Union GmbH., Berlin 61
Printed in Germany
ISBN 3 428 03152 0

Vorwort

Die folgende Arbeit ist aufgrund von Anregungen entstanden, die ich im Seminar zur Deutschen Rechtsgeschichte von Herrn Professor Dr. Gerhard Dilcher in Berlin erhalten habe. Dieses Seminar, das sich über zwei Jahre mit Fragen und Problemen der Entwicklung des Gesetzesbegriffs und einer Gesetzgebungswissenschaft beschäftigte, legte den Grund für diese Studie und weckte den Entschluß, das vorliegende Thema als Dissertation zu bearbeiten. Herrn Professor Dilcher schulde ich in diesem Zusammenhang besonderen Dank für Hinweise und interessierte Förderung.

Dank schulde ich weiter den Mitarbeitern der Bibliothek des Britischen Museums, die mir umfangreiche Literatur- und Quellenstudien ermöglicht haben, sowie Herrn Ministerialrat a. D. Dr. Johannes Broermann, der die Arbeit in sein Verlagsprogramm aufgenommen hat.

Die Arbeit ist meiner Frau und meiner Mutter gewidmet, die durch ihre geduldige Unterstützung die Fertigstellung mitgetragen und ermöglicht haben.

Werner Teubner

Gliederung

Fünftes Kapitel

Rechtsreformen im 18. und 19. Jahrhundert 86

Sechstes Kapitel

Siebentes Kapitel

Achtes Kapitel

Verzeichnis der Abkürzungen

ABGB	= Das Allgemeine bürgerliche Gesetzbuch (Österreich)
AJLH	= The American Journal of legal History, Philadelphia 1957 ff. (Band, Jahr, Seite)
ALR	= Allgemeines Landrecht für die preußischen Staaten
A.ö.R.	= Archiv des öffentlichen Rechts, Tübingen
Barn. & Ald.	= Barnewall and Alderson's Reports, 5 Bände, London 1818 - 1822
Bing.	= Bingham's Reports, 10 Bände, London 1823 - 1834
Burr.M.	= Burrow's Reports temp. Mansfield, 5 Bände, London 1812
Cambr.L.J.	= The Cambridge Law Journal, London 1921 ff. (Band, Jahr, Seite)
Ch.	= Chancery
Commons Journal	= Journals of the House of Commons, Printed by the order of the House of Commons, London 1547 ff. (Band, Jahr, Seite)
Co.Rep.	= Coke Reports, 6 Bände, London 1826
Col.L.R.	= Columbia Law Review, New York 1901 ff. (Band, Jahr, Seite)
C.P.	= Common Pleas
DNB	= The Dictionary of National Biography, hrsg. von Leslie Stephen und Sidney Lee, London 1887 ff. (Nachdruck 1937 - 1938), (Band und Seite)
E.R.	= English Reports, 178 Bände, Edinburgh 1900 - 1932 (Band und Seite)
H.L.R.	= Harvard Law Review, Cambridge, Mass. 1887 ff. (Band, Jahr, Seite)
HRG	= Handwörterbuch zur Deutschen Rechtsgeschichte, hrsg. von Adalbert Erler und Ekkehard Kaufmann, Berlin 1971
HZ	= Historische Zeitschrift, hrsg. von Theodor Schieder und Walter Kienast, München (Band, Jahr, Seite)
Journal of the House of Commons	= Journals of the House of Commons, London 1803 bis 1863

Journal of the House of Lords	=	Journals of the House of Lords, Printed by the order of the House of Lords, London 1846 - 1887 (Band, Jahr, Seite)
Juridical Society	=	Papers read before the Juridical Society, hrsg. von V. und R. Stevens und G. S. Norton, London 1855 ff. (Band, Jahr, Seite)
JZ	=	Juristenzeitung, Tübingen
K.B.	=	King's Bench
Ld. Raym.	=	Lord Raymund's Reports, 3 Bände, London 1790
L.Q.R.	=	The Law Quarterly Review, London 1885 ff. (Band, Jahr, Seite)
M.L.R.	=	The Modern Law Review, London 1937 ff. (Band, Jahr, Seite)
Plowd.	=	Plowden's Commentaries or Reports, London 1684
S.A.L.R.	=	Butterworth's South African Law Review, Durban 1954 - 1957 (Band, Jahr, Seite)
Select Essays	=	Select Essays in Anglo-American Legal History by Various Authors, compiled and edited by a Committee of the Association of American Law Schools, 3 Bände, Boston 1907 (Nachdruck Frankfurt a. M. 1968)
SS	=	The Publications of the Selden Society, London 1888 (Band, Seite)
St.Tr.	=	Howell's State Trials, 1163 - 1820, 34 Bände, London 1816 ff.
T.L.R.	=	Tulane Law Review, New Orleans 1916 ff. (Band, Jahr, Seite)
T.R.	=	Turner's Reports, London 1832
Vjsch. f. Soz. u. Wirtsch.	=	Vierteljahresschrift für Sozial- und Wirtschaftsgeschichte, Wiesbaden (Band, Jahr, Seite)
Y.B.	=	Year Books
Y.L.R.	=	The Yale Law Review, New Haven, Conn. 1891 ff. (Band, Jahr, Seite)
ZRG (Germ. Abt.)	=	Zeitschrift der Savigny-Stiftung für Rechtsgeschichte, Germanistische Abteilung, Weimar (Band, Jahr, Seite)

Einleitung

Die vorliegende Arbeit unternimmt den Versuch, die Frage der Auswirkungen der europäischen Kodifikationsbewegung des 17. und 18. Jh. auf die Rechtsentwicklung Englands zu untersuchen. Es ist dies ein Problembereich, der dem kontinentaleuropäischen Rechtshistoriker in der Regel kaum in das Blickfeld rückt. England gilt traditionsgemäß als Land des „judge made law“, des „ungeschriebenen Gewohnheitsrechts“[1], und damit erscheint häufig das Vorhandensein eines nichtkodifizierten Rechts als hinreichend erklärt.

Das Interesse der deutschen Rechtshistoriker beschränkte sich lange Zeit fast ausschließlich auf die Untersuchung des angelsächsischen Rechts als Quelle und Zeugnis germanischen Rechts, wobei Bahnbrechendes und Grundlegendes geleistet wurde[2]. Zum Teil gilt dies auch noch für das Mittelalter, weil man hier besonders in der Verfassungsgeschichte parallele Entwicklungen feststellen zu können glaubte. Die späteren Epochen haben jedoch nur wenig Aufmerksamkeit gefunden[3]. Die Entwicklungen waren fremd und erschienen wenig vergleichbar. Ab dem 16. Jh. schwindet das Bild Englands so gut wie ganz aus den Augen der deutschen Rechtshistoriker. Interesse finden zwar noch die Ideen von Ockham, Hobbes und Locke, aber sie bilden Ausnahmen und werden nur in bezug auf ihre Einordnung in die europäische Geistesgeschichte behandelt. Dieser Zug verstärkt sich noch für das 17., 18. und 19. Jh. Auf dem europäischen Kontinent ist dies die Zeit des Usus modernus und der neu aufblühenden Natur- und Vernunftsrechtslehre, die in den Kodifikationen ihren Höhepunkt und Abschluß findet. Man weist zwar mitunter darauf hin, daß der Begriff „Codification“ von dem Engländer

---

[1] Die Bezeichnung als „ungeschriebenes Gewohnheitsrecht“ ist nicht korrekt, denn weder ist das Recht „ungeschrieben“, da es in zahlreichen Reports in Form von Entscheidungen und in Gesetzen — Statutes — schriftlich niedergelegt ist, noch ist es „Gewohnheitsrecht“, da es sich um bewußte Rechtsschöpfung der Gerichte handelt, die durch die so geschaffenen Präjudizien — Precedents — die Rechtsprechung binden.

[2] Vgl. z. B. *R. Schmid*, Die Gesetze der Angelsachsen, 1858; *Felix Liebermann*, Die Gesetze der Angelsachsen, 1903; *Heinrich Brunner*, Die Geschichte der englischen Rechtsquellen im Grundriß, 1909.

[3] In der Zeitschrift der Savigny-Stiftung für Rechtsgeschichte, Germanistische Abteilung, finden sich z. B. nur in den Jahrgängen der 20er und 30er Jahre und dann erst wieder ab 1959 einige Buchbesprechungen zur englischen Rechtsgeschichte, und zwar in der Regel Werke englischer Autoren.

Jeremy Bentham stamme, doch ein näheres Eingehen auf die Entwicklung des englischen Rechts dieser Zeit findet in aller Regel nicht statt[4]. Diese Ausblendung hat ihre Ursachen wohl einmal in der Grundthese der historischen Schule, daß Recht als Ausdruck des nationalen Volksgeistes zu betrachten, zu untersuchen und darzustellen sei, und zum anderen auch in den Kodifikationen der Neuzeit selbst, die allgemein eine Nationalisierung des Rechts zur Folge hatten und so zusätzlich den Forschungsbereich der Rechtswissenschaft verengten[5]. Wenn man doch einmal den Blick nach England und auf die Geschichte seines Rechts wandte, so geschah dies häufig, um bewußt oder unbewußt politisch motiviert Reformvorstellungen und Änderungsvorschläge zu legitimieren und zu begründen, indem man auf angebliche Vorteile oder Vorzüge hinwies[6].

Arbeiten einer vergleichenden Rechtsgeschichte[7] gab und gibt es jedoch nur wenige[8]. Gerade aber eine Verbindung von Rechtsvergleichung und

---

[4] Selbst in der englischen rechtshistorischen Literatur findet das Problem der Kodifikationsbewegung recht wenig Beachtung. In dem umfassenden 16bändigen Werk von Holdsworth wird diese Frage etwa nur auf knapp 3 Seiten behandelt (*Holdsworth*, History VI, S. 316 - 318).

[5] *Coing*, Privatrechtsgeschichte, S. 26 f. Als typisch kann das Zitat des Belgiers *Laurent* gelten: „Man spricht von Privatrecht, ich kenne kein Privatrecht, ich kenne nur den Code civil."

[6] Bekannt ist hier vor allem das wissenschaftliche und politische Wirken *Rudolf von Gneists*, der mit der Erforschung der englischen Verfassungs- und Verwaltungsgeschichte zugleich eine politische Rechtfertigung für seine Idee der Selbstverwaltung aus dem Gegensatz des kontinentalen Konstitutionalismus zum englischen Parlamentarismus und zum Selfgovernment entwickelte. Man vgl. hierzu etwa das Vorwort zur Englischen Verfassungsgeschichte, in dem deutlich die Verbindung zwischen Forschungsgegenstand und politischem Ziel hergestellt wird. Als weiteres Beispiel kann auch das Werk von *F. C. Dahlmann*, Die Politik auf den Grund und das Maß zurückgeführt, Göttingen 1835, dienen, in dem über *de Lolme* die englische Verfassungsstruktur das konstitutionelle Denken im Vormärz deutlich beeinflußte (vgl. *Ritter*, S. 405).

[7] Zur Frage der Rechtsvergleichung allgemein vgl. *David-Grasmann* m. w. Literaturnachweisen und *Zweigert-Kötz*.

Als Beispiel können hier u. a. die Arbeiten von *H. Mitteis* zum Lehnrecht, *E. Rabel* (z. B. The Statute of frauds and comparative legal history, L.Q.R. 63 [1947] 174 ff); *Koschaker*, Europa und das Römische Recht, *Peter*, Actio und Writ, und *Sten Gagner*, Studien zur Ideengeschichte der Gesetzgebung, dienen. Daß auf dem Gebiet der vergleichenden Rechtsgeschichte erhebliche Lücken gerade auch bei dem Problemkreis der Kodifikationsbewegung in Europa vorhanden sind, wird auch von *Coing*, Privatrechtsgeschichte, S. 32, ausdrücklich festgestellt.

Zur grundsätzlichen Frage des Verhältnisses von Rechtsvergleichung und Rechtsgeschichte als Problem der Entwicklungsgeschichte der Rechtsideen eines „Urrechts", d. h. dem Vorhandensein „universeller Institutionstypen" (*Post*, Grundriß der ethnologischen Jurisprudenz, 1894), gegenüber der Annahme von immanenten Elementen des Rechts als gleichrichtende Faktoren, z. B. „Reziprozität" (*Thurnwald*, Die menschliche Gesellschaft, 1934), die zwangsläufig bei bestimmten gesellschaftlichen und wirtschaftlichen Entwicklungen zum Tragen kommen, vgl. *Rehfeld*.

[8] Nicht Bezug genommen wird hier auf die umfangreiche Literatur, die sich mit dem geltenden englischen Recht befaßt. Es kann insoweit auf die ausführ-

Rechtsgeschichte erscheint erforderlich, um das Bemühen um ein Verständnis der eigenen nationalen Rechtsgeschichte zu fördern und in einen größeren Zusammenhang zu stellen. Die Entwicklungen der nationalen Rechte erfolgten nicht regional isoliert, sondern im Geben und Nehmen aller europäischen Völker. Nur durch das Betreiben einer vergleichenden Rechtsgeschichte werden Ähnlichkeiten, Unterschiede und Übernahmen im Laufe der Rechtsentwicklungen der Völker deutlich, die auch sonst durch gemeinsame Tradition, Einflüsse und Elemente eng verbunden sind[9]. Diese Forderung nach einer verstärkten Berücksichtigung der Rechtsvergleichung in der Rechtsgeschichte gilt insbesondere für das Recht Englands, und zwar deshalb, weil auch eine Untersuchung des heutigen englischen Rechts notwendig dessen geschichtliche Entwicklung berücksichtigen muß, da dieses viel stärker, als es der kontinentaleuropäische Jurist von seinem Rechtssystem gewohnt ist, aus seiner Geschichte und Tradition lebt und noch in dieser begrifflich und inhaltlich verwurzelt ist. Eine Systemvergleichung bedarf also hier rechtsgeschichtlicher Forschung. Eine vergleichende Rechtsgeschichte kann im Falle Englands somit auch zu einem tieferen Verständnis der bestehenden Rechtsstruktur führen und damit eine weitere Funktion neben der der Aufgabe der Erhellung der eigenen Rechtsgeschichte erfüllen.

Der Verfasser will sich nicht unterfangen zu behaupten, nun beispielhaft eine solche Arbeit vergleichender Rechtsgeschichte Englands und Deutschlands vorgelegt zu haben. Es sollte jedoch versucht werden, an einem bestimmten Punkt zu zeigen, wie Entwicklungen, die unserer Rechtsgeschichte leicht als zwangsläufig und unabwendbar erscheinen, in einem anderen Lande abweichend verlaufen sind; aus welchen Gründen das englische Recht in einer historischen Situation eine bestimmte Richtung genommen hat. Der Leser mag dann im Vergleich zur kontinentaleuropäischen Rechtsgeschichte Hilfen dafür gewinnen, die Ursachen der Entwicklung seines Rechtsbereichs und deren Gründe deutlicher und mit vielleicht neuen Schwerpunkten zu sehen. Selbstverständliches mag dann in das Blickfeld einer neuen Befragung rücken.

England durchläuft gegenwärtig eine Periode zunehmender Verknüpfung mit und Anpassung an Kontinentaleuropa. Der Beitritt zur Europäischen Gemeinschaft wird weitere beträchtliche Einwirkungen auf die bestehenden britischen Institutionen und auf das Recht haben. Großbritannien sieht sich damit vor die Frage gestellt, ob und inwieweit es sich dem kontinentaleuropäischen System des kodifizierten Rechts

---

lichen Bibliographien bei *David-Grasmann*, S. 626 ff., und *Blumenwitz*, S. 2 ff., hingewiesen werden.

[9] *Coing*, Privatrechtssystem, S. 16, hat dies überspitzt dahin formuliert: „Mit einem gewissen Maß an Übertreibung läßt sich sagen, daß die verschiedenen europäischen Kodifikationen nur verschiedene Interpretationen der gleichen geistesgeschichtlichen Tradition darstellen ..."

anpassen soll[10]. Es ist dies ein Problem, das sich schon einmal in der englischen Geschichte stellte, und das damals durch Ablehnung einer Kodifikation entschieden wurde. Das englische Recht ging seinen eigenen Weg. Heute sind die Schwierigkeiten der rechtstechnischen und politischen Verwirklichung von Plänen einer Kodifizierung des englischen Rechts im Grunde die gleichen wie vor 150 Jahren. Eine Darstellung ihrer Geschichte mag daher auch zum Verständnis und zur Lösung der heutigen Fragen beitragen.

[10] Dieses Problem wird gegenwärtig in besonderen Kommissionen behandelt, die durch die Law Commissions Act 1965 (45 Stats. 1540) vom Parlament eingesetzt wurden. Section 3 (1), die die Aufgabenstellung umschreibt, lautet: "It shall be the duty of each of the Commissions to take and keep under review all the law with which they are respectively concerned with a view to its systematic development and reform, including in particular the codification of such law, the elimination of anomalies, the repael of obsolete and unneccessary enactments, the reduction of the number of separate enactments and generally the simplification and modernisation of the law." Vgl. hierzu *Marsh*, S. 485 ff. und *Gardiner-Martin*.

Erstes Kapitel

Einführung

Bevor die eigentliche Problematik dieser Arbeit näher behandelt wird, erscheint es notwendig, dem kontinentaleuropäischen Leser und Juristen einige Begriffsbestimmungen zu geben, um von Beginn an vermeidbaren Mißverständnissen vorzubeugen.

I. Englisches Recht

Der Terminus „englisches Recht“[1] ist sowohl geographisch als auch begrifflich abzugrenzen. Englisches Recht ist territorial nicht mit dem Recht Großbritanniens identisch, da Schottland, Irland, die Isle of Man und die Kanalinseln ein besonderes Privatrecht besitzen. Es handelt sich also nur um das Recht des historischen Königreichs England und zumindest seit 1830 auch um das von Wales. Der Begriff „englisches Recht“ wird weiter manchmal dahin verstanden, daß er im Gegensatz zum kontinentaleuropäischen Rechtskreis den der angloamerikanischen Rechtsfamilie bezeichnet. Diese letztere Bezeichnung ist jedoch die üblichere und auch sachlich angemessene Umschreibung, so daß auch hier die entsprechende begriffliche Unterscheidung vorgenommen werden soll. In der Literatur wird in diesem Zusammenhang weithin auch der Begriff Common Law als Gegensatz zum „civil Law“ als Umschreibung des im anglo-amerikanischen Rechtskreis geltenden Rechts verwandt. Diese gebräuchliche Verwendung des Terminus Common Law im weiteren Sinne ist insofern nicht ganz unproblematisch, da von der englischen Rechtsquellenlehre her gesehen, das Common Law neben Equity und Statute Law nur eine der drei Hauptquellen des englischen Rechts darstellt; ein Umstand, der dem kontinentaleuropäischen Leser nicht immer geläufig ist. In dieser Arbeit soll der Begriff Common Law nur in dem letzteren engeren Sinne verwandt werden.

II. Englische Rechtsquellenlehre

In der englischen Rechtsquellenlehre[2], die grundsätzlich von der kontinentaleuropäischen, von einem strengen Gesetzesbegriff geprägten

---

[1] In England: „English law“, „the law of England“ oder „the laws of England“.

[2] Zur Darstellung der englischen Rechtsquellenlehre vgl. *Walker and Walker,*

Theorie, abweicht, werden zwei Hauptgruppen unterschieden, und zwar das Richterrecht — Case Law — und das Gesetzesrecht — Statute Law. Rechtsprechung und Gesetz spielen also im englischen Recht eine andere Rolle als in dem stärker vom römischen Recht geprägten kontinentalen System.

Im Bereich des Case Law stehen sich zwei Normenkomplexe gegenüber, und zwar Common Law und Equity. Unter Common Law versteht man das historische Recht, das durch die Richter der königlichen Gerichte in Westminster geschaffen und bis heute fortentwickelt wurde. Es ist — wie auch durchgängig in der englischen Literatur üblich[3] — nur diese historische Beschreibung möglich, da eine begriffliche oder nach Sachgebieten orientierte Abgrenzung praktisch nicht durchführbar ist. Eine Unterscheidung in Gesetzesrecht und Common Law — gleich Richterrecht — ist, wie oben bereits erwähnt wurde, nicht exakt, da sich dieses aus Common Law und Equity zusammensetzt.

Der Normenbereich der Equity[4] entstand auf Grund der Prärogativrechte der englischen Krone historisch später als das Common Law und sollte ursprünglich dazu dienen, Schwerfälligkeit und Formalismus desselben in Einzelfällen auszugleichen. Es erfolgte jedoch schon bald eine Entwicklung und Verfestigung zu einem eigenständigen Komplex von Rechtssätzen.

Kennzeichnend ist, daß sowohl Common Law als auch Equity sich innerhalb bestimmter, rivalisierender Gerichtsbarkeiten entwickelten; Gerichtsverfassung, Verfahrensrecht und materielles Recht also eng verbunden sind. Noch 1949 wird in einem Werk Equity dahin definiert[5],

---

S. 37 ff.; *Philip James*, S. 8; *David-Grasmann*, S. 380 f. m.w.N.

Mehr theoretische und rechtsphilosophische Gedankengänge finden sich bei *H. L. A. Hart*, The Concept of Law, Oxford 1961, und *J. Stone*, Legal System and Lawyers Reasoning, London 1964.

Die Frage nach den Rechtsquellen muß hier auf das mehr formale Problem reduziert bleiben, was rechtstechnisch als Erkenntnisquelle des Rechts anzusehen ist. Nach noch herrschender Lehre gilt in Deutschland der Grundsatz, daß nach einer verkürzten Formel allein „Gesetz und Gewohnheitsrecht" als Quellen gelten. Das sog. Richterrecht bleibt hier ausgespart. Nur wenn man von einer mehr empirischen Betrachtungsweise kommend als Recht das versteht, was an Aussagen von den Gerichten tatsächlich angewandt und gehandhabt wird, kann man auch die richterliche Spruchpraxis als primäre Rechtserkenntnisquelle anerkennen. Vgl. *Dreier*, S. 4 ff., zum Stand der Diskussion und für weitere Literaturnachweise.

[3] Vgl. *Walker and Walker*, S. 37 ff.; *Philip James*, S. 13 f.

[4] Der Terminus „Equity" leitet sich vom Begriff „aequitas" ab, ohne daß aber heute noch Equity mit Billigkeitsrecht übersetzt werden könnte. Letzteres wird in England mit „natural justice" bezeichnet.

[5] *Maitland*, Equity, S. 1, "Thus we are driven to say that Equity now is that body of rules administered by our English courts of justice which, were it not for the operation of the Judicature Acts, would be administered only by those courts which would be known as Courts of Equity".

daß es die Summe der Normen sei, die von den Equity-Gerichten ausschließlich angewendet werden müßte, wenn nicht die reformierenden Judicature Acts erlassen worden wären. Die prozessuale Konkurrenz von Common Law und Equity wurde erst durch die Judicature Acts (1873 bis 1875) aufgehoben. Erst jetzt war jedes Gericht ermächtigt, beide Normenbereiche anzuwenden.

Unter Statute Law versteht man das durch das Parlament oder ermächtigte Körperschaften legislativ gesetzte, schriftliche Recht. Historisch hatte es zunächst die Funktion, das Case Law zu ergänzen oder durch veränderte soziale Bedingungen notwendig gewordene Berichtigungen vorzunehmen[6].

Weitere anerkannte Rechtsquellen wie Gewohnheitsrecht — Custom — und die Werke bestimmter Autoren — Books of Authority[7] — haben keine erhebliche Bedeutung.

Die Rechtsquellen können nicht danach gegliedert werden, welche Rechtsmaterien sie regeln, sondern sie beinhalten — sich überlappend — Regelungen auf allen Rechtsgebieten. Es besteht damit eine abweichende Rechtsstruktur, eine andere Gliederung der Rechtsgebiete, bzw. letzteres steht völlig im Hintergrund, während das Primäre die Einteilung nach Rechtsquellen ist.

---

[6] Die Anzahl der Statutes ist jedoch ständig im Steigen begriffen. So hat man errechnet (vgl. *Esther Brown*, S. 204), daß der erste Band der Sammlung der Statutes die Zeit von 1225 - 1340, also 115 Jahre, umfaßt, die nächsten drei Bände umfassen 2 Jahrhunderte, also etwa 66 Jahre pro Band, die folgenden drei Bände führen bis zum Jahre 1660, also 38 Jahre pro Band. Die verbleibenden 40 Jahre füllen wiederum drei Bände, also je 13 Jahre. Das 18. Jh. umfaßt 31 Bände, und damit 3 Jahre pro Band. Im 19. Jh. benötigt man bereits 95 Bände und für die Folgezeit rechnet man jedes Jahr mit wenigstens einem Band.

Zitierweise der Gesetze: Im 12. und 13. Jh. bezeichnete man die Statutes zunächst nach den Orten, in denen sie beschlossen worden waren, z. B. Statute of Westminister. Später benutzte man auch die römisch-kanonische Methode, die Zitierung nach den ersten Worten des Textes vorzunehmen, etwa Statute Quia Emptores. Unter Edward II. (1307 - 1327) erfolgte dann die Bezeichnung bezogen auf den Herrscher und dessen Regierungsjahr, z. B. 15 Richard II., c. 5, d. h. Statute aus dem 15. Regierungsjahr Richards II., und zwar Kapitel — caput — 5. Die letztere Benennung beruhte auf der Annahme, daß jedes Parlament nur ein Gesetz während jeder Session erlasse, und man daher die verschiedenen „Einzelgesetze" unter je einen „caput" zusammenfaßte. Als es später üblich wurde, daß das Parlament mehrmals innerhalb eines Regierungsjahres tagte, wurde die jeweilige Sitzungsperiode mit einer römischen Ziffer bezeichnet, z. B. 2 Hen. V, St. II, c. 1. (Vgl. *Lévy-Ullmann*, S. 244 ff.).

Als neuere Zitierweise wird häufig unter Bezug auf die Gesetzessammlung von Halsbury (Halsbury's Statutes) das Statute unter Angabe des jeweiligen Bandes und der Seitenzahl genannt, z. B. 2 Stats. 505 gleich Bills of Exchange Act 1882. Diese letzte Form der Zitierung wird in der Arbeit häufig verwandt werden.

[7] Z. B. *Glanville*, Tractatus de Legibus et Consuetudinibus Angliae, 1189; *Bracton*, De Legibus et Consuetudinibus Angliae, um 1250; *Littleton*, Of Tenures, um 1480; *Fitzherbert*, Natura Brevium, 1543; *Coke*, Institutes of the Laws

III. Kodifikation

Zur Darstellung der Probleme bedarf es weiter einer begrifflichen Klarlegung dessen, was in dieser Arbeit unter „Kodifikation" verstanden werden soll, und verbunden damit eine Abgrenzung dieses Begriffs gegen den englischen Terminus „consolidation".

1. Kodifikation

Unter einer Kodifikation ist im strengen Sinne die Zusammenfassung der Rechtsregeln einzelner oder mehrerer Sachgebiete in einem einheitlichen und systematisch gegliederten Gesetzbuch zu verstehen. Ein solches Gesetzbuch ist damit die ausschließliche Normenquelle für die geregelte Materie[8]. Für eine Kodifikation in England würde dies bedeuten, daß es keine konkurrierenden Rechtssätze aus Common Law, Equity oder Statutes zu einem solchermaßen abschließend geregelten Gebiet geben dürfte, daß also nicht wie heute neben einem Gesetz — Statute — noch weitere im Prinzip gleichrangige Normen aus Common Law oder Equity existieren könnten. Hier zeigt sich deutlich der grundlegende Unterschied zwischen der englischen Rechtsquellenlehre und der kontinentalen Gesetzestheorie[9], eine konsequent durchgeführte Kodifikation würde daher für England eine Durchbrechung und letztendlich Aufhebung dieses bis heute noch grundlegenden Prinzips bedeuten.

Dieser allgemeine Begriff der Kodifikation ist jedoch für die zu untersuchende historische Situation des 18. und 19. Jh.s weiter zu konkretisieren. Diese Konkretisierung wird jedoch in einem späteren Abschnitt erfolgen, um dann unmittelbar die Untersuchung der Auswirkungen und Konsequenzen auf das englische Recht anschließen zu können.

2. Consolidation

Im angloamerikanischen juristischen Sprachgebrauch wird der Begriff „codification" nicht nur in diesem uns geläufigen Sinne verwandt[10]. Er beinhaltet vielmehr mitunter auch ein bloßes „restatement" oder eine „republication" der gesetzlichen Bestimmungen in der besonderen Form der Consolidation. Eine Consolidation bedeutet die Zusammenfassung aller gültigen Gesetze — Statutes — einer bestimmten Materie; in einem

---

of England, 1628 - 1641 (das bekannteste und wohl noch am meisten zitierte der Books of Authority); *Blackstone*, Commentaries on the Laws of England, 1765.

[8] Vgl. allgemein zur Frage der Kodifikation als methodisches Problem: *Hirsch*, S. 115 ff.

[9] Es gibt jedoch einige Gesetze in England, die als Teilkodifikationen bezeichnet werden können, z. B.: Bills of Exchange Act 1882 (2 Stats. 505); Partnership Act 1890 (17 Stats. 579); Sale of Goods Act 1893 (42 Stats. 885); Larceny Act 1916 (5 Stats. 1011); Income Tax Act 1952 (31 Stats. 1).

[10] *Allen*, S. 476 f.; *Ilbert*, S. 128; vgl. für Beispiele *Pollock*, Partnership, S. XII; Solicitor Journal 18, S. 754. *Holdsworth*, Movement, S. 35.

einheitlichen, neuen Gesetzestext unter gleichzeitiger Aufhebung der früheren Gesetzesnormen. Maßnahmen dieser Art werden in der englischen Gesetzgebung dann getroffen, wenn im Laufe der Zeit die zu regelnde Materie sich in zahlreiche Gesetze unterschiedlichen Alters aufgesplittert hat und so die Rechtssicherheit gefährdet erscheint[11].

In einer Consolidation kann aber sehr wohl die notwendige Vorstufe einer Kodifikation gesehen werden, da sie eine partielle Vereinfachung und Verdeutlichung des bestehenden Rechtszustandes bewirkt; ihr Ziel ist jedoch nicht das einer inhaltlichen Rechtsreform, obwohl dies nicht selten ein zwangsläufiges Nebenergebnis ist[12]. Der Unterschied zu einer Kodifikation liegt also darin, daß eine Consolidation nur das Gesetzesrecht, die Statutes, betrifft, so daß neben dem neugefaßten vereinheitlichten Gesetzestext das Case-Law als weitere Rechtsquelle bestehen bleibt.

Im Ergebnis kann jedoch eine solche Consolidation dann eine Teilkodifikation darstellen, wenn durch diese eine Materie betroffen ist, die ihrer Natur nach oder aus historischen Gründen allein durch gesetztes Recht, Statutes, geregelt ist. Dies gilt z. B. heute für weite Bereiche des Strafrechts[13] und der Gerichtsverfassung[14].

---

[11] *Walker and Walker*, S. 98; *Scarman*, Codification, S. 8; *Ilbert*, S. 111 ff. Das Verfahren ist heute in der Consolidation of Enactments (Procedure) Act (24 Stats. 465) geregelt. Als Beispiele moderner Consolidations: Perjury Act 1911 (5 Stats. 963), in der 132 Statutes zusammengefaßt wurden, Marriage Act 1949 (28 Stats. 650) and Matrimonial Causes Act 1965 (45 Stats. 443).

[12] Vgl. z. B. die Ausführungen in Nottinghamshire County Council v. Middlesex County Council 1936 1 K.B. 141 (145, 146). Grundsätzlich sind jedoch durch die Consolidation of Enactments (Procedure) Act nur „corrections and minor improvements" gestattet. Sollen solche Veränderungen vorgenommen werden, bedarf es hierzu eines ausdrücklichen Beschlusses des Parlaments.

[13] *Walker and Walker*, S. 6.

[14] *Walker and Walker*, S. 74.

Zweites Kapitel

Entwicklung des englischen Rechts

Um die methodischen und politischen Schwierigkeiten, die am Ende des 18. Jh.s einer Kodifikation entgegenstanden, richtig abzuschätzen und einordnen zu können, ist es insbesondere für den kontinentaleuropäischen Leser notwendig, einen kurzen Abriß der Entwicklung des englischen Rechts und der Rechtsquellen zu geben. Zum Verständnis der Struktur und der Quellen des englischen Rechts sind weit mehr als bei den kontinentalen Systemen historische Kenntnisse erforderlich. Besondere Berücksichtigung bei dieser Einführung werden die Entwicklung der Gesetzgebung und frühere Kodifikationsbestrebungen im Zusammenhang mit dem Bemühen um ein schriftliches und systematisiertes Recht zu finden haben, um den Stand der Entwicklung und die Schwierigkeiten der Durchführung einer Kodifikation im 18. und 19. Jh. beurteilen zu können.

I. Römische Zeit

Obwohl die Herrschaft Roms über England knapp vier Jahrhunderte dauerte, ist diese Epoche ohne jeden Einfluß auf die Rechtsentwicklung Englands geblieben[1], so daß sich aus jener Zeit keine nachweisbaren Spuren in den englischen Rechtsbräuchen und Einrichtungen finden[2].

II. Angelsächsische und dänische Epoche

Die seit dem 5. Jh. nach England eingeströmten angelsächsischen und dänischen Stämme setzten nach dem Abzug der Römer und dem Abdrängen der keltischen Urbevölkerung ihre germanischen Gewohnheits- und Stammesrechte als alleingültige Rechtsordnung durch[3]. Diese Rechte bilden somit den Ausgangspunkt der Entwicklung des englischen Rechts.

---

[1] Vgl. allgemein *Maitland*, Essays, S. 7 f.; *Trevelyan*, Geschichte, Bd. I, S. 19; *Lyon*, S. 15.

[2] *Holdsworth*, History II, S. 13; *Winfield*, S. 54 f., *Maitland*, Essays, S. 99 f.

[3] Vgl. allgemein *Holdsworth*, History II, Part I und II; *Pollock and Maitland*, Histroy I, Kap. 1 und 2; *Senior*, S. 191.

Mit dem Einsetzen der Christianisierung um 600 n. Chr. drangen mit der Entwicklung der Kirche langsam wieder Kenntnisse der Traditionen der römischen Zivilisation und damit auch des römischen Rechts ein. Unter diesem Einfluß[4] und unter dem Druck sich verändernder sozialer Strukturen wie etwa der Bildung größerer Staatseinheiten, die nicht mehr allein durch eine schriftlose Rechtskultur, durch Findung des Rechts im Thing, beherrscht werden konnten, begannen die englischen Könige den Versuch, Teile der ungenauen und unsicheren Regeln des Gewohnheitsrechts schriftlich niederzulegen. So erscheinen seit dem Jahre 600 n. Chr. mit den Gesetzen Aethelberhts, Alfreds (871 - 901), den „Dooms" Knuts des Großen von 1029, in denen die bestehenden Rechtssätze einer bewußten Auswahl und Prüfung unterzogen worden waren[5], und zahlreichen kleineren Zusammenfassungen die ersten schriftlich niedergelegten Rechtsregeln. Zum Unterschied zu anderen sog. „leges barbarorum" auf dem Kontinent waren diese vermutlich fast vollständig in angelsächsischer Sprache verfaßt[6].

Offen bleiben muß hier die Frage, ob die Idee bewußter Rechtsschöpfung dem germanischen Rechtsdenken als solchem fremd war, ob es also nur schriftlich niedergelegtes — aufgeschriebenes — nicht jedoch durch Gesetzesakt geschaffenes — geschriebenes — Recht kannte[7], oder ob bereits Ansätze vorhanden waren[8], die dann unter dem Einfluß des römischen Rechts weiterentwickelt wurden.

Bis zur normannischen Invasion wird also das Rechtsleben Englands in seinen einzelnen Königreichen durch weitgehend rein germanische Gewohnheitsrechte[9], die teilweise schriftlich niedergelegt sind, beherrscht. Ein einheitliches Recht bestand jedoch nicht.

---

[4] In *Bede*, Kap. V, p. 90, findet sich z. B. im Zusammenhang mit der Darstellung der Gesetzgebung durch König Aethelberht der Satz, „... etiam decreta illi iudiciorum iuxta exempla Romanorum ..."; vgl. auch *Plucknett*, History, S. 8, 316 ff.; *Cam*, S. 13; *Radcliff and Cross*, S. 2; *Holdsworth*, Histroy II, S. 14, *Lyon*, S. 15.

[5] *Lévy-Ullmann*, S. 21.

[6] *Jenks*, History, S. 4; *Potter*, S. 10; *Holdsworth*, History I, S. 19.

[7] *Conrad*, Rechtsgeschichte, Bd. I, S. 345; *Cam*, S. 12.

[8] Für England führt dies *Plucknett*, History, S. 317, aus. Diese Meinung erscheint in Hinblick auf die Vorsprüche zu den Gesetzessammlungen der angelsächsischen Könige nicht unvertretbar, vgl. etwa *Liebermann*, Bd. I, S. 9 (Hlothaere und Eadvic um 685), S. 47 (Alfred um 899), S. 129 (Alfred und Guthrum um 921).

[9] Vgl. allgemein *Richardsson* and *Sayles*.

III. Normannische Zeit und die Entwicklung bis zur Thronbesteigung Henry VIII. (1066 bis 1509)

Ihren entscheidenden Einschnitt und Impuls erfährt die englische Rechtsgeschichte mit der Eroberung der Insel durch die Normannen[1]. Für viele Rechtshistoriker beginnt erst eigentlich mit dem Jahre 1066 die Rechtsgeschichte Englands[2]. Zwar erklärt William the Conqueror die alten angelsächsischen Rechte ausdrücklich für fortbestehend[3] — Lagam Eadwardi regis vobis reddo —, um so seinen Anspruch als Throninhaber zu legitimieren, den er auf ein angebliches Erbrecht und nicht auf das Recht des Eroberers gründen will. Faktisch wird jedoch für das englische Recht eine neue Epoche eingeleitet, in der zahlreiche neue Quellen und Einflüsse der überlegenen Kultur der Eroberer wirksam werden.

1. Zentralisation

Eine grundlegende und für die Zukunft entscheidende Neuerung stellte schon der Aufbau einer starken Zentralgewalt dar[4], die auf einer streng feudalistisch und hierarchisch geordneten Gesellschaft beruhte und bereits unter Henry II. (1154 bis 1189) praktisch vollständig auf London als den Sitz des Königshofes konzentriert war[5]. Bei den englischen Verfassungskämpfen des Mittelalters ging es daher im wesentlichen um die Kontrolle dieses zentralen Staatsapparates, ohne daß aber dessen Existenz oder Nützlichkeit in Frage gestellt wurde, weil dieser zur Ausübung der legitimen Macht unentbehrlich war[6]. England ist daher dem Schicksal einer Aufsplitterung in Territorialstaaten und dem folgend einer Rechtszersplitterung entgangen.

2. Entwicklung der Gerichtsbarkeit

Die Zentralisierung der Verwaltung der Machtausübung betraf naturgemäß auch das Gerichtswesen. Am Hof von Westminster wurden im Laufe der Zeit durch allmähliche organisatorische Ausgliederung aus der curia regis — dem Rat der Barone und Bischöfe als den unmittelbaren Lehensträgern — eine Reihe von königlichen Gerichten gebildet[7], und zwar der Court of Common Pleas, Cour of Exchequer und Court of King's Bench.

---

[1] Vgl. allgemein für die Rechtsentwicklung dieser Zeit bis Edward I (1307) das noch immer grundlegende Werk von *Pollock and Maitland*, The History of English Law, in 2 Bänden; weiter *Holdsworth*, History, Bd. II und III.
[2] *Lévy-Ullmann*, S. 15 m.w.N.; *Walker and Walker*, S. 37.
[3] *Plucknett*, History, S. 13, 15.
[4] *Plucknett*, History, S. 11, 13; *Mitteis*, S. 209 ff.
[5] *Holdsworth*, Some Makers, S. 11; *Löwenstein*, S. 15 ff.
[6] *Holdsworth*, History II, S. 217.
[7] *Plucknett*, History, S. 139 ff.; *Holdsworth*, History I, S. 32 ff.

Nach wechselvollem Kampf mit den geistlichen und weltlichen Feudalherren, in dessen Verlauf die Magna Charta eine bedeutsame Rolle spielte, haben die königlichen Gerichte in England am Ende des Mittelalters im Gegensatz zum Kontinent praktisch auf den wichtigsten Gebieten die volle Zuständigkeit erreicht[8]. Es existierte zwar noch lange Zeit eine ausgedehnte Gerichtsbarkeit der Landherren und Städte (z. B. Courts Baron, Court Leet, Manorial Courts, Kirchengerichte usw.) in deren lokalen Bereichen, doch wurden diese mehr und mehr zurückgedrängt und verloren, was hier entscheidend ist, jeden Einfluß auf die Rechtsentwicklung in England. Diese vollzog sich vielmehr allein an den königlichen Gerichten in Westminster und später im Parlament[9].

3. Entwicklung der Gerichte und des Common Law

Die Entwicklung der königlichen Gerichte[10] und des Common Law kann nur gemeinsam betrachtet werden, da beide in ihrem Werden und Entstehen eng miteinander verknüpft sind. Zunächst standen sich noch die lokalen Patrimonialgerichtsbarkeiten und die Königsgerichte gegenüber. Die ersteren wandten in weitgehend ungebrochener Tradition lokales Gewohnheitsrechts an[11], während dem König nur in Ausnahmen die hohe Gerichtsbarkeit zustand. Die Gerichte von Westminster entschieden in Angelegenheiten der königlichen Finanzen (Exchequer), des feudalen Grundbesitzes (Common Pleas) und bei schweren Delikten (King's Bench)[12]. Zur Lösung der hier auftauchenden Probleme waren die überkommenen lokalen Rechtsbräuche jedoch in der Regel nicht geeignet. Es mußten daher neue, allgemein gültige Rechtssätze geschaffen werden; es war also ein Königsrecht als überregionales Recht neben dem lokalen Recht zu bilden.

Dieses neue Recht für ganz England wurde das Common Law[13]. Es wurde einmal aus dem Stoff der vorhandenen lokalen Rechte und Rechtsgewohnheiten geschaffen, indem die Richter hier einer verglei-

---

[8] *Plucknett*, History, S. 105; *Holdsworth*, Some Makers, S. 30; *Koschaker*, S. 170 ff.

[9] Schon bald nach der normannischen Eroberung gab es etwa ein eigenes königliches Gerichtsverfahren. Vgl. Leges Heinrici, 6, lb (*Liebermann*, Bd. I, S. 552): „Legis enim Angliae trina est partito ... alia enim Westsexia, alia Mircenia, alia Ornelaga est, Praeter hoc tremendum regiae majestatis titulamus imperium, quod praeesse jugiter legibus et salubriter frequentamus advestendum ..."

[10] Vgl. die kurze und übersichtliche Darstellung bei *Mitteis*, Staat, S. 303 ff.

[11] *Holdsworth*, History II, S. 151 ff.; *Cam*, S. 14.

[12] *Holdsworth*, History II, S. 173.

[13] Common Law seinerzeit im Law French „commune ley" genannt. Law French ist bis in das 17. Jh. die Sprache der englischen Juristen. Es bildet also in England neben dem Lateinischen eine weitere spezifische Gelehrtensprache. Die Herkunft des Begriffes Common Law dürfte aus dem Begriff Ius Commune der Kanonisten abzuleiten sein.

chende Auswahl trafen und so die gefundenen Ergebnisse über die zu treffenden Entscheidungen im Laufe der Zeit zu allgemeinen Rechtsprinzipien erhoben[14]. Weitere Elemente wurden dem römischen und kanonischen Recht entnommen[15]. Eine nicht unerhebliche Grundlage zur Entwicklung des Common Law bildete auch die frühe Gesetzgebung. Die dort getroffenen Regelungen und die Einführung neuer Entscheidungskriterien wurden zum Ausgangspunkt weiterführender Gerichtsentscheidungen[16], bis hinter der Summe der Präjudizien das einstige „Gesetz" völlig in den Hintergrund trat.

Das Common Law wurde also durch die Gerichtspraxis von Entscheidung zu Entscheidung geschaffen und aufgebaut. Es ist als Ausdruck allgemeinen Rechtsgefühls und politischer Entscheidungen der königlichen Gerichte des Mittelalters eine reine Zweckschöpfung, also wahrhaft „judge made law". Mitgetragen wird diese Entwicklung von einem sich langsam bildenden, ebenfalls auf London konzentrierten juristischen Berufsstand und dessen enger sozialer und organisatorischer Bindung[17].

Geprägt wird das Common Law in der Entwicklung seiner Form und seines Inhalts durch das Verfahrensrecht und nicht durch Bildung einer materiell-rechtlichen Dogmatik. Grundlage ist die Institution des „writ"[18], der eine besondere Eigentümlichkeit des englischen Rechts darstellt und noch heute den Rechts- und Justizaufbau, die Systematik und die Terminologie beeinflußt[19]. Ein writ stellte die Zulassung zur Klage vor einem königlichen Gericht dar, Ausgangspunkt war dabei der Grundgedanke, daß überall dort, wo die Interessen der Krone betroffen seien, auch ein königliches Gericht zuständig sein müsse[20].

---

[14] *Holdsworth*, History II, S. 218.

[15] Vgl. Zweites Kapitel, III, 6.

[16] *Holdsworth*, Sources, S. 38.

[17] Vgl. *Holdsworth*, History II, S. 484 ff. Die spätere Erklärung und Rechtfertigung, daß es sich um „General immemorial custom" — allgemeines, althergebrachtes Gewohnheitsrecht — handele, ist eine reine Fiktion (*Jenks*, History, S. 76), die vorwiegend im politischen Kampf um das Supremat des Common Law entwickelt wurde.

[18] Vgl. ausführlich *Maitland*, Forms of Action; *Holdsworth*, History II, S. 512 ff. Vgl. hierzu die kurze und übersichtliche Darstellung bei *Rheinstein*, S. 12 f.

Ähnlichkeiten bestehen mit der actio des römischen Rechts; „nihil aliud quam ius persequendi in indicio quod sibi debetur" (D 44, 7, 51), so daß man das englische Recht des Mittelalters durchaus als ein „Aktionenrecht" bezeichnen kann (vgl. *Pollock and Maitland*, Bd. II, S. 558 ff.; *Peter*, Actio und Writ).

[19] Obwohl diese Klageform 1832 formell aufgehoben wurde, stellte Maitland noch 1909 fest, „the forms of action, we have buried, but they still rule us of our graves". (*Maitland*, Forms of Action, S. 2).

[20] So argumentierte man etwa, daß jede verweigerte Vertragserfüllung die Steuerfähigkeit des Klägers beeinträchtigte und daher die Interessen des Staates berühre.

Rechtstechnisch bedeutete ein writ die Anweisung des Königs an den Beklagten, so zu handeln, wie der Kläger auf Grund der von ihm behaupteten Tatsachen vorträgt, daß es rechtens sei. Weigerte sich der Beklagte, so mußte der Kläger vor Gericht um eine Bestätigung seines writs nachsuchen. Gegenstand des gerichtlichen Verfahrens war also prozessual nicht der materielle Anspruch, sondern die Frage, ob dieser writ erlassen werden durfte und aufrecht zu erhalten sei. Alle Rechtsstreitigkeiten vor den königlichen Gerichten stellen sich also im Grunde als „Streitigkeiten des öffentlichen Rechts" dar, da es theoretisch um die Rechtmäßigkeit eines Aktes der Krone ging.

Wurde zunächst ein writ für bestimmten Anspruchstypen nur von Fall zu Fall erteilt, so bildete sich bald eine allgemeine Übung, und es entstand eine Liste von writs — die „brevia de cursu" —[21], die jedermann, der die jeweiligen Voraussetzungen erfüllte, zur Verfügung stand. Es entstanden so im Laufe der Zeit bestimmte Fallgruppen, die von den Gerichten in Westminster als zu dem Interessenkreis der Krone gehörig angesehen wurden. Da die Rechtsprechung der königlichen Gerichte rationeller und in Verfahren und Vollstreckung effektiver[22] als die der Patrimonialgerichte war, stieg die Zahl der Gesuche um einen writ ständig. Diese Tendenz wurde von seiten der Krone bewußt aus macht- und finanzpolitischen Erwägungen gefördert[23]. Die Frage der Berechtigung zur Erteilung und Neuschaffung von writs ist daher ein Hauptpunkt der Streitigkeiten zwischen der Krone einerseits und den Feudalherren und der Kirche andererseits. In der Magna Charta (1215) und den Provisions of Oxford (1258) wird es den Gerichten untersagt, neue writs zu schaffen[24]. Diese Position muß jedoch im Statute of Westminster II (1285) gegenüber dem erstarkten Königtum aufgegeben werden. Die Folge ist, daß bis 1300 die Zahl der writs auf etwa 300 ansteigt, wobei aber betont werden muß, daß diese neuen writs praktisch nur Variationen der bereits bestehenden Typen waren, da sie nur „in consimili casu" ergehen durften. Daneben entwickelten sich jedoch die sog. „actions on the case"[25], durch die tatsächlich auch neue Zuständigkeiten für die Common Law Gerichte erschlossen wurden[26]. Diese Klagen

---

[21] 1227 gab es erst 56 writs.

[22] Hier sind insbesondere die Einführung der Jury (vgl. *Plucknett*, History, S. 106 ff.) und die Möglichkeit vor einem königlichen Gericht von Partei und Zeugen einen Eid zur Wahrheitsfindung zu erzwingen und das Erscheinen von Zeugen durchzusetzen, zu erwähnen (*Jenks*, History, S. 162 ff.).

[23] Vgl. *Fesefeldt*, S. 18 f.

[24] *Holdsworth*, History II, S. 207 ff.

[25] *Walker and Walker*, S. 56; *Radcliff and Cross*, S. 79 ff.; *Plucknett*, History, S. 28. Die eigentliche Herkunft dieser „actions on the case" ist nach wie vor umstritten. Vgl. die Darstellung des Meinungsstandes bei *Rheinstein*, S. 13.

[26] Hierzu ein Beispiel aus dem Vertragsrecht: Nachdem ursprünglich Ansprüche aus privaten Vereinbarungen vor dem königlichen Gericht nicht eingeklagt werden konnten, argumentierte man später, daß unter bestimmten

„super casum“ bildeten die eigentliche Grundlage für die Weiterentwicklung des Common Law[27]. Gegen Ende des Mittelalters bestehen bei den königlichen Gerichten schließlich weitgehende Zuständigkeiten für die wichtigsten Rechtsgebiete[28]. Die Patrimonialgerichtsbarkeiten haben praktisch alle Bedeutung für die Rechtsentwicklung verloren[29]. In der Theorie blieben die königlichen Gerichte jedoch bis in das 19. Jh. Ausnahmegerichte. Die Entwicklung verläuft also umgekehrt als auf dem Kontinent, wo es die territorialen Gerichtsbarkeiten waren, die nach und nach die Kompetenzen der königlichen Gerichte an sich zogen oder übertragen erhielten und so in Richtung auf eine weitere Dezentralisierung wirkten. Hand in Hand mit dem Sieg der königlichen Gerichtsbarkeit setzte sich zwangsläufig auch das Common Law als grundlegende Rechtsordnung durch.

Zusammenfassend lassen sich mit Maitland[30] die folgenden sechs Punkte anführen, die entscheidend die Entwicklung des Common Law und der königlichen Gerichtsbarkeit gefördert haben:

1. Unter den normannischen Königen half die Krone mit dem Mittel des writ of right den tatsächlichen oder angeblichen Mängeln der Patrimonialgerichte ab.
2. Unter Henry II. (1154 - 1189) galt als Grundsatz, daß niemand gegen seinen Willen gezwungen werden konnte, das Besitzrecht an seinem Land rechtfertigen zu müssen, es sei denn, daß ein königlicher writ vorlag.
3. Henry II. bestimmte weiter, daß ein Beklagter bei bestimmten, Grund- und Boden betreffenden Fragen vor einem königlichen Gericht die Entscheidung durch eine Jury (Grand Assize) und nicht durch Zweikampf verlangen konnte.
4. Die von Henry II. eingesetzten Assisengerichte für Landbesitzfragen (possesory assizes) übergingen bewußt die feudalen Gerichte und erlangten durch die Schnelligkeit ihrer Entscheidungen großen Zuspruch.
5. Die Institution des „contempt“ (d. h. Mißachtung einer gerichtlichen Anordnung) wurde gezielt eingesetzt. Der writ der Krone befahl dem Untertan, Recht und Gerechtigkeit zu befolgen. Wenn er sich weigerte, machte er sich eines „contempt“ dieses königlichen writ und damit im Grunde eines Friedensbruches schuldig.

Umständen hier die Klageform des Trespass Anwendung finden könne. Trespass betraf an und für sich nur einen deliktischen Angriff auf Person oder Vermögen. Später gingen die Gerichte dazu über, erst Schlechterfüllung (misfeasance) und dann auch Nichterfüllung (nonfeasance) unter diesem Vorzeichen als für sie judiziabel anzusehen. Theoretisch eine Vermengung von Delikts- und Vertragsrecht, die bis heute spürbar ist. Das gleiche gilt für den Anspruch auf Herausgabe beweglicher Sachen, der auch nur dogmatisch über den Umweg der ursprünglich deliktischen Klage des Trover durchsetzbar wurde. (Vgl. *Rheinstein,* S. 22 ff.)

[27] *Holdsworth,* History II, S. 300; *Maitland,* Forms of Action, S. 42.

[28] Eine wichtige Ausnahme bildet das Handelsrecht, Law Merchant. (Vgl. Drittes Kapitel, II, 1.)

[29] *Holdsworth,* History II, S. 310, 375 ff.

[30] *Maitland,* Constitutional History, S. 111 - 114.

6. Der Rechtsbegriff des „King's Peace" (Landfrieden) war nicht nur Grundlage der Strafgerichtsbarkeit, sondern wurde auch zur Ausweitung der Zivilgerichtsbarkeit der königlichen Gerichte verwandt. Dies wurde etwa erreicht durch die Action of Trespass — Klage auf Grund einer deliktischen Handlung —, die, obwohl ursprünglich dem Strafverfahrensrecht entstammend, mehr und mehr zu einer Zivilklage auf Schadensersatz umgeformt wurde.

4. Entwicklung der Equity

Das Common Law konnte jedoch wegen seiner strengen Bindung an Prozeßformalien nicht immer — weder im Verfahren noch im Ergebnis — zu einer das Gerechtigkeitsgefühl befriedigenden Entscheidung führen[31]. Hinzu kam, daß das Common Law im späten Mittelalter begann, zunehmend unbeweglich und starr zu werden und so den eintretenden sozialen Veränderungen nicht mehr angemessen gerecht werden konnte[32]. Es entwickelte sich daher die Praxis, den König, der als der von Gott eingesetzte Hüter der Gerechtigkeit galt, im Wege einer Petition um Abhilfe zu bitten, die er auf Grund seiner Prärogativrechte gewähren konnte[33]. Diese Petitionen wurden seit etwa dem 14. Jh. dem Chancellor als dem „Keeper of the King's Conscience" zur Erledigung überlassen. Das Ergebnis dieser Entwicklung, die sich allmählich institutionalisierte, war die Schaffung des Court of Chancery, der das von ihm entwickelte „Billigkeitsrecht" — die Equity[34] — anwandte. Ziel der Equity war es also, Lücken und Schwächen des Common Law auszufüllen und dadurch dessen Formalismus zu korrigieren. Gleichwohl entwickelte sie sich in den folgenden Jahrhunderten zu einem eigenständigen Rechtsbereich mit eigener Gerichtsbarkeit und damit zu einem Rivalen des Common Law.

5. Gesetz und Gesetzgebungsgewalt

Als dritte und durchaus gleichrangige[35] Rechtsquelle neben Common Law und Equity ist in der englischen Rechtsgeschichte die „Gesetzgebung" anzusehen.

Für die Zeit von der normannischen Eroberung bis in das 13. Jh. galt für England wie auch für den größten Teil des Kontinents das klassische mittelalterliche Bild des Rechts. Es war ein vorgegebener Teil der Weltordnung und als solcher im Grunde unerschütterlich und unwandelbar. Eine Gesetzgebung im Sinne einer bewußten Rechtsschöpfung durch

---

[31] *Holdsworth*, Some Makers, S. 42, 67; History II, S. 287, 334 ff., 591 ff.
[32] *Holdsworth*, History II, S. 310; IX, S. 245 ff.; *Lang*, S. 19 ff.
[33] *Holdsworth*, History II, S. 346 ff.; Sources, S. 177 ff.
[34] Über Equity vgl. *Schwarz*, Equity; *Plucknett*, History, S. 178 ff.
[35] *Holdsworth*, Sources, S. 2 f.

den Willensakt einer Autorität war daher an und für sich begrifflich nicht möglich. Jede „Rechtsetzung" mußte daher ihre Berechtigung in der Vergangenheit als Erneuerung, Wiederherstellung oder Bekräftigung des guten alten Rechts suchen[36]. Plucknett[37] weist jedoch darauf hin, daß in England auch schon während des 11. und 12. Jh. unter den normannischen Königen eine ständige Gesetzgebung zu beobachten sei, die im Wege allgemeiner Rechtsetzung — also nicht nur durch Privilegien — neues Recht geschaffen haben[38]. Er spricht sogar für die Regierungszeit von Henry II. (1154 - 1189) von einem „... first great outburst of legislation"[39]. Allerdings ist hierbei offen, inwieweit man bewußt neues Recht schuf oder wirklich glaubte, nur eine „Renovatio" oder „Confirmatio" vorzunehmen[40].

Etwa ab Mitte des 13. Jh. vollzieht sich in England ein Wandel zu einer bewußteren königlichen Gesetzgebung. Unter Henry III. (1216 bis 1272) nimmt die Zahl der rechtsetzenden Akte weiter zu und unter Edward I. (1272 - 1307), häufig der englische Justinian genannt[41], vollzieht sich eine Entwicklung, die Plucknett wie folgt beschreibt[42]: "... the greatest outburst of legislation in England during the middle-ages; it was only equalled in extant and importance by that of the first half of the nineteenth century[43]." Die alte Vorstellung von Recht und Gesetz als etwas Überkommenen und im Grunde Unwandelbaren wurde durch die Einführung des neuen gesetzten Rechts auf Grund autonomer Wil-

---

[36] Vgl. zu diesem Problem *Fritz Kern*, Recht und Verfassung im Mittelalter, *Hermann Krause*, Dauer und Vergänglichkeit im mittelalterlichen Recht und für die anglo-amerikanische Literatur insbesondere *Mc Ilwain*, The High Court of Parliament and its Supremacy; *Richardson* and *Sayles*, Law and Legislation.

[37] *Plucknett, History*, S. 318 f.; vgl. *Lévy-Ullmann*, S. 248 f.; *Gough*, S. 13 ff.

[38] Beispiele für neu eingeführtes Recht bei *Plucknett*, History, S. 319.

[39] *Plucknett*, History, S. 319.

[40] *Joliffe*, S. 334 ff.; *Allen*, S. 436; *Ritterbusch* nimmt in seiner Untersuchung nur am Rande zu der Frage Stellung, ob überhaupt inhaltlich neues Recht geschaffen wurde, sondern bei ihm steht die Frage im Vordergrund, wie Recht im Mittelalter als Recht legitimiert wird, es geht ihm also um die Wesenserfassung und Wertung des Rechts. Nach seiner Grundthese — kontrovers gegen die reine Rechtslehre formuliert — sind nur solche Akte als allgemeine Amendierung der realen Ordnung Recht, die von der Allgemeinheit direkt akzeptiert und approbiert werden (vgl. *Ritterbusch*, S. 227). Seine Ausführungen widerlegen jedoch nicht, daß tatsächlich auch im Mittelalter vielleicht sogar bewußt neues Recht gesetzt wurde (vgl. z. B. *Ritterbusch*, S. 219).

Das Problem bewußter Rechtsetzung im England des frühen Mittelalters kann hier nicht vertieft werden. Es zeigt sich jedoch, daß diese Frage auch eine vergleichende rechtshistorische Untersuchung verdienen würde.

[41] Diese Bezeichnung taucht zum ersten Mal bei Lambarde im 16. Jahrhundert auf und findet sich seitdem häufig in der englischen Literatur (vgl. *Lévy-Ullmann*, S. 251).

[42] *Plucknett*, History, S. 320.

[43] Zu Inhalt und Umfang dieser Gesetzgebung vgl. *Holdsworth*, Sources, S. 61 ff.

lensentscheidung des Herrschers und vor allen Dingen durch die Bewußtwerdung dieses Vorgangs erschüttert und schließlich abgelöst[44].

In der ersten Hälfte des 13. Jh.s galt bei Bracton noch der Grundsatz, daß es nur möglich sei „legem in melius converti" nicht aber „mutari"[45]. Dieses Prinzip war aber wohl im Bewußtsein der Beteiligten bereits erschüttert, denn in den Provisions of Merton (1236) erklärten die Barone „ . . . nolumus leges angliae mutari". Aus dieser Äußerung spricht doch wohl das Bedenken, daß der König die Gesetze, das Recht, willkürlich ändern könne, daß also ein solcher Vorgang überhaupt denkbar und in die Vorstellungswelt der Betroffenen eingegangen war. In den Selbstdarstellungen der Gesetzgebungsakte der zweiten Hälfte des 13. Jh. läßt sich dann die weitere Entwicklung verfolgen[46], bis schließlich „sich etwa seit den späten 70er Jahren bei dem englischen Königtum die Idee der Rechtsfindung und Rechtsbesserung in eine Ideologie der Gesetzgebungsmacht umzuwandeln beginnt"[47]. Im Mirror of Justice (1290) wird dann schon ausdrücklich dieser als neu erkannte Zustand beklagt[48]. Zwar ist es im Mittelalter nicht unüblich, daß Statutes von den Richtern als nicht bindend angesehen werden, sei es, daß man ihre Gültigkeit — z. B. auf Grund fehlender Siegel — anzweifelte, oder daß man ihre Existenz schlechthin leugnete[49]. Diese Umstände können aber nicht darüber hinwegtäuschen, daß in dieser Zeit grundsätzlich Gesetzes-

---

[44] *Gagnèr*, S. 347 ff.; *Joliffe*, S. 334 ff.

[45] Zitat bei *Pollock and Maitland*, History I, S. 176.

[46] Beispiele über die Selbstdarstellung des Gesetzgebers in den Texten bei *Gagnèr*, S. 349 f.

[47] *Gagnèr*, S. 350. *Joliffe* beschreibt diese Phase der Rechtsentwicklung wie folgt: "The very nature of statute is still doubtfull and will remain so for a generation, and, since the basic conception of law as custom is shaken, it is a time of confusion as to the ultimate authority from which the new law which is not custom comes. Extreme and contradictory views are possible among men who are almost contemporaries, and the drift is towards prerogative. For Bracton and Grosseteste, enacted law is the exception, and is the province of the king in council of his barons. For the Edwardian Britton, all law is statutory and its initiation lies with the king." (S. 335) "The king as legislator was a new factor in the thirteenth century. This was, indeed, a power arising imperceptibly, evading gradual transformation throughout a century of the king's relation to privilege, and therefore to law." (S. 336)

Ein bemerkenswertes Beispiel dieser Gesetzgebungstätigkeit stellt das Walliae Statutum (1284) dar, in dem festgesetzt wurde, daß englisches Recht in Wales Anwendung zu finden habe. *Holdsworth*, Sources, S. 300, führt dazu aus, "It reminds me of our Indian Codes and other codifying Acts of the nineteenth century . . . it is only the reign of Edward I. and the nineteenth century which have seen Statutes of this nature."

[48] Vgl. das bei *Gagnèr*, S. 347 abgedruckte Zitat: "E ou les ordinaunces se duissent fere de comun assent del Roi e desces countes la ce funt ore par le Roi e ces clercs e par aliens e autres, qui nosent contrevehir le Roi, einz desirent del plere e de li conseiller a son proffit, tut ne soit mie lur conseil covenable al comun del peoble, sanz apeller les countes e saunz suire les riules de droit, e dunc plusours ordenaunces se foudent ore plus sur la voluntie qesur droit."

[49] *Allen*, S. 444; *Plucknett*, History, S. 327.

recht sehr wohl als autonome Rechtsquelle angesehen wird, durch die sowohl neues Recht geschaffen als auch das Common Law aufgehoben werden kann[50]. Common Law war also nicht ein in der Rangordnung höheres, dem Gesetzgeber im Grunde nicht zugängliches Recht[51].

Es ist schwierig, die Formen einer „Gesetzgebung" im Mittelalter begrifflich richtig einzuordnen, ohne in eine hier mißverständliche moderne Terminologie zu verfallen. Am zutreffendsten lassen sich wohl die Vorgänge nur durch eine Umschreibung darstellen, wie etwa bei Plucknett: "As far as we can see, a statute in the reign of Edward I. simply means something established by royal authority; whether it is established by the King in Council, or in a Parliament of nobles, or in a Parliament of nobles and commons as well, is completely immaterial. It is equally immaterial what form the statute takes, whether it be a charter, or a statute enrolled and proclaimed, or merely an administrative expression of the royal will notified to the judicial authorities by means of a letter close. In short, while we are in the reign of Edward I. we feel the typical mediaeval atmosphere, which was, above all, intensely practical. The great concern of the government was to govern, and if in the course of its duties legislation became necessary, then it was effected simply and quickly without any complications or formalities[52]."

Die Bezeichnungen dieser Akte sind vielfältig[53], ohne daß man von der Bezeichnung auf Form oder Inhalt schließen könnte[54]. Seit dem Ende des 13. Jh. beginnt sich allmählich eine einheitliche Form der eigentlichen Statutes[55] und ihrer Rolle als hoheitlicher legislativer Akt abzu-

---

[50] *Venour v. Blund* (1310), Y.B. 3&4 Ed. II (S.S. 22, S. 162): "... for one canon annuls divers leges, so also the Statute annuls divers things which were by the common law." *Bakewell v. Wandsworth* (1314), Y.B. 6&7 Ed. II (Eyre of Kent) (S.S. 29, S. 78): "Statute law does not alter common law unless it expressly purports to do so."

[51] Diese Meinung ist allerdings nicht unbestritten, vgl. *Allen*, S. 444 f.; *Holdsworth*, Sources, S. 41 ff.; vgl. auch Sechstes Kapitel, II, 2.

[52] *Plucknett*, History, S. 322; vgl. auch *Lévy-Ullmann*, S. 251 f.; *Joliffe*, S. 337.

[53] Z. B. carta, assisa, constitutio, provisio, ordinatio, statutum, isetnysse, établissement.

[54] Diese Frage ist allerdings umstritten. So glaubte etwa Coke, daß „statute" und „ordinance" sich unterscheiden ließen. Sein Standpunkt wird auch heute noch zum Teil vertreten. Richtiger dürfte jedoch die Ansicht von *Allen*, S. 436 f., sein, daß, wenn überhaupt Unterscheidungen vorgenommen wurden, diese fließend und häufig wechselnd waren. Vgl. auch *Winfield*, S. 84 ff. Auch die Versuche der Unterscheidungen von „statute law" und „act of parliament" oder von „Statuta Nova" und „Statuta Vetera" mit der Scheidemarke der Krönung Edward III. (1327) als Trennungslinien von „echter" Gesetzgebung von ihren Vorformen sind letztlich willkürlich und übersehen, daß es sich hier um den Prozeß einer allmählichen Entwicklung handelt. Vgl. auch *Lévy-Ullmann*, S. 209 ff., 216 ff.

[55] Seit dem Ende des 13. Jh. wird auch die Bezeichnung „statute" allgemein üblich. (*Allen*, S. 436 Anm. 2; *Lévy-Ullmann*, S. 213)

zeichnen. Nach wie vor gibt es jedoch noch zahlreiche andere Anweisungen und Maßnahmen, die im Ergebnis ebenfalls rechtsetzende und rechtsentscheidende Wirkung haben[56]. Erst gegen Ende des Mittelalters läßt sich hier eine deutlichere Unterscheidung treffen[57].

Offizielle Sammlungen oder Veröffentlichungen der Statutes existierten jedoch zu keiner Zeit[58]. Es gab lediglich einige private Sammlungen und Darstellungen des gesetzten Rechts, wie etwa die Leges Henrici Primi (um 1118), die Leges Edwardi oder den Quadri-partitus (um 1115)[59], die häufig neben der Aufgabe, Rechtsdarstellungen zu sein, politische Kampfziele verfolgten und deren rechtstechnischer Wahrheitsgehalt daher oft zweifelhaft ist. Der Inhalt der erlassenen Gesetzgebungsakte bezog sich in erster Linie auf das in jedem Feudalsystem wichtige Gebiet des Liegenschaftsrechts und weiter auf das Verfahrensrecht und die Gerichtsverfassung. Die Entwicklung des materiellen Rechts im allgemeinen blieb jedoch weitgehend den Gerichten überlassen[60].

Mit der Entwicklung der Idee und der Möglichkeit einer bewußten Gesetzgebung entstand das Problem, an das sich eine jahrhundertelange Auseinandersetzung knüpfen sollte, wem dieses Recht allein oder im Zusammenwirken mit anderen zustehen sollte. Aus der alten Tradition der Stellung des Königs als Wahrer der Rechtsordnung und aus Ermangelung von Rivalen[61] ergab sich, daß zunächst dem Herrscher dieses Recht als Prärogative zuwuchs. Politisch konnte er dieses Recht jedoch in der Regel nur nach Beratung oder sogar Übereinstimmung mit den Großen des Landes in der „curia regis“[62] ausüben[63]. Unter Henry III. scheint sich dann nach grundsätzlichen Konflikten zwischen Krone und

---

[56] *Allen*, S. 437 f.
[57] *Holdsworth*, History II, S. 220.
[58] *Holdsworth*, History II, S. 427; über Art und Form der amtlichen Aufzeichnung s. *Winfield*, S. 84 ff.
[59] *Pollock and Maitland*, Bd. I, S. 97 ff.
[60] *Plucknett*, History, S. 27 ff.; *Lévy-Ullmann*, S. 249 ff.
[61] *Joliffe*, S. 336.
[62] Aus der curia regis entwickelten sich in der Folgezeit in einzelnen Etappen durch Ausgliederungen die wesentlichen Einrichtungen der englischen Zentralregierung (vgl. *Löwenstein*, S. 17), ohne daß dieser Vorgang im Sinne einer entstehenden Gewaltenteilung mißverstanden werden dürfte. Im Gegenteil, jedes der sich bildenden Organe — wie etwa das Parlament — hatte legislative, exekutive und rechtsprechende Funktionen (vgl. *Lévy-Ullmann*, S. 218).
[63] *Plucknett*, History, S. 312 f.; *Allen*, S. 437.
Lévy-Ullmann, S. 214, beschreibt den Zustand wie folgt: “... their (enactments) differences of character depended upon the existing relations between the king and the representatives of the people and the historical facts of the time in which they originated. Some are in the nature of grants graciously accorded by the sovereign, others are concessions wrung from the Crown by force; some are royal orders, others are more in the nature of agreements with the king. These enactments indeed, do not resemble laws as the term is now understood. It would be far more correct to say that they resemble grants by the feudal sovereign, or proclamations of successful revolutionaries or treaties of peace, dictated by the conquerors, or even mere bargains between contract-

Baronen eine erste auch formale Einschränkung der Gesetzgebungskompetenz dahin entwickelt zu haben, daß der König ohne Rat und Einverständnis der Großen kein Recht setzen dürfe[64]. Unter Edward I. wurden gegen Ende des 13. Jh. erstmals nach heftigen inneren Kämpfen je zwei Repräsentanten aus den Städten (boroughs) und Grafschaften (shires) zu einer weiteren beratenden Körperschaft, die man „Parliament" nannte, zusammengefaßt[65]. Damit wird das alte hierarchische Feudalsystem erstmals durchbrochen; neue soziale Gruppen (Landadel und Stadtbürger) erlangen erste politische und funktionelle Mitwirkungsrechte, ohne daß bereits die Kompetenzen irgendwie eindeutig abgegrenzt wären.

Dieses Parliament konnte seine Stellung im Laufe der Entwicklung stärken, da es durch geschicktes Taktieren sich eine feste Position zwischen König und Baronen sichern konnte. Es bildete sich daher ein Kräftedreieck von Königtum, Hochadel und Parlament, in dem es zunächst keinem gelang, sich auf Dauer zur absoluten Vorherrschaft aufzuschwingen. Aus diesen Gegebenheiten entwickelte sich allmählich ein Denken in bestimmten staatsrechtlichen Ordnungsvorstellungen bis hin zu einer Art Konstitutionalismus[66]. Es wäre jedoch verfehlt, dieses Parlament bereits als demokratische Körperschaft anzusprechen, da es allein die Interessen der feudalen Ritterschaft und des städtischen Patriziats vertrat, und es überdies in seiner Zusammensetzung weitgehend durch König und Hochadel gesteuert wurde[67], so daß Entscheidungen, die formal vom Parlament gefällt oder von ihm mitgetragen werden mußten, meist in ihrem Ergebnis durch die zuvor erfolgte Auswahl der Mandatsträger vorwegbestimmt waren. Das Parliament hatte zunächst lediglich beratende Funktionen und wurde insoweit auch zur Rechtsprechung im Wege der Rechtsfindung herangezogen und gewann damit Einfluß auf die Rechtsentwicklung[68]. Ein formelles Recht auf

---

ing parties." So richtig diese Beschreibung auch ist, so bleibt doch festzuhalten, daß notwendig der Monarch „Partei" bei diesen „Vereinbarungen" sein mußte, denn nur er konnte dem Gewünschten die Legitimation als Recht verleihen. *Joliffe*, S. 335 ff., 353.

[64] *Pollock and Maitland*, Bd. I, S. 181.

[65] *Holdsworth*, History II, S. 302 ff., 429 ff.; *Hatschek*, Verfassungsgeschichte, S. 207 ff.

[66] *Lyon*, S. 642 ff. Vgl. allgemein zum Forschungsstand der Parlamentsgeschichte: *Tryde and Miller*, Historical Studies.

[67] *Kofler*, S. 481 ff.; *Hatschek*, Verfassungsgeschichte, S. 217 ff.; *Trevelyan*, Geschichte, Bd. I, S. 216 f.

[68] *Löwenstein*, S. 25; *Holdsworth*, History II, S. 307 ff. und 433 ff.; *Lévy-Ullmann*, S. 214 f.

Vgl. die Darstellung der Funktion dieses Parliaments in Fleta (S.S. 72, 109), Lib. II, Cap. 2: „Habet enim Rex curiam suam in consilio suo in parliamentis suis, presentibus prelatis, comitibus, baronibus, proceribus et aliis viris peritis, ubi terminate sunt dubitaciones iudiciorum et, novis iniuriis emersis, nova constituuntur remedia, et unicuique justicia, prout meruerit, retribuetur ibidem."

Beteiligung an der Rechtsetzung erkämpfte es sich erst im Laufe des 14. Jh.[69]. Politisches Mittel zur Einflußnahme auf die Gestaltung des Rechts waren Petitionen, mit deren Hilfe der Krone Initiativen zur Rechtsetzung aufgedrängt werden konnten[70]. Im Laufe der Zeit entwickelte sich hieraus der Grundsatz, daß das Parlament berechtigt sei, Gesetzesvorschläge — Bills — zu machen und zu behandeln[71], deren Realisierung der König dann nur noch durch die ausdrückliche Verweigerung seiner Zustimmung verhindern konnte, und die er auch nicht abändern durfte[72].

Das Schwergewicht in der Gesetzgebung verlagerte sich also mehr und mehr zugunsten des Parlaments. Im Jahre 1445 schließlich werden Statutes mit der Formel „by the authority of Parliament" beschlossen und in die „Statute Roll" aufgenommen, so daß sie spätestens seit diesem Zeitpunkt „Acts of Parliament" sind[73].

Eine Sonderstellung nehmen jedoch noch lange Zeit die „Ordinances" oder „Proclamations", wie sie später genannt werden, ein[74], d. h., das Prärogativrecht des Königs, „Rechtsverordnungen" zu setzen. Über den Umfang dieses Rechts, d. h. darüber, welche Materien geregelt werden können und inwieweit diese Statutes oder das Common Law ergänzen oder sogar abändern dürfen, wird bis in das 17. Jh. ein heftiger Kampf zwischen Krone und Parlament geführt[75].

6. Einfluß des römischen Rechts

Umstritten ist die Frage, in welchem Umfang römisches Recht auf die Entwicklung von Common Law und Equity Einfluß hatte[76]. Lanfranc, einer der Hauptberater William des Eroberers, ist Student und Gelehrter an der Rechtsschule in Padua gewesen[77], und seit etwa 1100 erscheinen in zunehmendem Maße Studenten aus England an den oberitalienischen Universitäten[78]. Im 12. Jh. lehrt Vacarius in Canterbury[79]. An der Universität Oxford wird 1149 in England die erste Vorlesung über römi-

---

[69] *Taswell-Landmead*, S. 161 ff.

[70] *Taswell-Langmead*, S. 162, 188 f.; *Lévy-Ullmann*, S. 215; *Holdsworth*, Sources, S. 45 ff.

[71] *Plucknett*, History, S. 323 f.; *Taswell-Langmead*, S. 189 f.; *Joliffe*, S. 377 f.

[72] *Holdsworth*, History II, S. 429 ff.

[73] *Lévy-Ullmann*, S. 212; *Holdsworth*, Sources, S. 50.

[74] *Lévy-Ullmann*, S. 219 ff., 238 ff.; *Plucknett*, History, S. 322 f.; *Holdsworth*, Sources, S. 48 ff.

[75] Im 18. Jh. ist entschieden, daß Proclamations nur gültig sind, wenn sie in Übereinstimmung mit dem sonstigen Recht stehen und es lediglich ausführen und verdeutlichen (vgl. *Blackstone*, Bd. I., S. 266 ff.)

[76] Vgl. *Holdsworth*, History II, S. 145 ff., 176 ff., 202 ff.

[77] *Koschaker*, S. 213.

[78] *Holdsworth*, History II, S. 176; *Coing*, Privatrechtsgeschichte, S. 8.

[79] *Holdsworth*, History II, S. 148; *Koschaker*, S. 213.

sches Recht gehalten. Dieses Fach ist seitdem ständig auf dem Vorlesungsplan der Universitäten von Oxford und Cambridge geblieben. Auch in der überlieferten juristischen Literatur dieser Zeit spiegelt sich wie überall in Europa die erneuerte Kenntnis des römischen Rechts wider[80].

Das erste dieser Werke ist das von Glanville (gestorben 1190)[81] in Latein verfaßte Buch „Tractatus de legibus et consuetudinibus regni Angliae". Dies ist die erste bekannte zusammenhängende Sammlung eines Teils des englischen Rechts. In dem Buch wird lediglich das vor den königlichen Gerichten gültige Verfahren — also das der writs — geschildert[82]. Das zweite Werk ist die unvollendete Sammlung „De Legibus et Consuetudinibus Angliae Libri Quinque" von Henry de Bracton (gestorben 1268)[83]. Es behandelt neben dem Verfahrensrecht auch verschiedene Anspruchsgrundlagen des Common Law. Bractons Bemühen um eine Systematisierung und die dabei angewandte Methode sowie teilweise auch die gefundenen Lösungen, zeigen deutlich römischrechtliche Einflüsse[84], wie bereits schon das Buch Glanvilles[85].

Aus alldem muß gefolgert werden, daß das römische Recht bis zum Ende des 13. Jh. nicht unwesentlich zur Entwicklung des Common Law beigetragen hat[86]. Es konnte jedoch nicht wie auf dem Kontinent zur Grundlage der Rechtsbildung werden, da das englische Recht sich in seiner völlig auf das Verfahren ausgerichteten Struktur einer einfachen Übernahme der materiell-rechtlichen Systematik und Prinzipien des römischen Rechts widersetzte. Weiter war das englische Recht schon zu ausgeprägt und verwurzelt, als daß es einfach hätte verdrängt werden können. Es war zwar möglich, Anleihen aufzunehmen und Hilfen und Anregungen bei der gerechten Lösung einzelner sachlicher Rechtsfragen zu suchen, die Grundstruktur aber des englischen Rechts und das Verfahrensrecht, blieben im wesentlichen unbeeinflußt. Das römische Recht ist in England also durchaus ein Faktor der Kultur- und Rechtsentwicklung gewesen. Obwohl es nur wenig Einfluß auf die Rechtspraxis gewinnen konnte, hat es doch Anregungen gegeben und wirkte auf Erziehung und Ausformung wissenschaftlichen Denkens[87].

---

[80] *Hazeltine*, S. 142; *Winfield*, S. 60; *Post*, S. 184 ff.

[81] *Holdsworth*, Some Makers, S. 12 ff.; *Holdsworth*, History II, S. 188 ff.

[82] *Jenks*, History, S. 25; *Plucknett*, History, S. 18.

[83] *Holdsworth*, Some Makers, S. 16 ff.; *Holdsworth*, History II, S. 230 ff.

[84] *Jenks*, History, S. 20, 25; *Holdsworth*, History II, S. 267 ff.; *Koschaker*, S. 213 ff.

[85] *Holdsworth*, Some Makers, S. 10, 14; History II, S. 202 ff.; *Winfield*, S. 60, mit weiteren Literaturnachweisen. Der Umfang dieses Einflusses und seine Intensität sind in der englischen Literatur und Forschung jedoch sehr umstritten.

[86] *Holdsworth*, Some Makers, S. 9; History II, S. 177.

[87] *Holdsworth*, Sources, S. 24.

Ein weiteres wesentliches Element in diesem Vorgang bildet die Haltung der Juristen[88]. Anders als auf dem Kontinent war nicht die Ausbildung an einer Rechtsfakultät, an denen zu der Zeit der Unterricht im römischen Recht im Vordergrund stand, Voraussetzung für eine juristische Tätigkeit, sondern das Erlernen der Rechtspraxis der Gerichte in Westminster im Rahmen einer Lehre bei einem an diesen Gerichten tätigen Juristen. Diese Form der Berufsausbildung wurde auch von der Krone unterstützt, indem etwa Edward I. 1292 verfügte, daß Juristen aus den Grafschaften an den königlichen Gerichten auszubilden seien. Im Zuge der Konzentration auf London bildeten sich hier im 14. Jh. die Inns of Court[89]. Die Juristen waren nicht bereit, das erlernte und erprobte eigene Recht gegen ein anderes einzutauschen[90] oder ihren Platz an romanistisch geschulte Rechtsgelehrte abzutreten. Diese Tendenz wurde weiter dadurch gefördert, daß etwa ab dem 14. Jh. die Richterstühle aus den Reihen der Praktiker besetzt wurden[91].

Es liegt also bereits im Mittelalter eine entscheidende Weichenstellung für die unterschiedlichen Entwicklungen des englischen und des kontinental-europäischen Rechts vor. Diese Feststellung wird weiter durch die uns überlieferten Year Books unterstrichen. Diese privaten Sammlungen der Entscheidungen zeitgenössischer Gerichte[92] aus der Periode 1290 bis 1536 konzentrieren sich überwiegend auf Probleme des Verfahrensrechts und lassen die materielle Lösung der Prozesse völlig in den Hintergrund rücken. Das gleiche läßt sich bei der juristischen Literatur beobachten. Gleichwohl ist bei allen juristischen Autoren dieser Zeit ein deutlicher Zug zur Systematisierung anzutreffen, der am Ende des Mittelalters einerseits wohl auf der Erkenntnis der Kompliziertheit des nationalen Rechts beruhte und andererseits seinen Ursprung nicht zuletzt auch in der vertieften Kenntnis des römischen Rechts selbst hatte.

7. Zusammenfassung

Als Ergebnis ist somit festzustellen, daß bereits am Ende des Mittelalters die Grundstruktur des englischen Rechts mit seinen drei historischen Quellen — Common Law, Equity, Statutes —, die institutionell unabhängig voneinander bestehen und sich entwickeln, weitgehend vorgeformt ist. England wurde damit zu einem der ersten Länder Europas, das bereits seit dem 13. Jh. ein allgemeingültiges Rechtssystem besaß.

---

88 *Koschaker*, S. 214 ff.
89 *Coing*, Privatrechtsgeschichte, S. 9 f.; *Plucknett*, History, S. 215 ff.
90 *Holdsworth*, History II, S. 285; *Heymann*, Privatrecht, S. 289 ff.
91 *Holdsworth*, Sources, S. 30.
92 *Holdsworth*, Sources, S. 74 ff.; History II, S. 525 ff.; *Jenks*, History, S. 79 ff.

Grund hierfür ist in erster Linie die schon frühzeitig erfolgte Zentralisierung der Rechtsprechung und Rechtsschöpfung bei den königlichen Gerichten. Die politisch-administrative Einheit hat zwingend die rechtliche Einheit nach sich gezogen[93].

IV. Entwicklung im 16. und 17. Jahrhundert

1. Krise des Common Law

Im Laufe des 16. und 17. Jh. erlebte das Common Law eine schwere, es in seiner Existenz bedrohende Krise[1]. Ursache hierfür waren einmal das Streben der Tudor- und Stuart-Könige nach Festigung der Monarchie durch Einführung absolutistischer Herrschaftsprinzipien und zum anderen die veralteten Strukturen des Common Law selbst.

Das Haus Tudor, das 1485 mit Henry VII. auf den Thron gelangt war, mußte nach den verheerenden Rosenkriegen notwendig nach einer Festigung der Autorität des Königtums und der Zentralregierung streben[2]. Vor dem Hintergrund der von Reformation und Renaissance geprägten neuen Gedankenwelt bot sich als Möglichkeit hierzu die Übernahme und Durchsetzung der Ideen herrscherlicher Souveränität an[3]. In den Bereich der erstrebten Neuordnung und Stärkung der Herrschaft gehörte folgerichtig auch die Wiedergewinnung der vollen Gerichtsgewalt durch den König als souveräner Gerichtsherr; denn während der Zeit der bürgerkriegsähnlichen Wirren waren insbesondere die Common Law Gerichte zunehmend unter den Einfluß und die Kontrolle des Parliament gelangt. Aus dieser Auseinandersetzung um die Gerichtsgewalt entwickelte sich auf Grund der spezifisch englischen Verquickung von Gericht und Recht der Kampf zwischen der Monarchie einerseits und Parlament und Common Law andererseits.

Das Common Law war also in diesen Jahrhunderten einmal dem Druck der politischen und sozialen Verhältnisse — einer äußeren Krise — ausgesetzt, zum anderen auch durch die Stagnation seiner Entwicklung und die veralteten Prozeßformen — eine innere Krise — bedroht.

Trotz der Entwicklung der writs „in consimili casu“ und der „action on the case“ war das Common Law zu langsam und schwerfällig geworden, um den Bedürfnissen der Parteien noch ausreichend gerecht werden zu können. Es war in seinen überkommenen historischen Formen erstarrt[4]

---

[93] *David-Grassmann*, S. 326; *Holdsworth*, Some Makers, S. 11; *Plucknett*, History, S. 16, 20.

[1] Vgl. allgemein hierzu *Maitland*, Renaissance, S. 168; *Holdsworth*, History IV, S. 252 ff.

[2] *Trevelyan*, Geschichte, Bd. I, S. 299 ff.

[3] *Plucknett*, History, S. 43.

[4] *Holdsworth*, Some Makers, S. 91, 92.

und durch eine Flut von Präjudizien unübersichtlich geworden. Man versuchte zwar mit Hilfe neuer und immer scharfsinnigerer Fiktionen[5], den historischen Fesseln zu entkommen und neue Wege zu finden, ohne jedoch bereit zu sein, an die Struktur selbst zu rühren und sperrte sich so gegen jede echte Reform.

Ein weiterer Grund war, daß das Common Law seiner Entstehung nach im wesentlichen ein Immobiliarrecht der Feudalzeit war. Das hatte zur Folge, daß die zur Verfügung gestellten Rechtsmittel eher gegen Sachen, den Grundbesitz, als gegen Personen gerichtet waren. Als das Common Law jedoch im Laufe der Zeit seine Zuständigkeiten ausweitete und sich die sozialen und wirtschaftlichen Verhältnisse wandelten, ergaben sich neue, andersartige Probleme, die mit den alten Formen nur schwer und umständlich gelöst werden konnten[6]. Es stand so dem sich immer schneller entwickelnden Handelsleben und den kaufmännischen Beziehungen oft hilflos gegenüber.

Der äußere Druck auf das Common Law, der weitgehend eine Reaktion auf dessen Verfall und Ohnmacht in der Zeit der Rosenkriege war, wurde in der Schaffung neuer Gerichte[7] und der Förderung der Equity als Gegengewicht zum Common Law sichtbar, letztere in Verbindung mit der Übernahme römisch-rechtlicher Gedanken.

An neuen Gerichten entstanden die Star Chamber[8] als Strafgericht, um insbesondere schnell und nachhaltig neue Gesetze zu vollziehen, der Court of Request[9], ein Zivilgericht für ärmere Parteien, und die High Commission als geistliches Obergericht der Reformation. Zentralisiert wurde diese Rechtsprechung direkt beim König durch dessen engstes Beratungsgremium, den Privy Council.

Daneben erfuhr die Equity durch das dem Lord Chancellor unterstellte Gericht, den Court of Chancery, eine besondere Förderung und wurde gegenüber dem Common Law als autonome Gerichtsbarkeit anerkannt und ausgebaut, um dessen Einfluß zu verringern. Die Equity kann in dieser Zeit endgültig nicht mehr als bloßes, korrigierendes „Billigkeitsrecht" angesehen werden[10]. Es bildet ein eigenes Rechtsgefüge, das zwar ursprünglich aus Billigkeitsgründen entwickelt wurde, aber nun bereits in feste Formen hineingewachsen ist. Das materielle Recht, das von den neuen Gerichten zur Anwendung gebracht wurde, war weitgehend dem kanonischen und römischen Recht entlehnt. Das

---

[5] *Plucknett,* History, S. 159.
[6] *Plucknett,* History, S. 177, 178.
[7] *Plucknett,* History, S. 45; *Löwenstein,* S. 35; *Lévy-Ullmann,* S. 223.
[8] *Plucknett,* History, S. 183; *Holdsworth,* Sources, S. 165 ff.
[9] *Plucknett,* History, S. 184.
[10] Billigkeit in unserem Sinne heute ist „natural justice".

schriftliche Verfahren der Equity und dieser Gerichte stand hier einer möglichen Rezeption nicht entgegen.

Die Gesetzgebung nimmt in der Zeit der Tudors erheblich an Umfang zu[11], auch die Form verändert sich. Es handelt sich nicht mehr um relativ kurzgefaßte Verordnungen, sondern um wortreiche Ausführungen, die in ihren Präambeln zum Teil den Charakter politischer Willenserklärungen tragen, und die durch ihre detaillierten Formulierungen den Auslegungsspielraum der Richter einengen sollten[12]. Gesetzgebung, d. h. der Erlaß von Statutes war zwar grundsätzlich nur mit Zustimmung des Parlaments möglich, doch umgingen die ersten Tudors vielfach diese Schwierigkeiten, indem sie etwa neues Recht durch „Proclamations" setzten[13]. Beispiel hierfür ist etwa die Lex Regia von 1539[14], in der es dem König gestattet wurde, innerhalb bestimmter Grenzen Proclamations zu erlassen, die die Wirkung von Acts of Parliaments haben sollten. Diese Gesetze bezwecken darüber hinaus eine besondere Förderung der neuen Gerichte, da sie ihnen ein der Zeit angemessenes Verfahren und materielles Recht gaben und damit deren Position gegenüber den Common Law Gerichten weiter stärkten[15].

2. Einfluß des römischen Rechts

Während im übrigen Europa die Zeit der Reformation und Renaissance auch die Zeit einer erneuten Rezeption des römischen Rechts war, oder zumindest das gelehrte römisch-kanonische Recht als „communis opinio doctorum" die wissenschaftliche Grundlage von Rechtslehre und Rechtsprechung bildete, hat England diesem Einfluß im Ergebnis weitgehend widerstanden[16], obwohl auf einer ganzen Reihe von Rechtsgebieten[17] das römische Recht zeitweilig zu erheblichem Einfluß gelangte[18].

---

[11] Diese Gesetzgebung hat in den 38 Jahren der Regierungszeit Henry VIII. etwa den Umfang, wie die in den zweieinhalb Jahrhunderten zuvor (*Plucknett*, History, S. 324; *Taswell-Langmead*, S. 224 ff.)

[12] *Plucknett*, History, S. 324, 44 ff.

[13] *Taswell-Langmead*, S. 245, 223; *Lévy-Ullmann*, S. 239; *Holdsworth*, Sources, S. 52 ff.

[14] 31 H. VIII, c. 8 (aufgehoben 1547).

[15] *Taswell-Langmead*, S. 245.

[16] *Kocourek* gibt auf Seite 219 die folgenden Gründe für das Scheitern einer Rezeption an: 1. Bestehen eines einheitlichen, politischen Systems, 2. Zentralisiertes Gerichtssystem, 3. Widerstand der in den Inns of Court organisierten Juristen, 4. Geschlossenes System des Bodenrechts, 5. System der Law Reports (Year Books) als Grundlage für den Berufsstand. Vgl. weiter *Koschaker*, S. 217 ff.

[17] Z. B. in den Kirchengerichten; im internationalen Recht, in der Star Chamber; im Court of Request; im Court of Admirality, der das Law Merchant auf Grund des römischen Rechts umformte, und zwar unter dem Einfluß des Werkes von Malynes, Lex mercatoria, 1629 (*Coing*, Privatrechtsgeschichte, S. 18), das stark von italienischen Einflüssen geprägt ist.

[18] *Holdsworth*, History IV, S. 238; *Scrutton*, S. 208 ff.

So wurde die Lehre des römischen Rechts seit dem 16. Jh. wieder in Oxford und Cambridge verstärkt betrieben, und es bildet sich auch eine den Inns of Court vergleichbare Vereinigung der „Civilisten", die Doctors's Common[19].

Wie bereits erwähnt, wurde insbesondere bei den neuen Gerichten das römische Recht zur Lösung von Rechtsfragen und Problemen herangezogen[20]. Doch diese Gerichte stellten bis auf wenige Ausnahmen auf die Dauer keine echte Konkurrenz zum Common Law dar, da ihnen kein Einbruch in dessen überkommene Zuständigkeiten gelang; dies, obwohl das Vordringen des römischen Rechts von seiten der Monarchie begrüßt und gefördert wurde, da es die Stellung des Königs gegenüber dem Parlament stärkte und betonte[21]. So gründete Henry VIII. etwa die beiden „Regius" Lehrstühle für römisches Recht in Oxford und Cambridge[22].

Die endgültige Entscheidung fällt jedoch erst — insbesondere auch was den Einfluß des römischen Rechts auf die Equity betrifft — mit dem Ausgang des noch zu behandelnden politischen Kampfes zwischen König und Parlament, aus dem das Common Law als Sieger hervorgeht.

Festzuhalten ist jedoch, daß im 16. Jh. durchaus die Möglichkeit bestand, daß das englische Recht so erheblich durch das römische Recht hätte geprägt und verändert werden können, daß es wieder auf den Weg der kontinental-europäischen Rechtsentwicklung eingeschwenkt wäre[23] und wie bei diesen eine Rezeption stattgefunden hätte.

Nach wie vor ist jedoch umstritten, wie ernst die Bedrohung für die Stellung des Common Law in dieser Zeit tatsächlich gewesen ist[24]. Einigkeit besteht nur darüber, daß im 16. Jh. auch das englische Recht neue Impulse durch das wiederbelebte römische Recht erfahren hat. Dies geschah jedoch so, daß die historisch gewachsenen Grundlagen von Common Law und Equity nicht zerstört wurden. Das römische Recht konnte die überkommenen Strukturen in England nicht überlagern, sondern nur mitformen[25]. Es hatte also erneut, wie schon im Mittelalter, eine Über-

---

[19] *Holdsworth*, Sources, S. 205 ff.

[20] *Maitland*, Renaissance, S. 167.

[21] Vgl. etwa: „Princeps legibus solutus est", 1, 31, D 1, 3; „quod principi placuit, leges habet vigorum", 1, 1, pr. D, 1, 4; *Koschaker*, S. 217; *Maitland*, Renaissance, S. 176, 183.

[22] *Holdsworth*, Sources, S. 204.

[23] *David-Grasmann*, S. 341; *Maitland*, Renaissance, S. 168 ff.; *Potter*, S. 42. So hat sich z. B. in Schottland in dieser Zeit eine Rezeption vollzogen.

[24] *Maitland*, Renaissance, S. 186; *Holdsworth*, History IV, S. 252 ff.; *Plucknett*, History, S. 299; *Plucknett*, Profession, S. 328 ff.; *Potter*, S. 40.

[25] *Holdsworth*, History IV, S. 287 ff. Er faßt die Entwicklung wie folgt zusammen: We have received Roman Law; but we have received it in small homoeopathic doses, at different periods, and as and when required. It has acted as a tonic to our native legal system, and not as a drug or a poison. When

nahme von Grundsätzen des römischen Rechts stattgefunden, doch nicht in dem Umfang, daß — wie auf dem Kontinent und insbesondere in Deutschland — von einer wirklichen Rezeption gesprochen werden kann. Das englische Recht war wieder einen eigenen Weg gegangen; die Kluft zwischen kontinentaleuropäischem und englischem Recht hatte sich weiter vergrößert.

3. Kampf um das Primat des Common Law

a) Politische Auseinandersetzung

Die Auseinandersetzung zwischen den verschiedenen Gerichtsbarkeiten und ihrer Rechte war nicht ein bloß interner Streit um juristische Theorien und Positionen, sondern war Teil des Kampfes zwischen König und Parlament um die Verfassung Englands. Es war die Auseinandersetzung um die Beschränkung der Monarchie durch das vom Parlament verteidigte Common Law entgegen einer absolutistischen Staatsdoktrin[26]. Sowohl die Tudors als insbesondere auch später die Stuarts versuchten die Stellung der Monarchie im Staate zu stärken. Zentralfrage hierbei war, ob der König über dem Recht stehe, oder ob auch er ihm unterworfen sei[27]. Als „Recht" wurde hierbei im Gegensatz zum Mittelalter nicht ein metaphysisches Prinzip wie „göttliches Recht" oder „Naturrecht" verstanden, sondern konkret das positive Recht des Staates, Common Law, Equity und Statutes[28]. Diese Frage war von entscheidender Bedeutung, weil das Parlament unstreitig berechtigt war, Recht zu schaffen und zu ändern. Abhängigkeit vom Recht bedeutete damit für den englischen König auch Abhängigkeit vom Parlament und eine Absage an ein souveränes Königtum. Da das Parlament diesen Kampf unter Verwendung der Ideen und Ansprüche des Common Law führte, war diese Auseinandersetzung auch ein Kampf um das Bestehen, um die Vorherrschaft des Common Law selbst.

Unter den Stuarts gelangte dieser Streit im 17. Jh., der lange in Form eines Rechtsstreits geführt wurde, auf seinen Höhepunkt. Anlaß war die Absicht des Königs, selbst als Richter Recht zu sprechen — "The king beinge the Author of the Lawe is the interpreter of the Lawe" —, was ihm von den Richtern unter der Führung Coke's mit der Begründung

received, it has never been continously developed on Roman lines. It has been naturalized and assimilated; and with its assistance, our wholly independent system has, like the Roman Law itself, been gradually and continously built up, by the development of old and the creation of new rules to meet the needs of a changing civilisation and an expanding empire. (History IV, S. 293)

[26] *Plucknett*, History, S. 41; *Veall*, S. 66 f.; *Quaritsch*, S. 429 ff.

[27] *Holdsworth*, History V, S. 428 ff.; IV, S. 201 ff.; *Quaritsch*, S. 429 ff.; *Lévy-Ullmann*, S. 222 ff. zu Ursprung und Entwicklung dieses Grundsatzes.

[28] *Holdsworth*, Sources, S. 43 f.

verweigert wurde, sie seien es, die zur Rechtsprechung berufen und verpflichtet seien. Auch der König stehe unter dem Recht, sei also nicht Herr des Rechts und dürfe sich damit nicht über sie erheben[29]. Der Streit endete mit der Verurteilung Charles I. 1649 mit dem vollen politischen Siege des Parlaments.

Einer der Gründe, der entscheidend mit zum Siege des Parlaments beigetragen hatte, war die immer stärker gewordene Allianz zwischen den Juristen und dem House of Commons, die diesem die Waffe des Common Law geliefert hatten und sie ihm erfolgreich führen halfen[30]. An erster Stelle ist hier der Name des Chief Justice Sir Edward Coke als einer der herausragenden Führer der Opposition zu nennen[31]. Coke, ein Vertreter im Grunde konservativer Positionen, bemühte sich in seiner Tätigkeit als Richter und Verfasser juristischer Schriften, das „wahre englische Recht“ aus den Entscheidungen früherer Jahrhunderte herauszuarbeiten. Dieser Ansatz brachte ihn zwangsläufig in Gegensatz zu einem „modernen“ von Reformation und Renaissance geprägten und ein absolutes Königtum förderndes Recht, das er als formale und inhaltliche Bedrohung der tradierten Rechtsordnung empfand. Coke mißt dem Common Law mit historischen Begründungen, die oft fragwürdig sind, eine Kontrollfunktion über Krone und Parlament zu, also ein im Ergebnis moderner Gedanke. Inhaltlich kann er sich jedoch dieses Recht nur als das alte, überkommene Recht vorstellen, das nur in seinen historisch gewachsenen Traditionen weiterentwickelt werden darf. Es findet damit formal ein Rückzug ins Mittelalter auf historische Positionen statt, um eine bezogen auf diese Tradition revolutionäre Entwicklung des Rechts-, Gerichts- und Verfassungswesens abzuwehren[32].

Mit dem politischen Sieg des Parlaments war auch die Zukunft des Common Law gesichert. Als das Recht des Parlaments, das in den Augen der Öffentlichkeit die Sache des Volkes gegen den König verteidigt hatte, beherrschte es in den nächsten Jahrhunderten unangefochten die Szene[33].

---

[29] *Holdsworth*, History V, S. 430 ff.

[30] *Plucknett*, History, S. 44, 49; *Holdsworth*, History II, S. 480; *Löwenstein*, S. 34, 44 ff.; *Holdsworth*, History IV, S. 174, 189.

[31] Vgl. zu Coke, *Holdsworth*, Some Makers, S. 111 ff.; Sources, S. 143 ff.; *John U. Lewis*, S. 330 ff. Coke verteidigte das Common Law nicht nur politisch, sondern er hat als Richter auch erheblich zu dessen Weiterentwicklung und Festigung beigetragen. Er ist der Verfasser eines der Standardwerke über das Common Law, das bis in das 18. Jh. große praktische Bedeutung hatte, die „Instituts of the Law of England“.

[32] Vgl. zu der Position Coke's und seiner Argumentation *Gough*, S. 30 ff., S. 66 f.; *Quaritsch*, S. 435 f.

[33] *Holdsworth*, Some Makers, S. 116: “The Supremacy of Law had become the Supremacy of Parliament”; *Lévy-Ullmann*, S. 229.

b) *Kompetenzkonflikte der Gerichte*

Auf der Ebene der Gerichtsbarkeit wurde die Auseinandersetzung um die Frage der Zuständigkeiten und Kompetenzen der einzelnen Gerichte ausgetragen. Die Spannungen verschärften sich insbesondere dadurch, daß die 1603 auf den Thron gelangten Stuarts immer offensichtlicher versuchten, die neuen Gerichte als Waffe im politischen Kampf zu verwenden[34]. Doch auch hier siegte mit dem Parlament das Common Law. Die Star Chamber wurde 1641 und der Court of Request 1642 aufgelöst.

Schwerwiegender war die Konkurrenz der Equity, die 1616 zu einem offenen Ausbruch dieses Konflikts führte[35]. Zwar entschied James I., daß im Zweifel ein Rechtsspruch des Court of Chancery den Vorrang haben sollte, doch war dieser Kompromiß letztlich ein Sieg für das Common Law, da der Lord Chancellor nach dieser Grenzziehung in Zukunft darauf verzichten mußte, direkt in den gesicherten Bestand und die Entwicklung des Common Law einzugreifen, denn ein Anspruch auf Jurisdiktion sollte nur noch da bestehen, wo das Common Law keine Rechtsbehelfe bot. Mit diesem Schiedspruch war für lange Zeit das Verhältnis zwischen Equity und Common Law geklärt.

Im Bereich der Rechtsprechung hatte sich damit endgültig eine dualistische Struktur durchgesetzt. Es existierten nebeneinander die Gerichte des Common Law und der Equity, jedes mit eigenem Verfahren und eigenem materiellem Recht[36].

4. Pläne zur Reform des englischen Rechts

Der allgemeine Stand des Rechts wurde in diesen Jahrhunderten als unbefriedigend empfunden. Die Fülle der konkurrierenden Gerichtsbarkeiten, die Schwerfälligkeit der historischen Verfahrens- und Rechtsformen verbunden mit einer ständig wachsenden Zahl von Präjudizien und einer zunehmenden Gesetzgebungstätigkeit[37] verursachten eine weit verbreitete Unzufriedenheit. Insbesondere der Zustand des Gesetzesrechts warf zahlreiche Probleme auf, da es keine autorisierte Sammlung oder Übersicht der gültigen Gesetze und Verordnungen gab[38]. Diese Situation führte fortschreitend seit dem Beginn des 16. Jh. zur Beschäftigung mit dem eigenen, nationalen Recht[39] und zu Reformüber-

---

[34] *Holdsworth*, Some Makers, S. 88; *Pollock*, Politics, S. 227.

[35] Anlaß war der Streit zwischen Chief Justice Coke und Lord Chancellor Ellesmere um die Anerkennung einer Verfügung des Court of Chancery gegenüber einem Common Law Gericht, *Earl of Oxford's Case* (1615).

[36] *Holdsworth*, History V, S. 236 ff.

[37] *Plucknett*, History, S. 44 ff.

[38] *Holdsworth*, History IV, S. 426 ff.

[39] *Hazeltine*, S. 162 ff., 167 ff.

legungen[40]. So tritt in dieser Zeit — wie auch im übrigen Europa — in England[41] die Idee einer Kodifikation auf. Politisch gesehen wäre insbesondere die Zeit der Tudors für eine solche durchgreifende Reform günstig gewesen, da auf Grund der weitgehend absoluten königlichen Autorität ein solches Vorhaben mit Hilfe eines hoheitlichen Aktes wahrscheinlich hätte durchgesetzt werden können[42].

Während der beschriebenen Epoche gab es eine Reihe von Projekten, die sich eine Reform und Bereinigung des englischen Rechtsgefüges zum Ziel gesetzt hatten. Diese Vorhaben bewegten sich zwischen dem Wunsch nach einer weitgehenden Übernahme des römischen Rechts einerseits und einer bloßen Reformierung des bestehenden Rechtszustandes andererseits. Beispielhaft seien hier einige Reformpläne dargestellt:

a) Henry VIII.

Der Gedanken einer Erneuerung und Verbesserung des englischen Rechts durch Anwendung des neu belebten römischen Rechts wurde während der Regierungszeit Henry VIII. u. a. vom Kardinal und Erzbischof von Canterbury Sir Reginald Pole (1500 bis 1558), einem Vetter des Königs, vertreten[43]. In einem fiktiven Gespräch[44] wird ihm der Vorschlag zugeschrieben, alles Recht zusammenzufassen, zu revidieren und gemäß dem Vorbild des römischen Rechts in Gesetzbüchern zu veröffentlichen. Ein Vorhaben, das im Ergebnis einer Kodifikation sehr nahe gekommen wäre. Dieser Vorschlag erlangte anscheinend keine praktische Bedeutung und sollte sie wohl auch nicht haben. Er ist eher als allgemeiner Ausdruck der Position der damals auch in England zahlreich vertretenen Zivilisten und politischer Überlegungen zu werten. Es wird jedoch auch von Henry VIII. selbst[45] und vom minderjährigen Edward VI.[46] (1537 bis 1553) berichtet, daß sie sich mit dem Gedanken

---

[40] So wird unter anderem in dem am Anfang des 16. Jh. erschienenen Buch „Doctor and Student" Kritik am Common Law geübt und werden Reformwünsche geäußert.

[41] *Maitland*, Renaissance, S. 191; *Gagnèr*, S. 112; *Koschaker*, S. 182.

[42] *Trevelyan*, Geschichte, Bd. I, S. 326, 339, 342; *Potter*, S. 40. Als Beispiel dafür, daß es dem König möglich war, gesetzgeberische Kompetenzen wieder an sich zu ziehen und auf diesem Wege dann auch neues Recht zu setzen, mag das Statute of Proclamation (1539) dienen.

[43] *Maitland*, Renaissance, S. 172 ff., 202 m.w.N.; *Plucknett*, History, S. 44; *Vanderlinden*, S. 301.

[44] Dieser angebliche Dialog zwischen Pole und Thomas Lupset wurde von Thomas Starkey, einem Berater Henry VIII., verfaßt. Starkey selbst war ein Anhänger der Idee der Übernahme des römischen Rechts (vgl. *Holdsworth*, History IV, S. 259). Zu dem Dialog vergleiche den bei *Maitland*, Renaissance, auf S. 172 abgedruckten Auszug daraus, s. a. *Vanderlinden*, S. 301 f.

[45] *Maitland*, Renaissance, S. 190; *Kocher*, S. 3.

[46] *Holdsworth*, History III, S. 428; *Allen*, S. 441; *Ilbert*, S. 43; *Vanderlinden*, S. 31, 312.

eines „code“ des englischen Rechts auf römisch-rechtlicher Grundlage beschäftigt hätten. Etwa zur gleichen Zeit hat man 1549 auch im Parlament, dem House of Commons, einen Antrag eingebracht, Common Law und Statutes nach dem Vorbild des römischen Rechts in einem Gesetzbuch zusammenzufassen[47]. Dieses Projekt wurde an das House of Lords verwiesen, wo es keine weitere Entwicklung erfuhr und in Vergessenheit geriet.

b) *Elizabeth I.*

Einige Jahre später unter der Herrschaft von Elizabeth I. (1558 bis 1603) richteten sich die Hauptreformbemühungen auf das Problem der Neuordnung der Statutes in Form einer „consolidation“[48]. Das bedeutendste Beispiel eines solchen Act of Consolidation ist das Statute of Labourers von 1562[49], das in seiner Präambel eine kurze Abhandlung über die Problematik und das Ziel einer solchen Consolidation enthält[50]. Gleichwohl kann man diese Zusammenfassung nicht einmal als eine Teilkodifikation bezeichnen, da es lediglich die Sammlung und Zusammenstellung eines Teils des Statute Law betraf, das Common Law jedoch, soweit es die gleiche Materie behandelte, unberücksichtigt ließ, so daß also auch hier zwei Rechtsquellen nebeneinander fortbestanden und miteinander konkurrierten. Ein weiterer Versuch in dieser Richtung wurde 1593 durch eine Vorlage des Parlaments unternommen, die eine allgemeine Überprüfung und Verbesserung des Rechtszustandes zum Ziele haben sollte[51]. Aber auch hier wissen wir von keinem Ergebnis.

c) *Nicholas Bacon*

Bemühungen, eine Zusammenfassung des englischen Rechts zu erreichen, wurden auch von Sir Nicholas Bacon, einem Richter am Court of

---

[47] *Mullins*, S. 114.

[48] *Plucknett*, History, S. 325; *Record Commissioners*, S. 170.

[49] 5, Elizabeth c. 4; *Holdsworth*, History IV, S. 380 bis 383, *Holdsworth* selbst gebraucht sogar den Ausdruck „codified“.

[50] Vgl. das bei *Ilbert*, S. 44 wiedergegebene Zitat: “And as the sayd severall Actes and Statutes were at the time of the making of them thought to be very good and beneficiall for the Comon wealthe of this Realms as dyvers of them yet are. So yf the substance of as many of the said Lawes as are meet to bee continued shalbe digested and reduced into one sole Lawe and Statute, & in the same an uniforme Order prescrybed and lymitted concerning the Wages and other Orders for Apprentises Servauntes and Laborers, there ys good hope that yt will come to passe that the same Lawe, beyng duly executed, should banishe Idlenes advance Husbrandrye and yeelde unto the hired pson bothe in the tyme of scarsitee and in the tyme of plentye a convenient proporcon of Wages.”

[51] *Holdsworth*, History V, S. 485, Anm. 3. Die Vorlage selbst umreißt das Ziel wie folgt: “To enter into a general amendment of the state of the laws, and to reduce them to more brevity and certainty ...”

Chancery, unternommen[52]. In seiner Eigenschaft als Bewahrer des englischen Großsiegels (Lord Keeper of The Great Seal) legte er 1557 Elizabeth I. einen Plan vor, der Ordnung in das englische Rechtsgefüge bringen und eine Verminderung der Zahl der Statutes erreichen sollte[53]. Der Weg, den Nicholas Bacon in diesem Plan vorschlug, war folgender: Es sollte alles Recht, das eine bestimmte Materie betraf, gesammelt und in einem einzigen Gesetzbuch zusammengefaßt werden. Diese Gesetzbücher sollten dann — einmal in Kraft gesetzt — alle anderen konkurrierenden Rechte aufheben. Ein nächster Schritt konnte die endgültige Sammlung dieser Gesetze in einem „code" bringen[54]. Nicholas Bacon wies angesichts des Standes des englischen Rechts eindringlich auf die Wichtigkeit dieser Aufgabe hin und empfahl Elizabeth I. eine Reihe von Persönlichkeiten zur Durchführung dieses Vorhabens. Dieses Bemühen war jedoch offensichtlich so stark an die Person seines Förderers Bacon gebunden, daß es nach seinem Tode 1579 in Vergessenheit geriet.

d) James I.

Der Nachfolger Elizabeth's James I. (1603 bis 1625) griff die Idee einer Rechtsreform erneut auf[55], und zwar betrachtete er dieses Problem insbesondere vom Gesichtspunkt der Rechtspflege her, indem er auf die offensichtlich nicht nur theoretische Gefahr hinwies, daß ein schlechter Richter auf Grund der Rechtsverwirrung bewußt oder unbewußt ungerechte Urteile fällen könne. In seinen Thronreden von 1607 und 1609 kritisierte er daher den Zustand der Statutes und des Common Law[56] und empfahl eine Zusammenfassung aller Rechtssätze in einem einzigen Werk. James I. befaßte sich offensichtlich energischer mit den nachteiligen Seiten des „judge made law", als es seine Vorgänger getan hatten, denn er war der erste, der mit Nachdruck die dominierende Stellung des Common Law angriff und versuchte, eine Änderung des Rechtssystems

[52] *Holdsworth,* History III, S. 428; V, S. 227 ff.

[53] *Record Commissioners,* S. 169 f.; *Allen,* S. 441.

[54] *Ilbert,* S. 44 f.; Vgl. Zitat aus dem Plan von Nicholas Bacon bei *Record Commissioners,* S. 169 f.: "First where many lawes be made for one thing, the same are to be reduced and established into one lawe, and the former to be abrogated. — Item, where there is but one lawe for one thing, that these lawes are to remain in case as statutes. — Item, where part of one acte standeth in force and another part abrogated, there should be no more printed but that that standeth in force. — The doing of these things maie be committed to the persons hereunder written, if it shall so please her Majesty and her Counsell, and daye wolde be given to the committees until the first daie of Michaelmas terme next coming for the doing of this, and then they are to declare their doings to be considered of by such persons as it shall please her Majesty to appoint."

[55] *Record Commissioners,* S. 170; *Allen,* S. 441.

[56] *Holdsworth,* History V, S. 485, Anm. 3.

durchzuführen[57]. Als Ergebnis dieser Thronreden wurden Kommissionen eingesetzt, die den Auftrag hatten, die vom König vorgeschlagenen Reformen in die Wege zu leiten[58].

Auf Grund der allgemeinen politischen Auseinandersetzung zwischen König und Parlament gelangte jedoch dieser Versuch nicht über das Stadium theoretischer Vorarbeiten hinaus[59].

e) *Francis Bacon*

Bei der Darstellung der Geschichte der Bemühungen um eine Reform des Rechts bedarf das Werk von Francis Bacon (1561 bis 1626) in diesem Zusammenhang einer besonders ausführlichen Würdigung[60].

Bacon wird allgemein als der englische Jurist bezeichnet, der als erster in England einen Wissenschaftsbegriff vom Recht erarbeitet und eingeführt habe[61]. In seinen Gedanken zu einer Rechtsreform, die er durch seine allgemeinen rechtsphilosophischen Überlegungen über Recht und Gesetz vorbereitet hatte[62], kam er jedoch nicht zu dem Schluß, daß eine Kodifikation möglich und notwendig sei[63]. So schreibt er: "I dare not advise to cast the law into a new mould, ... for such a remove, I should hold indeed for a perilous innovation[64]." Bacon wollte die rechtlichen Einrichtungen nicht grundsätzlich geändert sehen und schlug daher nur gemäßigte und eher konversative Reformen vor[65]. Hauptziel

---

[57] *Veall*, S. 71 ff.

[58] *Record Commissioners*, S. 170.

[59] *Record Commissioners*, S. 171; *Holdsworth*, Some Makers, S. 109.

[60] Vgl. allgemein *Holdsworth*, Some Makers, S. 102 ff.; *Holdsworth*, History III, S. 428; V, S. 238 ff.; *Ilbert*, S. 45 ff.; *Kocher*.

Sohn des bereits erwähnten Nicholas Bacon, wurde er 1582 als Barrister am Gray's Inn zugelassen und stieg schnell zum Berater und Vertrauten des Earl of Essex auf. Er wurde dann unter James I. binnen kurzer Zeit Solicitor-general, Attorny-general, Lord-Keeper, und 1618 schließlich Lord-Chancellor. Von diesem Amt wurde er jedoch bereits 1622 wegen angeblicher persönlicher Unregelmäßigkeiten entfernt. Diese Daten zeigen eine schnelle Karriere, die ihm jedoch — nicht zuletzt wegen seiner Verwicklung in politische Tagesfragen — weniger Ruhm eintrug, als die des Rechtsphilosophen und Verfassers juristischer Schriften. Seine wichtigsten juristischen Werke sind: „Reading of Sir Francis Bacon upon the Statute of Uses“ (1642), „The Maximes of the Law“ (1596), „De Augmentis“ (1623), das seine wesentlichsten Ausführungen zur Frage der Reform enthält, und sein vermutlich apokryphes Werk „The Use of the Law“.

[61] *Holdsworth*, Some Makers, S. 108, 105; History IV, S. 49 ff.; V, S. 238, 396; *Plucknett*, History, S. 244, 699 ff.

[62] *Holdsworth*, History V, S. 248 ff., 486 ff.; *Record Commissioners*, S. 170; *Holdsworth*, Some Makers, S. 108 ff.

[63] *Potter*, S. 587.

[64] Zitat bei *Holdsworth*, History V, S. 486, aus Spedding, Letters and Life of Francis Bacon, VI, S. 67.

[65] *Holdsworth*, History V, S. 487; *Veall*, S. 70; *Plucknett*, History, S. 283.

sollte eine Revision des bestehenden Rechts sein, um so eine vermehrte Unordnung und weitere Wucherungen der Gesetze und Präjudizien zu verhindern. In Vorschlägen, die er 1614 und 1616 James I. unterbreitete[66], und in dem bereits erwähnten Werk „De Augmentis" führte er aus, daß zwei getrennte Rechtssammlungen erstellt werden sollten; eine hatte das Case Law und die andere das Statute Law zu umfassen.

Die Zusammenfassung des Common Law war die Hauptaufgabe und zugleich die schwerste, denn man hatte nach Bacon alle Gerichtsentscheidungen[67], die seit den Zeiten Edwards I. ergangen und in den Year Books und Reports aufgezeichnet waren, zu sammeln und durchzusehen. Der nächste Schritt mußte dann der Eliminierung aller außer Gebrauch gekommenen und überholten Fälle gewidmet sein. Der verbleibende Rest war auf Homonyme zu prüfen und in ein System einzuordnen, das im wesentlichen nach dem Vorbild des Werks Justinians aufgebaut sein sollte[68]. Es sollten also nur die Entscheidungen berücksichtigt und systematisiert werden, die eine Rechtsregel ursprünglich einmal eingeführt hatten, ohne daß auf spätere Bekräftigungen oder Wiederholungen noch Rücksicht genommen werden sollte.

Bacon sah sich jedoch dem Problem gegenüber, wie zu verfahren sei, wenn eine wesentliche Rechtsfrage noch streitig oder völlig unentschieden geblieben war. Es war dies das Problem, das in seinen Augen einer der größten Fehler des Common Law war, da nämlich die Schaffung neuer Rechtssätze einerseits davon abhing, daß zufällig ein Streit, der diese Frage betraf, entstehen mußte, und andererseits die Parteien auch bereit sein mußten, diesen Streit von einem Gericht entscheiden zu lassen.

Bacon schlug in seinem Werk „De Augmentis" die folgende Lösung vor[69]: Alle offenen Rechtsfragen sollten vom König den Richtern vorgelegt werden, und diese sollten dann in einem fingierten Prozeß verbindlich entscheiden. Es ist bemerkenswert, daß Bacon sich hier bei allem Willen zur Reform streng in den historischen Bahnen und Gedanken des Common Law bewegt. Das Recht zur Gesetzgebung wird also weder dem König noch dem Parlament zugesprochen, sondern das Prinzip des „judge made law", das des durch die Richter „gefundenen" und nicht „erfundenen" Rechts, wird folgerichtig weitergeführt[70].

---

[66] z. B. „A memorial Touching the Review of the Penal Laws and the Amendment of the Common Law", vgl. *Holdsworth,* History V, S. 485, Anm. 3; *Pound,* Jurisprudence, S. 705.

[67] *Allen,* S. 222; *Holdsworth,* History V, S. 487.

[68] *Holdsworth,* History V, S. 398; *Plucknett,* History, S. 701; *Pound,* Jurisprudence, S. 706.

[69] *Holdsworth,* History V, S. 487 und Anm. 3 ebenda; *T. Ellis Lewis,* S. 245.

[70] Er nimmt damit bewußt oder unbewußt einen Gedanken Bractons auf, der einen ähnlichen Weg zur Regelung neuer, noch nicht gelöster Rechtsfragen vorgeschlagen hatte (*T. Ellis Lewis,* S. 210; *Allen,* S. 188). Bracton wollte solche

Die zweite Aufgabe, die Neuordnung des Statute Law, sollte ebenfalls in mehreren Phasen bewältigt werden[71]. Nach Bacon sollten zuerst all die Gesetze, die auf Grund ihres Alters überholt oder außer Gebrauch geraten waren, ersatzlos aufgehoben werden. Die verbleibenden Statutes sollten dann überprüft und, falls erforderlich, durch neue Bestimmungen den Erfordernissen der Zeit angepaßt[72] und dann in einem einzigen Gesetzbuch nach Sachgebieten geordnet zusammengefaßt werden. Als Ergänzung wünschte sich Bacon in diesem Zusammenhang einige weitere Werke, die zum Studium und wissenschaftlichen Verständnis dieses Rechts dienen sollten, wie etwa ein Rechtslexikon[73].

Diese Vorschläge zur Reform von Common Law und Statute Law wurden James I. von Francis Bacon mehrfach unterbreitet. In den Jahren 1616 und 1620 wurden daraufhin auch Kommissionen eingesetzt, die die vorgeschlagenen Reformen vorbereiten sollten[74]. Auch die beiden Häuser des Parlaments verfolgten diese Arbeit durch von ihnen ernannte Ausschüsse und stellten den Antrag, das Projekt nach seiner Fertigstellung dem Parlament vorzulegen[75]. Obgleich der König dem Bericht, der ihm schließlich von Bacon vorgelegt wurde[76], seine Anerkennung nicht versagte, kam es auf Grund der bereits erwähnten Spannungen zwischen Krone und Parlament nie zu dem Versuch einer Realisierung[77].

Die Ideen Bacons und seine fundierte Kritik an der chaotischen Anhäufung und Unordnung der Rechtsquellen stellten jedoch weitgehend die wissenschaftliche Basis und das Material für alle folgenden Reformversuche dar. Insbesondere seine Vorstellungen über eine Neuordnung des Statute Law, die eher auf eine Consolidation als auf eine Kodifikation abzielten, haben bis heute Einfluß behalten. Es kann hier die Frage dahingestellt bleiben, ob die von Bacon vorgeschlagenen Reformen praktisch überhaupt durchführbar waren. Dieses Problem wird sich später, am Ende des 18. Jh. unter fast den gleichen Vorzeichen erneut stellen und wird dann zu untersuchen sein.

Streitfälle nicht vom Gericht, sondern von der „Magna Curia" entschieden wissen.

[71] *Holdsworth,* History V, S. 487; *Record Commissioners,* S. 171.

[72] So sollte z. B. im Bereich des Strafrechts eine Milderung der Grausamkeiten der Strafen erfolgen.

[73] *Holdsworth,* History V, S. 488. Diese von Bacon vorgeschlagene Ordnung der Gesetze wurde übrigens 1826 in Rußland von einer Kommission zur Kodifikation des Rechts übernommen und angewandt, vgl. *Schultz,* S. 202.

[74] *Pound,* Jurisprudence, S. 706.

[75] *Record Commissioners,* S. 171.

[76] In dem Bericht wurden unter anderem etwa 600 Statutes für überflüssig erklärt.

[77] *Record Commissioners,* S. 171; *Holdsworth,* History V, S. 486, 489; *Plucknett,* History, S. 701; *Pound,* Jurisprudence, S. 707.

5. Reformprojekte während des Bürgerkrieges

Hatten die drei historischen Hauptträger des englischen Staates — Krone, Parlament und Common Law Gerichte — unter den Tudors und bedingt auch noch unter James I. einverständlich zusammengewirkt[78], so verschlechterte sich dieses Verhältnis unter Charles I. (1625 bis 1649) zusehends. Der Konflikt um die Macht im Staate entlud sich nun aus Anlaß religiöser Spannungen in heftigen Bürgerkriegen. England war für kurze Zeit Republik, sah Cromwells Militärdiktatur und erlebte die Zeit der Restauration unter Charles II. (1660 bis 1685) und James II. (1685 bis 1688). Schließlich beendete die sogenannte „Glorious Revolution" von 1688, mit der England den Weg zu einer konstitutionellen Monarchie beschritt, diese Auseinandersetzungen.

Diese Zeit verfassungsrechtlicher, politischer und religiöser Kämpfe und Unruhen konnte nicht ohne Einfluß auf die Bemühungen um Fragen des Rechts und der Rechtsreform bleiben. Mit dem allgemein und öffentlich vorgetragenen Wunsch nach umfassender Reform[79] steht dieser kurze Abschnitt der englischen Rechtsgeschichte in seiner Bewegtheit in scharfem Gegensatz zu ihrem sonst mehr ruhigen und gleichmäßigen Verlauf[80]. Neben dem Streit um religiöse Fragen und dem Verhältnis von Krone und Parlament bestand eine tiefe und verbreitete Unruhe über den Zustand des Rechts und der Rechtswirklichkeit. Allgemein empfand man den Konkurrenzkampf der Gerichtsbarkeiten untereinander, die Dauer und Kosten der Verfahren, die Übertechnisierung und den Formalismus der Prozeßformen und die veralteten Bestimmungen, insbesondere des Liegenschafts-, Schuld- und Strafrechts als Belastung und Ungerechtigkeit[81]. Hand in Hand damit äußerte sich ein allgemeines Mißtrauen gegen die Juristen, die man als die Nutznießer dieses Systems und damit als auch für dieses verantwortlich ansah[82]. Eine Fülle von Pamphleten und Streitschriften prangerte diese Zustände an und popularisierte den Gedanken einer Reform.

Die Kritik führte zu zahlreichen Reformvorschlägen, die zum Teil in Verbindung mit religiösen Zielen und Vorstellungen zu ausgespro-

---

[78] *Löwenstein*, S. 42.

[79] *Nourse*, S. 512; *Holdsworth*, History VI, S. 413.

[80] *Roscoe*, S. 72, 74, 91; *Potter*, S. 49, 51; vgl. allgemein *Veall*, The Popular Movement for Law Reform 1640 - 1660 und *M. James*, Social Policy.

[81] *Roscoe*, S. 75, 83; *Robinson*, S. 410; *Holdsworth*, History VI, S. 412 ff. Aufschlußreich und symptomatisch ist insbesondere der auf S. 414 abgedruckte Katalog der Beschwerden aus dem von John Wair 1649 verfaßten Traktat „The Corruption and Deficiency of the Laws of England".

[82] *Nourse*, S. 512; *Holdsworth*, History VI, S. 412 ff., 420; I, S. 430; *Veall*, S. 73 f. Hier sind insbesondere die Schriften von *J. Jones*, The New Returna Brevium (1650) und „The Judged", *J. Lilburne*, England's Birth-Right Justified (1645) und *William Walwyan*, England's Lamentable Slavery, zu erwähnen.

chen radikalen Forderungen kamen[83]. Unter diesen Vorzeichen kann es nicht überraschen, daß auch der Gedanke einer Kodifikation wieder an Bedeutung gewann[84]. Kennzeichen dieser Bewegungen war neben dem Wunsch nach allgemeiner Verbesserung der Gedanke, daß Recht und Gesetz so verständlich und volkstümlich wie möglich sein sollten[85], eine Idee, wie sie erst mit dem Naturrecht der zweiten Hälfte des 18. Jh. in Europa eigentlich mächtig wurde. Zur Verwirklichung dieser Idee sollte insbesondere die 1650 erfolgte Einführung der englischen Sprache als Rechts- und Prozeßsprache anstelle des den Laien unverständlichen Law French dienen[86]. Weiter unternahm man auf dem Gebiet der miteinander konkurrierenden Gerichtsbarkeiten und des Verfahrensrechts den Versuch, durch gesetzgeberische Akte zu einer umfassenden Bereinigung und Rationalisierung zu gelangen.

Kennzeichnend ist weiter, daß diese Bestrebungen nun nicht mehr von Einzelpersonen oder kleinen Gruppen von Rechtsgelehrten ausgehen, sondern von breiten Volkskreisen getragen wurden, die nicht nur allgemein eine Reform forderten, sondern auch konkrete Vorstellungen hierzu entwickelten[87]. Hierbei ist ein allgemeiner Zug zu einer Art „Historismus" — der Wiederherstellung des guten alten „angelsächsischen" Rechtes und Abschaffung der fremden „normannischen" Bestimmungen — zu beobachten[88].

a) Long Parliament

Nachdem das sogenannte Long Parliament 1646 aus dem Bürgerkrieg siegreich hervorgegangen war, griff es neben anderen dringlichen politischen Fragen auch das Problem der Rechtsreform auf. So wurden 1650 und 1651 Kommissionen eingesetzt, die erneut die Frage einer Überprüfung der Statutes in Angriff nehmen sollten[89], um erklärterweise auch das Verständnis und die Kenntnis des Volkes zu fördern[90]. Bemerkenswert hierbei ist, daß diese Kommissionen überwiegend nicht mit Juristen besetzt waren. Eine Fülle einschneidender Reformen wurde erörtert und ins Auge gefaßt, die vor allem das Gerichtswesen — Einführung neuer lokaler Gerichte, Abschaffung des Court of Chancery —

---

[83] *Roscoe*, S. 90; *Löwenstein*, S. 50; *Nourse*, S. 528.
[84] *Robinson*, S. 481 ff.; *Potter*, S. 54; *Nourse*, S. 512; *Margaret James*, S. 333.
[85] *Roscoe*, S. 73; *Robinson*, S. 469, 476.
[86] *Roscoe*, S. 76; *Holdsworth*, History VI, S. 424; *Robinson*, S. 480; *Mullins*, S. 314.
[87] *Roscoe*, S. 73, 83 ff.; *Nourse*, S. 528.
[88] *Nourse*, S. 512, 513; *Robinson*, S. 469; *Margaret James*, S. 327 f.
[89] *Roscoe*, S. 86, zitiert aus dem Commons Journal „A reducing of the wholesome, just and good Laws into a body, from them that are useless and out of date".
[90] *Record Commissioners*, S. 171, 172; *Roscoe*, S. 83 ff.; *Robinson*, S. 482.

und das Verfahrensrecht betrafen[91]. Zu konkreten Vorschlägen für zu erlassende Reformgesetze an das Parlament selbst ist man jedoch nicht gekommen.

b) *Rumpfparlament*

Ein weiterer Versuch, zu einer umfassenden Reform zu gelangen, wurde vom sogenannten Little Parliament im Jahre 1653 unternommen. Auch hier befassen sich die Gesetzentwürfe mit fast allen Rechtsgebieten, dem Grund- und Bodenrecht, der Equity, dem Strafrecht, dem Handelsrecht, den Kompetenzbereichen der ehemaligen Kirchengerichte, wie etwa Erb- und Familienrecht, dem Prozeßrecht und der Stellung und Funktion des Berufsstandes der Juristen. Jedoch nur einige wenige dieser Vorschläge wurden tatsächlich verwirklicht[92].

Eines der Hauptobjekte der Reformbemühungen war der Court of Chancery. Ursache hierfür war einmal die traditionelle Gegnerschaft der Common Law Juristen zur Equity und zum anderen die tatsächlich existierenden schweren Mißstände gerade an diesem Gericht. So wurde berichtet, daß im Jahre 1653 etwa 2 300 Fälle bei diesem Gericht anhängig waren, die zum Teil schon seit 30 Jahren auf ihre Entscheidung warteten[93]. Nachdem zunächst 1653 der Court of Chancery in einem radikalen, jedoch nicht durchgeführten Parlamentsbeschluß einfach aufgehoben worden war[94], sah sich Cromwell 1654 in einer grundlegenden Ordinance gezwungen, selbst eine detaillierte Reform anzuordnen[95]. Diese wurde jedoch bereits wieder nach wenigen Jahren während der Restauration weitgehend rückgängig gemacht. Weitere Gerichte wurden jedoch tatsächlich aufgehoben, und zwar sind hier insbesondere die Star Chamber und die kirchlichen Gerichte zu erwähnen, von denen die letzteren eine umfassende Gerichtbarkeit auf dem Gebiet des Erb- und Familienrechts ausgeübt hatten[96].

c) *Cromwell*

Cromwell selbst ermutigte und förderte, soweit ihm dies als Lordprotektor politisch möglich war, die Bestrebungen einer Rechtsreform. Er war kein radikaler Reformer[97], und sein Einfluß ist auf lange Sicht

[91] *Roscoe*, S. 75, 85; *Record Commissioners*, S. 172; *Nourse*, S. 513 ff.

[92] Eine umfassende Übersicht der im einzelnen erörterten und geplanten Reformen gibt *Holdsworth* in History VI, S. 416 ff.

[93] *Roscoe*, S. 82 ff.; *Robinson*, S. 471; *Nourse*, S. 524 ff.; *Holdsworth*, History I, S. 432.

[94] *Holdsworth*, History I, S. 432; *Robinson*, S. 471.

[95] *Holdsworth*, History I, S. 433; *Roscoe*, S. 83; Ordinance: "The Jurisdiction of the High Court of Chancery limited, and proceedings therein regulated."

[96] *Holdsworth*, History I, S. 431; *Robinson*, S. 473 ff.

[97] *Roscoe*, S. 83, 88; *Mullins*, S. 313.

gesehen gering geblieben, doch war er während der ganzen Zeit seiner Tätigkeit bemüht, das Parlament zu Reformgesetzen zu ermutigen und erließ selbst zahlreiche einschneidende Einzelverordnungen[98]. Cromwell ist so einer der wenigen Staatsmänner Englands gewesen, der beharrlich und mit persönlichem Einsatz versucht hat, das Recht des Landes zu verbessern und die Rechtsprechung zu koordinieren. Er forderte das Parlament insbesondere 1654 und 1656 auf, Maßnahmen zur Bereinigung und Verbesserung des Rechts zu treffen[99]. In einer Rede am 17. 9. 1656 führte Cromwell aus:

> "There are some things which respect the estates of men; and there is one general grievance of the nation. It is the law. Not that the laws are a grievance, but there are laws, that are, and the great grievance, lies in the execution and administration . . .[100]."

All diese Bemühungen hatten jedoch nicht den erhofften Erfolg, denn die Realisierung der Projekte blieb in den folgenden Debatten im Parlament und in den Ausschüssen weitgehend aus[101]. Als Ergebnis ist damit festzustellen, daß auch während dieser Epoche der englischen Geschichte nur wenig gesetzgeberische Reformen tatsächlich zur Durchführung gelangten[102].

6. Kodifikationspläne

a) Parlament

Weit verbreitet während dieser Zeit war der Gedanke und der Wunsch nach einer Kodifizierung des Rechts. Die Begründung war, daß die Gesetze für das Volk verständlich, zugänglich und einsehbar sein sollten. Zahlreiche juristische und politische Schriften erschienen, in denen diese Vorstellungen vertreten wurden[103], wobei dies nicht nur das Verlangen eines radikalen Flügels der Revolution war. So wurde sogar vom Lord Mayor of London im Parlament eine Petition überreicht, in welcher erbeten wurde: "That all Statutes may be so clearly collected, and contracted, that every man may know his duty and his danger[104]."

Theoretische Vorarbeiten, auf die man sich hätte stützen können, waren in den Werken zahlreicher juristischer Autoren vorhanden, die sich bemüht hatten, die Grundlagen der Rechtsprechung des Common

---

[98] *Roscoe*, S. 72, 89 ff.; *Mullins*, S. 313.
[99] *Roscoe*, S. 74, 88; *Holdsworth*, History VI, S. 415; *Nourse*, S. 527.
[100] Zitat bei *Roscoe*, S. 73.
[101] *Robinson*, S. 482; *Roscoe*, S. 78; *Nourse*, S. 518.
[102] *Holdsworth*, History I, S. 429 ff., VI, S. 422, S. 423 ff. mit einer ausführlichen Übersicht; *Robinson*, S. 483 ff.; *Roscoe*, S. 74.
[103] *Robinson*, S. 481, 482; *Holdsworth*, History VI, S. 422; *Plucknett*, S. 54; *Veall*, S. 77 f., 92 ff., 104.
[104] Zitat bei *Nourse*, S. 525.

Law und der Equity zusammenzustellen und zu ordnen[105]. Es ist aber zu bezweifeln, ob diese tatsächlich schon ein ausreichendes Gerüst für eine Kodifikation abgegeben hätten[106]. Das Parlament unternahm zwar einige Anläufe auf dieses Ziel hin, die jedoch alle stecken blieben. Im Jahre 1652 wurde auf Drängen der Armee ein Ausschuß eingesetzt, der alle Mißstände untersuchen und Reformvorschläge unterbreiten sollte[107]. Das Ergebnis war neben zahlreichen Entwürfen zu Einzelgesetzen ein Vorschlag von Sir Matthew Hale, das englische Recht in einem Werk systematisch zusammenzufassen[108]. Das nachfolgende nominierte Parlament berief 1653 ebenfalls einen Ausschuß, „to consider of a new body of law“[109]. Die Arbeit beider Ausschüsse blieb jedoch auf diesem Gebiet ohne sichtbaren Erfolg.

b) Matthew Hale

Der herausragende Jurist dieser Zeit war Sir Matthew Hale (1609 bis 1676)[110]. Er war nach Ansicht von Holdsworth[111] neben Francis Bacon der bedeutendste Rechtswissenschaftler Englands zu Beginn der Neuzeit. Hale war einer der wenigen Rechtsgelehrten Englands, der das Rechtssystem seines Landes bis in das Detail kannte und zugleich die Fähigkeit besaß, es abstrahierend im Wege einer Synthese zu erfassen[112]; eine Fähigkeit, die er vermutlich nicht zuletzt seiner Ausbildung im römischen Recht verdankte, die er selbst als wichtig einschätzte[113]. Neben seiner juristischen Betätigung beschäftigte er sich eingehend mit politischen und staatsrechtlichen Fragen; Vorstellungen, die er auch im Rahmen seiner Tätigkeit im Parlament als einer der wenigen reformbereiten Juristen in die Wirklichkeit umzusetzen suchte[114]. In diesem Zusammenhang befaßte er sich auch ausführlich mit dem Problem einer Rechtsreform und veröffentlichte neben seiner Tätigkeit in Parlamentsausschüssen einige Werke — wie „History of the Common Law“ und „Considerations Touching the Amendment or Alteration of Lawes“ —,

---

[105] *Robinson*, S. 481; *Nourse*, S. 513; vgl. oben die Ausführungen über *Francis Bacon*.

[106] *Holdsworth*, History VI, S. 429; *Robinson*, S. 491.

[107] *Nourse*, S. 518 ff.

[108] *Nourse*, S. 522; In dem Commons Journal 7 (1653), S. 284, wird dieser Vorschlag wie folgt bezeichnet: “... the book containing the whole system of law.”

[109] Commons Journal 7 (1653), S. 286; *Nourse*, S. 522; *Record Commissioners*, S. 172; *Veall*, S. 87 f.

[110] *Holdsworth*, Some Makers, S. 133 ff.; History VI, S. 576 ff.

[111] *Holdsworth*, Some Makers, S. 136, 144; History VI, S. 581.

[112] Er ist Verfasser zahlreicher Werke, die bis heute als grundlegend gelten können, z. B. „Jurisdiction of the Lords House“, „Law Tracts“, „History of the Pleas of the Crown“, „Analysis of the Civil Part of the Law“.

[113] *Holdsworth*, Some Makers, S. 137; History VI, S. 584.

[114] *Roscoe*, S. 84, 87; *Veall*, S. 115 ff.

die sich eingehend mit der Frage von Reformen und auch der einer Kodifikation befaßten, und in denen er zahlreiche konkrete Vorschläge unterbreitete[115]. In seinen Werken wird von manchen sogar schon ein vorbereitendes System, ein Torso, für eine mögliche Kodifikation gesehen[116], da er sich bemühte, den Stoff methodisch um bestimmte Rechtsobjekte zu ordnen[117]; ein Prinzip, das 100 Jahre später Blackstone in seinen berühmten Commentaries übernahm.

7. Gründe des Scheiterns der Reformpläne

Die Ursachen dafür, daß das weitverbreitete und intensive Bemühen um eine Reform ohne wirklichen Erfolg blieb, sind vielfältig[118]. Einmal war die sogenannte Revolution das Ergebnis einer Koalition der verschiedensten Kräfte, die zwar in dem einen Ziel — Verhinderung eines absoluten Königtums — einig waren, deren weitere politischen Ziele und Wünsche aber stark voneinander abwichen[119], so daß eine Mehrheit für durchgreifende Reformen im Parlament selten zustande kam. Weiter stand zwangsläufig die Frage der neuen Regierungsform und Verfassung im Vordergrund, so daß neben diesen politischen Auseinandersetzungen nur wenig Zeit zur Beratung von Rechtsreformen blieb.

Insbesondere der Widerstand der im Parlament zahlreich vertretenen Juristen lähmte fast alle Ansätze zu Reformen. Sie verweigerten ihre Mitarbeit an den Vorschlägen, teils aus Opposition gegen die Vorherrschaft der Armee, teils aus Verbitterung wegen der Vorwürfe der Unredlichkeit und Korruption, die gegen sie in der Öffentlichkeit erhoben wurden[120]. Obwohl die Mehrzahl der Common Law Juristen den Kampf des Parlaments gegen den König gerade aus rechtlichen Überlegungen unterstützt hatte, war der Kern ihrer Überzeugung nicht revolutionär, sondern bewußt konservativ — die Wahrung des guten alten Rechts gegen einen König, der seine Prörogative mißbraucht und versucht hatte, das gewachsene Verhältnis von Monarch, Parlament und Common Law Gerichten zu seinen Gunsten zu verändern. Diese konservative Grundhaltung[121] erlaubte es ihnen zwar, gegen diesen König aufzutreten, ließ sie aber gegen jede tiefgreifende und grundlegende Rechtsreform, die einen wirklichen Eingriff in das überkommene Recht bedeutet hätte[122], in Opposition stehen.

---

115 *Holdsworth*, Some Makers, S. 139.
116 *Robinson*, S. 482.
117 *Holdsworth*, History VI, S. 591.
118 Vgl. allg. *Veall*, S. 228 ff.
119 *Holdsworth*, History VI, S. 411, 413, 422, 427; *Nourse*, S. 528.
120 *Holdsworth*, History VI, S. 423; *Robinson*, S. 477; *Roscoe*, S. 90; *Mullins*, S. 313; *Nourse*, S. 518; *Veall*, S. 229 ff.
121 *Roscoe*, S. 90; *Koschaker*, S. 177.
122 *Roscoe*, S. 74, 76, 84; *Nourse*, S. 528 ff.; *Goodhart*, S. 47; *Dicey*, S. 82.

Eine weitere Rolle hat zweifellos auch die Überlegung gespielt, daß jede durchgreifende Rechtsreform zugleich auch eine soziale Reform und Veränderung bedeuten würde, so daß die politisch und wirtschaftlich herrschenden Gruppen in der Gesellschaft auch auf Grund solcher Befürchtungen den Vorstellungen einer Reform nicht positiv gegenüberstanden[123].

Das Scheitern des Bemühens um eine Kodifikation hatte weiter noch rechtssystematische Gründe, da das englische Recht in seiner Entwicklung noch nicht genügend systematisch durchgebildet war. Feste Rechtsbegriffe waren erst im Entstehen und die Anpassung an notwendige moderne Doktrinen noch nicht erfolgt[124]. Andererseits lag bereits auf Grund einer langen und wohlüberlieferten Rechtsprechung eine solche Fülle von Material vor, daß nicht einfach ein Schnitt gemacht werden konnte, durch den kraft eines Aktes des Gesetzgebers — selbst eines revolutionären — neues Recht geschaffen werden konnte.

8. Restauration

Nach dem Tode Cromwells gelangte 1660 mit Charles II. wieder ein Stuartkönig auf den Thron. Unter ihm setzte auf allen Lebensgebieten eine umfassende Restauration ein[125], die sich besonders auch auf dem Gebiet des Rechts auswirkte. Es wurden nur noch wenige neue Gesetze erlassen und geschehene Reformen weitgehend wieder rückgängig gemacht[126]. Als Beispiel sei angeführt, daß man das Gesetz von 1650, das die Pflicht zur Abfassung der Prozeßakten in englischer Sprache bestimmt hatte, wieder abgeschafft wurde[127]. Der Konservativismus der überwiegenden Zahl der Juristen hatte damit auf breiter Front gesiegt. Die wenigen grundlegend neuen Gesetze, die gleichwohl geschaffen wurden, hatten ihren Ursprung in dem wieder auflebenden Konflikt zwischen König und Parlament. Es handelte sich dabei um Gesetze, die das Gebiet des Verfassungsrechts betrafen und Bestimmungen über das Verhältnis von Monarch, Parlament und Bürger beinhalteten[128], wie etwa die Habeas Corpus Act (1679) und die Bill of Rights (1689).

Der verworrene Rechtszustand nötigte aber auch Charles II., das House of Commons zu verlassen, eine Kommission unter Lord Nottingham einzusetzen, die erneut eine Revision und Zusammenfassung der Statutes

---

[123] *Veall*, S. 228 f., 234.

[124] *Holdsworth*, History VI, S. 429; *Holdsworth*, Sources, S. 68; *Robinson*, S. 491.

[125] Vgl. allgemein *Holdsworth*, History VI, S. 163 ff.

[126] *Nourse*, S. 528; *Roscoe*, S. 75, 81; *Holdsworth*, History I, S. 434.

[127] *Roscoe*, S. 76.

[128] *Plucknett*, History, S. 55 ff.

und des Rechts allgemein in Angriff nehmen sollte[129]. Nach zahlreichen Sitzungen und vergeblichem Bemühen mußte aber auch dieser Versuch schließlich als gescheitert angesehen werden, da man keine Einigkeit über Form und Ziel herbeiführen konnte. Damit war endgültig für ein Jahrhundert jeder weitere Plan für eine Rechtsreform und damit auch einer Kodifikation gescheitert. Common Law und Equity konnten sich ungehindert entfalten und in ihren speziellen Formen weiterentwickeln. Besonders das Common Law erlebte eine wahre Renaissance und fand seine großen Meister in Lord Mansfield und Blackstone mit seinen Commentaries. Erst Bentham wagte es am Ende des 18. Jh. wieder, gegen die Herrschaft des Common Law aufzutreten.

---

[129] *Record Commissioners*, S. 172; *Robinson*, S. 482.

Drittes Kapitel

Entwicklung des Rechts im 18. Jahrhundert

I. Wirtschaftliche und soziale Entwicklungen

1. Die „Glorious Revolution"

Wendepunkt vom 17. zum 18. Jh. in England ist die sogenannte Glorious Revolution von 1688. Mit der endgültigen Vertreibung der Stuarts und damit dem Sieg über die absolutistische Idee eines Gottesgnadentums beginnt für England der Weg zur konstitutionellen Monarchie[1]. Es ist dies nicht zuletzt ein Sieg der Juristen über die absolute Staatsgewalt, das Ende des von Coke begonnenen Kampfes der Common Law Gerichte und des Parlaments um den Primat des Rechts über die Krone.

Diese Ereignisse jedoch — obwohl als „Revolution" bezeichnet — spielten sich wie die Auseinandersetzungen von 1649 vor dem Hintergrund einer staatsrechtlich und gesellschaftlich konservativen Haltung der politisch tragenden Kräfte ab. Die Revolution von 1688 hatte ihre Ursachen in der Reaktion gegen das Machtstreben eines Königs, der sich nach französischem Vorbild die Stellung eines absoluten Monarchen verschaffen wollte. Ziel seiner Angriffe waren verwurzelte Institutionen wie lokale Selbstverwaltung, Parlament, Kirche, die Stellung des Rechts und die Gesetzgebungskompetenz. Die Folge war, daß die „Glorious Revolution" diesen Rechten, indem sie diese erfolgreich gegen den König verteidigte und ihn darüber stürzen ließ, im allgemeinen Bewußtsein den Charakter der Unantastbarkeit verlieh. Als weitere Konsequenz ergab sich, daß in den nächsten 140 Jahren jeder Versuch einer Reform dieser Einrichtungen auf größte Schwierigkeiten stieß, ja geradezu als Sakrileg erschien[2]. Insbesondere das Recht und die Verfassung des Staates werden zum verehrungswürdigen Symbol der Freiheit Englands, zum „Fetisch" des Juristenstandes[3].

---

[1] *Löwenstein*, S. 61 f.; *Trevelyan*, Geschichte, Bd. II, S. 535 f.; *Holdsworth*, History VI, S. 195 f., XI, S. 274 f., 281.

[2] *Trevelyan*, Geschichte, Bd. II, S. 571: „Das klare Ziel der Revolution (1688) war ja nicht Umsturz, sondern Bewahrung des Alten"; *Fifoot*, S. 114.

[3] *Holdsworth*, History XI, S. 278; *Dillon*, S. 494; *Mullins*, S. 341 f.

Wenn man also die Ereignisse um die Glorious Revolution als einen Kampf im Grunde konservativer Kräfte[4] gegen einen absolutistischen König ansehen muß, so werden gleichwohl — gewollt oder ungewollt — mit diesem Streben um das Bewahren alter Institutionen, deren Legitimationen und Begründungen teilweise rein fiktiv waren, zugleich eine Reihe grundlegend neue Ansätze und Einrichtungen geschaffen, deren wirkliche Bedeutung sich erst in der späteren Entwicklung zeigen sollte.

2. Neuordnung der Grundlagen politischer Herrschaft

Auf der Grundlage der nun stabilisierten politischen Verhältnisse beginnt sich im 18. Jh. in England eine tiefgreifende Wandlung der wirtschaftlichen und sozialen Bedingungen zu vollziehen[5]. Das Ergebnis dieser Entwicklung war eine Veränderung der Grundlagen der Wirtschafts- und Finanzmethoden und die sich beschleunigende Wandlung vom Agrar- zum Industriestaat[6]. Diese Ereignisse blieben zwangsläufig nicht ohne Einfluß auf die Gesellschaftsordnung, das politische Leben und das Recht. Insbesondere gegen Ende des Jahrhunderts zeigten sich zunehmend Unruhe und Unzufriedenheit; der qualitativ und quantitativ gestärkte Mittelstand begann mit der Adelsschicht um das Führungs- und Regierungsmonopol in Wettbewerb zu treten.

Im 15. und 16. Jh. hatten sich in England die Kriterien der alten Ständeeinteilung des Mittelalters verändert, so daß die überkommene berufs- und standesorientierte Struktur weitgehend hinfällig geworden war. Da die alten Gruppierungen sich weitgehend aufgelöst hatten, wurde eine Neuordnung erforderlich, die im Wege einer Umschichtung erfogte[7]. Mit dieser Umschichtung entstand zunächst eine Sozialordnung, die sich in erster Linie am Landbesitz und nicht mehr an der Herkunft orientierte. Erst im Laufe der Zeit wurde dann durch Vererbung des Landbesitzes wieder eine Kontinuität der Familien und damit der Herkunft bewirkt, so daß später im 18. Jh. beides wieder Hand in Hand ging.

Die Bedeutung von Landbesitz war dadurch bedingt, daß mit dem Adelsstatus allein kaum noch persönliche Privilegien verknüpft waren[8], sondern daß politische Rechte und Herrschaftsansprüche allein mit dem

---

[4] *Plucknett*, History, S. 75; *Potter*, S. 58.

[5] Zur allgemeinen Geschichte vgl. *B. Williams*, The Whig Supremacy; *J. S. Watson*, The Reign of George III.

[6] Auf Ablauf und Ursachen dieser Entwicklung kann im Rahmen der Arbeit nicht näher eingegangen werden. Eine Übersicht über den Stand der Forschung und der Literatur im englischen Sprachgebiet gibt *Borchardt*, Probleme der ersten Phase der industriellen Revolution in England, in: Vierteljahresschrift für Sozial- und Wirtschaftsgeschichte 55 (1968), einen allgemeinen Überblick gibt weiter *Elton* in: HZ, Sonderheft 3 (1969). Hingewiesen sei hier jedoch ausdrücklich auf die Werke von *T. S. Ashton*.

[7] *Kluxen*, S. 10 f.

[8] Vgl. für solche Ausnahmen *Dicey*, S. 94.

Grundbesitz, dem Estate, verbunden waren[9]. Großer Landbesitz berechtigte zu öffentlichen Führungsfunktionen in der Lokalverwaltung und Grafschaft und zum Recht der lokalen Ämterbesetzung[10]. Im Laufe des 18. Jh. wuchsen diesen lokalen Ämtern noch weitere wichtige Kompetenzen zu[11], so daß deren Bedeutung ständig wuchs. Die Grundherren faßten diese Rechte als Zubehör ihres Landbesitzes auf, mit der Folge, daß diese etwa auch als „personal property" gewinnbringend genutzt werden konnten[12]. Großer Landbesitz bedeutete damit nicht allein wirtschaftliche Macht, sondern auch die Innehabung von Herrschaftsrechten[13].

Das ausgehende 17. Jh. ist sozial von einer zunehmenden Polarisierung von arm und reich bei einem auch quantitativen Anwachsen der Oberklasse gekennzeichnet[14]. Die neuen Angehörigen dieser Oberklasse rekrutierten sich in erster Linie aus wohlhabenden Kaufleuten und zunächst noch nichtadligen Grundbesitzern[15]. Diese Entwicklung ging auf Kosten der zahlreichen Freibauern — freeholder —, die zu Pächtern wurden, da sie, angereizt durch hohe Preise, ihr Land verkauften oder dieses auf Grund hoher Steuerlasten und sinkender Erträge nicht mehr halten konnten. Diese Gruppen wanderten angelockt durch die beginnende industrielle Entwicklung in die Städte ab, und begannen dort ein Proletariat zu bilden. Endgültig abgeschlossen wurde die Aufteilung des bebaubaren Landes unter die Großgrundbesitzer durch die sogenannten Enclosures[16] von 1760 bis 1780 und 1790 - 1810, die wiederum eine große Zahl besitzloser Bauern in die Städte führten.

Die zunehmende Finanzkraft der Grundbesitzer, die diese sich durch eine intensivierte Landwirtschaft erworben hatten, veranlaßte jene sich

---

[9] So waren etwa in der Beziehung zur Krone keine besonderen lehnsrechtlichen Pflichten mehr gegeben, wohl aber blieb das Verhältnis der Grundherrschaft nach unten weitgehend intakt (vgl. *Veall*, S. 213 ff.; *Potter*, S. 52).

[10] *Kluxen*, S. 12; *Kofler*, S. 496 ff.

[11] z. B. Wassernutzung, Wegeplanung, Marktaufsicht und Kompetenzen aus der Riot Act von 1715 (1 Geo. 1, st. 2, c. 5), die den Friedensrichtern weitgehende exekutive Gewalt übertrug.

[12] Vgl. *Case of the Aylesbury Men* (1704), 2 Ld. Raym. 1105. Nach diesem Urteil galt sogar das Wahlrecht als nutzbare „property".

[13] Bodenrechtlich nahm der Großgrundbesitz ebenfalls eine Sonderstellung ein, da er als „real property" im Gegensatz zur „personal property" galt, und damit eine erb- und nutzungsrechtliche Sonderstellung einnahm. Seine Stellung ähnelt dem eines unpfändbaren Fideikommiß. Vgl. auch Drittes Kapitel, II, 2.

[14] Die Zahl der weltlichen Pairs stieg von 60 am Ende des 16. Jh. auf 160 zu Beginn des 18. Jh. und lag 1780 bei 182. Die Baronets und Knights umfaßten im 17. Jh. etwa 1400 statt zunächst 500 und die Squires 15 000 statt 5 000 (vgl. *Kluxen*, S. 11).

[15] Um 1682 waren etwa zwei Drittel der Grundherren von Warwickshire kaufmännischen Ursprungs.

[16] Durch die Enclosure Acts, dem Recht auf Einzäunung, wurden das verbliebene Gemeindeland und die gemeindlichen Nutzungsrechte privatisiert (vgl. *Plumb*, S. 82, 151 ff.).

auch an der beginnenden Industrialisierung als Kreditgeber oder selbst als Unternehmer zu beteiligen, so daß sie bald auch in Handel und Produktion[17] einen festen Platz einnahmen.

Durch die Konsolidierung der auf Großgrundbesitz beruhenden Oberschicht im 18. Jh. wurde auch die politische Struktur Englands geprägt. Die dominierende Klasse Englands im 18. Jh. war eine breite, in sich gestufte Adelsschicht, auf der Basis einer gesicherten wirtschaftlichen Macht, die unabhängig von König und Parlament war. Herrschende Gruppe innerhalb dieser Klasse waren die Pairs, die die Spitze der gesellschaftlichen Pyramide bildeten und faktisch im Bunde mit der Krone im Parlament auch die Politik Englands bestimmten. Sie bildeten sozial ein Netzwerk von verwandtschaftlichen und persönlichen Beziehungen, von gegenseitigen Interessen und Abhängigkeiten, in dessen Rahmen sich die politischen Entscheidungsprozesse vollzogen[18]. Durch sie wurden ferner alle wichtigen Ämter in Regierung und Verwaltung besetzt, was durch ein weitreichendes System der Ämterpatronage ermöglicht wurde. Ein wesentlicher Zweig dieses Patronagesystems erstreckte sich auch auf die Besetzung des Unterhauses. Die enge Verbindung von Besitz und sozialem Status fand so auch ihren Ausdruck im Parlament; fast alle Mitglieder des Unterhauses entstammten den sog. „landed families“[19].

II. Anpassung des Rechts in der ersten Hälfte des 18. Jh.s

Mit den sich verändernden wirtschaftlichen und sozialen Grundlagen der Gesellschaft im 18. Jh. wurde auch eine Anpassung des Rechts an diese Entwicklung notwendig. Die Landwirtschaft als Haupterwerbsquelle begann mehr und mehr in den Hintergrund zu treten, Landbesitz allein war nicht mehr der bestimmende Faktor der Wirtschafts- und Machtstruktur in England. Da bisher eine Ausformung des Rechts vorwiegend im Hinblick auf die Regelung der Besitz- und Nutzungsverhältnisse an Grund und Boden erfolgt war, wurde es nun erforderlich, ein

---

[17] Das Bergregal lag z. B. in den Händen des jeweiligen Grundherren. (Vgl. allgemein *Harding*, S. 324 ff.)

[18] *Ritter*, S. 409; *Kluxen*, S. 9 f. An anderer Stelle (S. 14) beschreibt Kluxen die Situation wie folgt: „Das England des 18. Jh. war geradezu eine Föderation großer Country-houses.“ *Holdsworth*, History X, S. 4 f. geht ebenfalls auf die gegenseitige Abhängigkeit ein, indem er schreibt: "The constitutional character of the English government compelled the rulers of the English state to govern in accordance with the needs and wishes of the governing classes of the nation. Those clanes demanded the concentration of the energies of the state of the maintenance of a navy strong enough to prevent invasion, to protect its commerce, and to defend its colonies; and legislation which protected and promoted native industries and foreign trade."

[19] Im Jahre 1832, vor der großen Parlamentsreform, zählten noch drei Viertel der Abgeordneten zu dieser Klasse.

ausgebautes Handels-, Wirtschafts- und Finanzrecht[1] zu schaffen, um der zunehmenden Mobilität des Wirtschaftsverkehrs gerecht zu werden[2].

1. Handelsrecht

Im englischen Recht bestand — wie auch auf dem Kontinent — eine scharfe Trennung zwischen dem allgemeinen Recht und dem Handelsrecht (Law Merchant). Das Handelsrecht war personal an den Status als Kaufmann und in der Durchsetzung an Sondergerichte[3] gebunden. Nachdem im 15. Jh. die lokalen Marktgerichte weitgehend verdrängt worden waren, wurden für den innerenglischen Handel im wesentlichen die Common Law Gerichte und für den auf Grund der atlantischen Entdeckungen auch in England aufblühenden auswärtigen Handel der Court of Admirality zuständig. Als Folge der übergreifenden europäischen Handelsbeziehungen war das Law Merchant in seiner Entwicklung in erheblichem Maße römisch-rechtlichen Einflüssen des Kontinents ausgesetzt[4] und trug weitgehend internationalen Charakter. Richter und Anwälte am Court of Admirality waren daher auch vorwiegend Zivilisten[5], auch in der Literatur spiegelte sich diese Entwicklung wider[6]. Nach den Verfassungskämpfen des 16. und 17. Jh. und der zunehmenden Nationalisierung des Rechts im 18. Jh. wurde das Handelsrecht jedoch in die allgemeine Rechtsstruktur des Common Law eingegliedert, zumal es inzwischen in seinem Entwicklungsstand zurückgefallen war[7].

2. Liegenschaftsrecht

Auf der anderen Seite wurde es notwendig, das Liegenschaftsrecht beweglicher zu gestalten[8], wenn es dem Besitzer möglich werden sollte, sein Land als Kapitalanlage und Kreditsicherung zu verwerten, um

---

[1] Die „Bank of England" wurde 1691 gegründet und nach ihrem Vorbild entstanden bald eine ganze Reihe weiterer großer Privatbanken. Es tauchten damit neue Probleme der Kreditsicherung, des Gesellschafts- und Wertpapierrechts auf.

[2] *Plucknett*, History, S. 65 ff.

[3] *Plucknett*, History, S. 660 ff.; *Gilmore*, S. 1342.

[4] *Holdsworth*, Sources, S. 214 f.

[5] *Rheinstein*, Struktur, S. 42 ff.

[6] Die erste zusammenfassende Darstellung des Law Merchant erschien 1622 unter dem Titel „Consuetudo vel Lex Mercatoria" von *Gerard Malynes* (vgl. *Holdsworth*, Sources, S. 210 ff.). Ferner ist noch die Darstellung von *Beawes*, „Lex Mercatoria Rediviva" (1758, 3. Auflage, 1771, 6. Aufl. 1813) zu erwähnen.

[7] *Holdsworth*, Sources, S. 215 f.; History XI, S. 387 ff.

[8] Zu nennen wären hier in erster Linie die Tenures Abolition Act 1660 (12 Car. 2, c. 24), Distribution of Intestates Estates Act 1670 (22 & 23 Car. 2, c. 10), das Statute of Frauds, 1677 (29 Car. 2, c. 3), Landlord and Tenant Act, 1730 (4 Geo. 2, c. 28) und Distress for Rent Act, 1737 (11 Geo. 2, c. 19).

selbst unternehmerisch tätig werden und investieren zu können. Diesem Bedürfnis wurde jedoch durch die bestehende Rechtslage nicht ausreichend Rechnung getragen, da Landbesitz mit einem Höchstmaß es schützender Normen gegen den Zugriff Dritter gesichert war, so daß es kaum verwertet werden konnte[9]. Eine Erleichterung wurde hier erst allmählich zum Ende des 18. Jh. erzielt.

3. Formen der Anpassung

Die Versuche der notwendigen juristischen Anpassung erfolgten nur teilweise im Wege der Gesetzgebung. In erster Linie fand dies durch die Rechtsprechung, insbesondere durch die einiger herausragender Richterpersönlichkeiten, statt[10].

a) Gesetzgebung

Die Gesetzgebung des 18. Jh. ist zwar umfangreich; es handelt sich dabei jedoch nicht um umfassende Reformgesetze, sondern um eine Fülle von Regelungen von Einzelfragen, in erster Linie um sogenannte Private Bills. Der Gedanke an eine allgemeine Reform des Rechts durch Gesetzgebung war in der ersten Hälfte des 18. Jh. praktisch erloschen[11]. Nach den großen Bewegungen des 17. Jh., die ihr Ende mit der Glorious Revolution gefunden hatten, herrschte allgemein ein optimistischer Eindruck. Man glaubte, die Verhältnisse geregelt und sie einer eigenen, sich selbst steuernden Entwicklung überlassen zu können[12]. Eine Ausnahme bildete lediglich die durch die Amendment of the Law and the Better Advancement of Justice Act (1705 bis 1706)[13] durchgeführte Bereinigung einiger begrenzter Rechtsbereiche[14], so wurden das Verfahrensrecht der Common Law Gerichte und der Chancery ergänzt und einige Zweifelsfragen im Liegenschaftsrecht und Erbrecht geklärt.

b) Case Law

Das Verhältnis der beiden Konkurrenten der vergangenen Jahrhunderte, Common Law und Equity, stabilisierte sich im Laufe des 18. Jh. zunehmend. Beide Systeme hatten sich gefestigt[15] und standen

---

[9] *Harding*, S. 278 ff.; *Stevenson*, S. 156; *Holdsworth*, Movement, S. 39 f.

[10] *Plucknett*, History, S. 69; *Holdsworth*, Some Makers, S. 152 f.; *Jenks*, History, S. 211; *Potter*, S. 52.

[11] *Harding*, S. 332; *Ritter*, S. 431.

[12] *Maitland*, Essays, S. 113.

[13] 4, 5 Anne, c. 16 (R.C. c. 3).

[14] *Holdsworth*, History XI, S. 519 ff.

[15] *Holdsworth*, History VI, S. 302 f.; History XI, S. 178.

gleichberechtigt nebeneinander. Man begann sogar gegenseitig Anleihen zu machen, so daß sich eine allmähliche Annäherung abzeichnete[16]. Bestrebungen allerdings, beide Systeme zu vereinigen, die insbesondere von schottischer Seite und von Lord Mansfield gefördert wurden, scheiterten am Traditionalismus und methodischen Bedenken der englischen Juristen[17].

Am Beginn der richterlichen Fortentwicklung stand das Werk von Sir John Holt (1642 - 1710)[18], der in zahlreichen Entscheidungen das Common Law vorsichtig an die veränderten politischen und wirtschaftlichen Verhältnisse anzupassen begann. Gleichwohl ist festzustellen, daß die Entwicklung des Common Law in der ersten Hälfte des 18. Jh. sehr langsam war. Das Verfahren war übertechnisiert und das Prozeßrecht wurde immer spitzfindiger und starrer[19]. Die materiellen Rechtsregeln enthielten viele Härten und waren wenig flexibel. Hier Abhilfe zu schaffen bemühte sich Lord Mansfield (1705 - 1793)[20], der allgemein als der größte englische Jurist dieser Zeit angesehen wird. Er war nicht nur ein genauer Kenner des englischen Rechts, sondern war auch mit anderen europäischen Rechten vertraut, so daß er auf Grund dieser Übersicht in der Lage war, eine Zusammenfassung und gezielte Weiterentwicklung des Common Law zu betreiben[21], ohne dabei aber von den Grundprinzipien und seiner Überzeugung von der grundsätzlichen Überlegenheit des Common Law abzugehen. Das System wurde also nicht geändert, es sollten lediglich die alten Formen und Aktionen ausgebaut und extensiver ausgelegt werden. Dies versuchte er in einer Fülle bedeutender und weitreichender Entscheidungen, wodurch er sich, über das gewohnte Maß hinausgehend, in die Rolle des Gesetzgebers stellte[22]. Ein Ergebnis dieser Bemühungen war etwa die Integrierung des Handelsrechts in das Common Law. Eine parallele Entwicklung vollzog sich bei der Equity, die durch die Rechtsprechung von Lord Hardwicke und Lord Eldon ihre endgültige Struktur erhielt[23].

Die Möglichkeit für eine tiefgreifende Reform von Common Law und Equity durch die Rechtsprechung selbst war jedoch nicht mehr gegeben, sie waren einerseits bereits in einen zu festen Rahmen gewachsen und

---

16 *Plucknett*, History, S. 211; *Holdsworth*, History XII, S. 584.
17 *Holdsworth*, History XII, S. 583 f.; *Radcliff and Cross*, S. 219 f.
18 *Holdsworth*, Some Makers, S. 153 f.; *Plucknett*, History, S. 245 f.
19 *Holdsworth*, Some Makers, S. 160.
20 *Holdsworth*, Some Makers, S. 160 f.; *Plucknett*, History, S. 248 f.; *Dicey*, S. 166 f.
21 *Holdsworth*, Some Makers, S. 161 f., 168 - 170. Mansfield wurde wegen dieser Grundlegung seiner rechtsprechenden Tätigkeit von Zeitgenossen scharf kritisiert (vgl. *Harding*, S. 282 f.).
22 *Holdsworth*, Some Makers, S. 163 f.
23 *Holdsworth*, Sources, S. 180, 194 ff.

andererseits unterlag der Spielraum der Interpretation und Neuschöpfung durch die Gerichte inzwischen zu vielen historisch gewachsenen methodischen Beschränkungen.

III. Zusammenfassung und Strukturierung des englischen Rechts durch William Blackstone

1. Leben und Werk

Den Höhepunkt seiner klassischen Entwicklung erlebte das englische Recht mit Blackstones berühmten „Commentaries on the Laws of England" (1765). In diesem Werk faßte er wie kein anderer vor ihm Common Law und Grundlagen der Equity[1] gemäß dem Entwicklungsstand seiner Zeit umfassend und neuartig gegliedert zusammen[2].

William Blackstone (1723 - 1780)[3], Professor in Oxford, später Parlamentsmitglied und Richter, hielt als erster 1753 Vorlesungen über das geltende englische Recht. Aus diesen Vorlesungen erwuchsen dann die Commentaries[4], ein Werk, das zu seiner Zeit und lange darüber hinaus grundlegend und prägend für zahlreiche Generationen englischer Juristen wurde und damit erheblichen Einfluß auf Fortbildung und Anwendung des Rechts in England ausübte[5]. Es stellte einmal den Abschluß einer Epoche dar und bildet zum anderen zugleich die Grundlage für die weitere Entwicklung am Ende des 18. und für das ganze 19. Jh.[6]. Blackstone drückt in den Commentaries mehrfach seine Bewunderung und Verehrung des englischen Rechts aus[7]. In seinen historisch gewachsenen

---

[1] *Benser*, S. 21; *Holdsworth*, Sources, S. 155 ff.

[2] *Holdsworth*, History XII, S. 724 f.; *Lévy-Ullmann*, S. 156; *Benser*, S. 10 f.; *Boorstin*, S. 3 ff.

[3] Vgl. allgemein *Holdsworth*, Some Makers, S. 240 ff.; *Holdsworth*, History XII, S. 702 ff.; *Plucknett*, History, S. 285 f.

[4] Bis 1780 — dem Todesjahr Blackstones — erschienen acht Auflagen — weitere 15 Auflagen erschienen zwischen 1783 und 1849; danach wurde das Werk von H. H. Stephen bearbeitet, hiervon sind bisher 20 Auflagen erschienen. Insgesamt also etwa 43 Auflagen.

[5] *Wortley*, S. 39; *Holdsworth*, History XII, S. 703; *Allen*, S. 118; *Rinck*, S. 94 ff.

[6] *Holdsworth*, History XII, S. 726.

[7] Man vgl. etwa die berühmte Huldigung durch *Blackstone*, Bd. III, S. 268: "And, since the new expedients have been refined by the practice of more than a century, and are sufficiently known and understood, they in general answer the purpose of doing speedy and substantial justice, much better than could be now effected by any great fundamental alterations. The only difficulty that attends them arises from their fictions and circuities, but, when once we have discovered the proper clue, that labyrinth is easily pervaded. We inherit an old Gothic castle, erected in the days of chivalry, but fitted up for a modern inhabitant. The moated ramparts, the embattled towers, and the trophied halls, are magnificent and venerable, but useless. The inferior apartments, now converted into rooms of convenience, are chearful and commodious, though their approaches are winding and difficult."

Formen ist es ihm Ausdruck und Garant für Stabilität und Kontinuität einer Gesellschaftsordnung, die ihm und der Mehrzahl seiner Landsleute als gerecht und bewahrenswert erschien. Aus dieser Sicht bemüht er sich um eine Darstellung, die den Stand des Rechts in allen — auch zweifelhaften — Entscheidungen rechtfertigt[8]. Nur selten ist er bereit, Fehler und Lücken anzuerkennen, an die er eine gemäßigte Kritik knüpft und Verbesserungen vorschlägt[9]. Blackstone ist so zugleich ein typischer Vertreter der englischen Juristen des 18. Jh.. Stolz auf das nationale Recht im Vergleich zum übrigen Europa und die Bewunderung zahlreicher ausländischer Rechtsgelehrter für die traditionellen Institutionen, waren für das Bestehende eine ausreichende Rechtfertigung und Bestätigung[10]. Es ist dies ein Ergebnis der für das England des 18. Jh. eigentümlichen Verquickung von Historismus und konservativer Haltung mit den Ideen von Aufklärung und rationalem Naturrecht[11]; die spezifische Form des englischen Empirismus als eine Art „konservativen Realismus"[12]. Das historisch überkommene Recht ist im ganzen gesehen auch das vernünftige Recht[13].

2. Einfluß naturrechtlicher Ideen

Umstritten ist die Frage, inwieweit Blackstone durch das naturrechtliche Denken des 18. Jh. beeinflußt worden ist und woher er, wenn dies der Fall sein sollte, seine entscheidenden Impulse empfing[14]. Ob er also ein Vertreter der Epoche des „Vernunftrechts" ist, in dem die abstrakte philosophische Idee konkreten Einfluß auf Gesetzgebung und Rechtspflege finden sollte, oder ob er Anhänger einer rein philosophischen naturrechtlichen Lehre war.

Blackstone selber spricht in seinem Werk, und hier insbesondere in der Einleitung, häufig von Natur (nature), Vernunft (reason) und natürlichen Rechten (natural rights)[15]. Das aber ist zweifellos noch kein ausreichen-

---

[8] *Holdsworth*, History XII, S. 727 f.; *Finnis*, S. 171 f., 181 f.; *Dicey*, S. 62 f.; *Harding*, S. 286 f.; *Boorstin*, S. 11 f.

[9] Vgl. die bei *Holdsworth*, History XII, S. 728, aufgeführten Beispiele.

[10] *Holdsworth*, History XII, S. 729, 732; History VI, S. 300; History X, S. 7; *Lévy-Ullmann*, S. 156 f.; *Dicey*, S. 70 f.; *Radzinowicz*, Bd. I, S. 353.

[11] Vgl. allgemein *Meinecke*, S. 193 f., insbes. S. 247 f.

[12] *Meinecke*, S. 272.

[13] *Reibstein*, Bd. II, S. 237.

[14] Vgl. hierzu *Holdsworth*, History XII, S. 733 f.; *Lucas*, S. 142 f.; *Friedmann*, Theorie, S. 134; *Wieacker*, Privatrechtsgeschichte, S. 279; *Thieme*, Naturrecht, S. 32 f.; *Wolf*, S. 142 f.; *Benser*, S. 15 f.; *Rinck*, S. 66 ff.; und insbes. *Finnis*, S. 163 ff. mit zahlreichen weiteren Literaturhinweisen.

[15] Vgl. z. B. *Blackstone*, Bd. I, S. 124, wo er ausführt, daß der Schutz des Individuums im englischen Recht gewährleistet sei, „of those absolute rights which were invested in them by the immutable laws of nature", und S. 125, „summed up in one general appellation and denominated the natural liberty

der Beweis für ein vernunftrechtliches System, das den Commentaries zugrundeliegen könnte. Das einleitende Kapitel „Of the nature of laws in general“ könnte etwa ein bloßer rechtsphilosophischer Vorspann, eine Konzession an den Geist der Zeit sein, wie dies etwa von Bentham in seiner Kritik[16] an Blackstone behauptet wird[17]. Bei dieser Frage ist weiter zu berücksichtigen, daß Blackstone in einem früheren Werk „Analyses of the Laws of England“ (1756) eine recht genaue Beschreibung seiner Absichten und methodischen Intentionen gibt[18], indem er u. a. sagt:

> "The remainder of this design, in deducing the history and antiquities of the principal branches of Law, in selecting and illustrating their fundamental principals and leading rules in explaining their utility and reason, and in comparing this with the laws of nature and other nations[19]."

Blackstone will also ein System schaffen, in das sich jeder Begriff und jede Institution einordnen und in den jeweiligen Zusammenhängen verfolgen läßt. Eine Vorstellung, die anscheinend der Idee eines systematischen Naturrechts, etwa bei Pufendorf, Thomasius und Wolff, nahekommt.

Die Verwirklichung dieses scheinbaren Zieles in den Commentaries sieht jedoch im Ergebnis anders aus und läßt so auch auf einen anderen Ansatz schließen. In der Einleitung wird von Blackstone zunächst ausgeführt, daß alle Naturgesetze und alles Recht von Gott gesetzt worden seien und von daher ihre Verbindlichkeit empfingen[20]. Zum Unterschied zu den unbelebten Gegenständen der Natur könne jedoch der Mensch auf Grund seines freien Willens in einem bestimmten Rahmen auch über Recht und Gesetz selbst entscheiden. Blackstones sehr konventionelles Bild vom Naturrecht läßt sich wie folgt zusammenfassen: Recht ist eine durch Gott den Menschen vorgegebene Größe, dieses Recht ist den Menschen Teils durch Offenbarung, teils durch vernunftgemäße Erkenntnis

---

of mankind“, oder S. 41: "This law of nature ... is of course superior in obligation to any other ... no human laws are of any validity if contrary to this and such of them as are valid derive all their force and all their authority mediately or immediately from this original."

[16] Vgl. „Fragment on Government“ und „Comment on the Commentaries“.

[17] In der Literatur wird hauptsächlich die Frage diskutiert, inwieweit Blackstone in seinen Ausführungen insbesondere den Thesen und Ideen von Burlamaqui bis hin zur wortwörtlichen Übernahme gefolgt sei. Diese Ansicht wird u. a. vertreten von *Gough*, S. 188 ff. m. w. N., *Rinck*, S. 66 ff., *Boorstin*, S. 206, n. 89, der auch auf den Einfluß Pufendorfs hinweist, *Hart*, S. 169 ff. Eine gegenteilige Position zu diesem Problem wird neuerdings von *Finnis*, S. 170 ff. vertreten.

[18] *Benser*, S. 11, 66.

[19] Vgl. Zitat bei *Finnis*, S. 164.

[20] *Wolf*, Naturrechtslehre, S. 142; *Reibstein*, Bd. II, S. 234; *Boorstin*, S. 47 ff.; *Rinck*, S. 18 ff.

zugänglich, es gilt gleichmäßig für die ganze Menschheit, und es ist Maßstab allen von Menschen geschaffenen Rechts.

"This Law of nature, being co-eval with mankind and dictated by God himself, is of course superior in obligation to any other. It is binding over all the globe, in all countries, and at all times: no human laws are of any validity, if contrary to this, and such of them as are valid derive all their force, and their authority, mediately or immediately, from this original[21]."

Diese zunächst recht weitgehende Formulierung wird jedoch dann erheblich eingeschränkt, indem Blackstone fortführt, daß es „mala in se" und „mala prohibita" gebe. Ein großer Teil des Rechts sei indifferent — mala prohibita — hier bleibe es dem Menschen überlassen, wie er bestimmte Verhältnisse regele[22]. Die Art der Regelung könne daher auch nicht an einem höheren Recht gemessen werden, um so über Gültigkeit oder Ungültigkeit zu befinden. Der Gesetzgeber könne sich hier frei entscheiden und unterliege nur Zweckmäßigkeitserwägungen[23].

In der Darstellung des geltenden Rechts in den nun folgenden Kapiteln zieht sich Blackstone überall da, wo die vorgefundene Regelung in ihrer Gerechtigkeit zweifelhaft erscheint, auf die Position zurück, daß es sich hier um den Bereich der „indifferent human laws", handele, man also über die Zweckmäßigkeit diskutieren, u. U. Reformen empfehlen, daß man aber nicht über eine Prüfung am Maßstab eines höheren Rechts zu einer Ungültigkeit dieser Regelungen kommen könne[24]. Praktisch findet also eine Scheidung zwischen positivem und überpositivem Recht mit der Konsequenz statt, daß eine gegenseitige Beeinflussung oder ein Durchgriff von oben nach unten so gut wie ausgeschlossen wird. Blackstone erklärt also das Recht, das er darstellt, nicht zur Verkörperung des Naturrechts, das er im Wege einer Deduktion gefunden und formuliert habe, wie etwa die vernunftrechtlichen Systematiker des Kontinents, sondern er klammert das Naturrecht dadurch aus[25], daß er das positive Recht praktisch überall zu „mala prohibita" erklärt, und umgeht so das Problem, das vorgefundene Recht entweder rechtfertigen oder verändern zu müssen. Die oben genannte Formulierung „... no human laws are of any validity, if contrary ..." eröffnet also nur scheinbar die Möglichkeit, das Recht irgendeiner an einem höheren Maßstab orientierten Prüfung zu unterwerfen.

---

[21] *Blackstone*, Bd. I, S. 41.
[22] *Blackstone*, Bd. I, S. 42 ff.
[23] *Blackstone*, Bd. I, S. 55: "... for promoting the welfare of the society, and more effectually carrying on the purposes of civil life."; *Wolf*, Naturrechtslehre, S. 143.
[24] Vgl. hierzu die von *Hart*, S. 172 ff., gegebenen Beispiele. Besonders deutlich wird diese Haltung Blackstones auch bei seiner Darstellung der legislativen Omnipotenz des Parlaments (vgl. 6. Kap., II., 2.), die im Ergebnis darauf hinausläuft, daß dieses ohne Bindung an höhere Normen beliebig Recht setzen kann. (Vgl. hierzu auch *Rinck*, S. 54 ff.; *Neumann*, S. 17.)
[25] *Reibstein*, Bd. II, S. 241; *Boorstin*, S. 187 ff.

Blackstones Anliegen ist also[26] nicht die Rechtfertigung einer spezifischen Theorie des Naturrechts, sondern die Suche nach einer Methode, einem System[27], mit dessen Hilfe er die Masse des überkommenen englischen Rechts ordnen und in einem Werke übersichtlich zusammenfassen kann. Er will also nicht eine naturrechtliche Theorie deduktiv in die Praxis umsetzen. Hier liegt der entscheidende Unterschied zu der zeitgenössischen Naturrechtslehre auf dem Kontinent. Wollte man dort auf Grund naturrechtlicher Prämissen aus diesen ein logisches, in sich geschlossenes Rechtssystem ableiten, also ein ideales Recht entdecken, so wollte Blackstone eine Darstellung des geltenden englischen Rechts geben, also kein neues, besseres Recht schaffen, sondern das bestehende Recht niederschreiben und systematisieren, ein Lehrbuch des englischen Rechts verfassen[28]. Er will also nicht eine unmittelbare Transformation einer Idee zum Gesetz, zum Recht erreichen und damit ein theoretisches Lehrgebäude errichten. Blackstone arbeitete historisch empirisch[29], indem er das Recht aus den Quellen zusammenstellte und ordnete. Nur so gelang es ihm auch, das in vielen Punkten unlogische und widersprüchliche englische „Rechtssystem" zusammenfassend darzustellen[30]. Blackstone steht also mitten in der Geschichte und Tradition seines Rechts, er tritt nicht heraus, um etwa analytisch, systematisch ein neues, besseres Recht durch Deduktion aus abstrakten Prinzipien zu entwerfen. Seine Frage ist nicht die, was sein soll, sondern die, was ist. So konnten Blackstones Commentaries auch ein Book of Authority[31] werden, d. h. eine für die Gerichte verbindliche Quelle des älteren Rechts, eine für die Werke Pufendorfs und Wolffs nicht mögliche Vorstellung[32]. Blackstone kann somit nur sehr bedingt als ein Naturrechtler im Sinne des Vernunftrechts des 18. Jh. bezeichnet werden[33].

---

[26] So auch *Finnis*, S. 167 f.; *Rinck*, S. 63 ff.

[27] Vgl. *Holdsworth*, History XII, S. 724 f., der als Blackstones hervorstechende Eigenschaft das Streben nach „Order and System" bezeichnet.

[28] *Lévy-Ullmann*, S. 128, 156; *Holdsworth*, History XII, S. 735; *Benser*, S. 13; *Rinck*, S. 112 ff.

[29] *Holdsworth*, History XII, S. 725; History X, S. 12, weist zu Recht hier auf den Einfluß von Montesquieu auf das Denken und die Methode Blackstones hin.

[30] *Holdsworth*, History XII, S. 734; *Plucknett*, History, S. 286; *Maitland*, Forms of Action, S. 9.

[31] *Lévy-Ullmann*, S. 156.

[32] *Mitteis*, Naturrecht, S. 26; Dieser Unterschied kann im Vergleich zum Werk Domats, Les lois romaines dans leur ordre naturel (1697) besonders verdeutlicht werden. Domat entwickelt bewußt ein eigenes System des Privatrechts, in dessen Rahmen dann das geltende Recht eingeordnet werden kann — nicht muß. Das aus der Natur der Sache entwickelte System tritt an die erste Stelle; das geltende Recht soll dem neuen Rahmen angepaßt werden (vgl. *Coing*, Privatrechtsgeschichte, S. 25). Blackstone verfährt genau umgekehrt.

[33] *Holdsworth*, History XII, S. 733; *Lucas*, S. 150. Wenn *Thieme*, Naturrecht, S. 33, ausführt, daß sich eine naturrechtliche Überlieferung von der kanonischen Rechtslehre und der Scholastik über Hobbes und Locke zu Blackstone erstrecke (vgl. hierzu auch *Wieacker*, Privatrechtsgeschichte, S. 279), so ist dabei zu be-

3. Systematik der Commentaries

Wenn also Blackstone nicht als ein Vertreter des deduktiven Vernunftrechts des 18. Jh. bezeichnet werden kann, so steht doch sein Bemühen um eine Systematisierung des englischen Rechts im Zusammenhang mit der allgemeinen Entwicklung der europäischen Rechtswissenschaft und Wissenschaft überhaupt[34]. Trotz der eigenen Bahnen der englischen Rechtsentwicklung darf man nicht übersehen, daß eine weitgehende Gemeinsamkeit und Kenntnis der Grundlagen auch und gerade im 18. Jh. bestand. Dies läßt sich auch an dem Aufbau und der Systematik der Commentaries ablesen. Der Aufbau der Commentaries[35] beruht nicht auf einem System objektiver Rechtsinstitutionen, sondern auf den subjektiven Rechten, aus denen die Rechtsbehelfe (actions) fließen[36]. Diese subjektiven Rechte gliedern sich in die Gruppen der Rechte von Personen und der Rechte von Sachen. Im Rahmen der ersten Gruppe werden das öffentliche Recht, Familienrecht, Recht der abhängigen Arbeit und das Körperschaftsrecht behandelt. Die zweite Gruppe umfaßt das gesamte Vermögensrecht und ist nach dem Gesichtspunkt der Erwerbstitel gegliedert, wobei etwa die Kategorien Vertragsrecht und Erbrecht der Unterteilung in bewegliche oder unbewegliche Sachen nachgeordnet sind.

Unmittelbares Vorbild für diese Systematik der Commentaries war das Werk „Analysis of the Civil Part of the Law“ von Hale. Blackstone selbst hat in seiner Vorarbeit zu den Commentaries auf diese Quelle hingewiesen und ausgeführt, daß sie den natürlichsten, wissenschaftlichsten und umfassendsten Rahmen für eine Darstellung des englischen Rechts biete, dem er nach eigener kritischer Überarbeitung gefolgt sei. Darüber hinaus sind jedoch Einflüsse römischer Quellen wie etwa der Institutionen des Gaius und — wie oben dargestellt — der systematischen Arbeiten der Naturrechtslehre des Kontinents nachweisbar und deutlich.

---

achten, daß es sich hier um das Modell des klassischen Naturrechts handelt, das zwar über die Ursprünge und Kriterien von Recht und Gerechtigkeit reflektiert, nicht aber selber praktische Systeme aufstellte und nicht den Schritt vom gedachten Naturrecht zur Umsetzung desselben in reales, gesetztes Recht vollzieht. Für Blackstone war das Naturrecht nur moralischer Maßstab und Richtschnur des positiven Rechts, also ein abstraktes Recht höherer Ordnung, wie überhaupt in England die Idee des Naturrechts nie den traditionellen religiös-moralischen Bezug verloren hat. (*Wieacker*, Privatrechtsgeschichte„ S. 279.) In diesem Sinne ist wohl auch nur die Erwähnung Blackstones in einer Reihe mit Locke und Bentham bei *Coing*, Privatrechtsgeschichte, S. 24, zu verstehen.

[34] *Boorstin*, S. 12 ff.; *Rinck*, S. 103 ff.

[35] Vgl. hierzu ausführlich *Benser*, S. 65 ff.

[36] Diese Struktur steht weitgehend in Übereinstimmung mit der Auffassung der kontinentalen Naturrechtslehre des 18. Jh., die Recht nicht als ein System objektiver Rechtsregeln verstand, sondern als Ordnung subjektiver Rechte des Einzelnen gegenüber Staat und Privaten. Grundlegend für dieses Denken war das Werk Pufendorfs, De jure naturae et gentium libri octo (1672), das insoweit zum Vorbild für die Rechtswissenschaft des 18. Jh. wurde. (Vgl. *Benser*, S. 30, 72; *Welzel*, S. 155.)

Viertes Kapitel

Allgemeine Reformbewegungen im England des 18. und 19. Jh.s

I. Ursachen der Kritik und Reformgedanken

Seit der Mitte des 18. Jh. wuchs in England das Bewußtsein, daß durchgreifende Reformen auf den verschiedensten Gebieten des öffentlichen Lebens notwendig seien. Zu diesen Gebieten gehörten auch Fragen der Rechtsstruktur und des materiellen Rechts. Wenn auch durch das Werk Blackstones das englische Recht eine gemessen am vorherigen Stand erheblich verbesserte methodische Form und eine umfassende Erarbeitung seines Stoffes erfahren hatte, so blieben doch nach wie vor noch zahlreiche Probleme und Mängel bestehen. Die Geschichte der Reformbemühungen und die Schwierigkeiten, die der Durchführung entgegenstanden, können jedoch nur vor dem allgemeinen Hintergrund der wirtschaftlichen und sozialen Entwicklung und der Verfassungsstruktur Englands dieser Zeit verstanden und eingeordnet werden.

Die zweite Hälfte des 18. Jh. und der Beginn des 19. Jh. sind in England geprägt von dem Kampf zwischen den restaurativen Kräften einer Adelsoligarchie und des Königtums einerseits und dem emporstrebenden bürgerlichen Mittelstand und den sich mit ihm verbündenden aufklärerischen und liberalen Kräften andererseits. Das Ziel war, eine verstärkte Beteiligung an der politischen Willensbildung und Ausübung der staatlichen Macht zu erreichen. Es war dies eine Auseinandersetzung, die zunächst mit dem Willen zur Reform der verfassungsrechtlichen und sozialen Strukturen geführt wurde, die aber auch zunehmend Tendenzen einer möglichen revolutionären Entladung in sich trug. Da die wirtschaftlichen und sozialen Verhältnisse einer fortschreitend raschen Veränderung unterworfen waren, begann das traditionelle Gefüge der Gesellschaft zu zerfallen. Unter dem Druck der neuen Probleme und auf Grund der Unfähigkeit und mangelnden Bereitschaft der Regierung und der sie tragenden Schicht durch nationale Reformen den veränderten Umständen Rechnung zu tragen, verschärften sich die Gegensätze zunehmend.

In den Kämpfen zwischen Krone und Parlament während des 17. Jh. hatten sich zwei politische Gruppierungen gebildet, die sich in ihrer Grundhaltung, Stellung zur Krone, Beurteilung der Dissenters und auch in ihrer sozialen Basis unterschieden. Diese Unterschiede schliffen sich jedoch nach der Glorious Revolution zu Beginn des 18. Jh. schnell ab, so daß man die sogenannten Whigs und Tories[1] mit Löwenstein[2] als „formlose Verständigung gewisser Adelscliquen und ihrer Anhänger innerhalb und außerhalb des Parlaments" charakterisieren kann, zumal beide sich nun auch zunehmend aus der gleichen sozialen Schicht rekrutierten. Erst in der zweiten Hälfte des 18. Jh. bildeten sich wieder einige Unterscheidungsmerkmale heraus, wenn auch die politische Aktivität auf die bloße Erlangung der Macht, d. h. die Besetzung der Ministerposten, beschränkt blieb[3]. Als 1770 die Whigs nach jahrzehntelanger Vorherrschaft aus der Regierung gedrängt wurden, begann ein Teil von ihnen unter dem Einfluß von Edmund Burke[4] erstmals ein gewisses Programm zu entwickeln[5], das verbunden mit einer sich manifestierenden öffentlichen Meinung begrenzte Reformen des politischen Systems und des Rechts zum Ziel hatte. Aus den Richtungskämpfen dieser sich im Unterhaus neu formierenden Gruppen bildete sich dann erst der Kern der späteren Parteien des 18. und 19. Jh.[6]. Sowohl die Tories als auch die Whigs betrachteten sich jedoch als die legitime und traditionsgemäß herrschende Schicht, die die politische und gesellschaftliche Führung im Staate beanspruchte. Jede Reform, die diesen Zustand zu verändern drohte, mußte daher auf ihren entschiedenen Widerstand treffen.

II. Die englische Verfassungsstruktur im 18. Jahrhundert

Die englische Verfassung des 18. Jh. wurde von den Zeitgenossen als ein Balance-System gesehen, innerhalb dessen sich die einzelnen weitgehend autonomen Organe gegenseitig beschränkten und kontrollierten. Dieses Bild war sowohl in England herrschend[1], und wurde auch in

---

[1] Diese Bezeichnungen stammen aus den Jahren nach 1680. Die Ziele der Gruppierungen wechselten im Laufe der Zeit, so daß eine Beschreibung der Positionen mit „liberal" und „konservativ" nur unvollkommen, wenn nicht gar falsch wäre.

[2] *Löwenstein*, S. 54.

[3] Grundlegend zur Frage der Entwicklung der Parteien in England sind die Untersuchungen von *Walcott*, English Politics in the early eighteenth century, und *L. Namier*, The Structure of Politics at the Accession of George III., obwohl deren Ergebnisse neuerdings im Streit stehen; vgl. *Elton*, Literaturbericht, S. 82 ff.

[4] Wichtig sind in diesem Zusammenhang die folgenden Schriften von *Burke*, Observations on a late publication, intiteled, „The present state of the Nation" (1769), Thoughts upon the causes of the present Discontentes (1770), Rede an die Wähler in Bristol (1774); Reflections on the Revolution in France (1790). Zum Einfluß Burkes auf die Politik der Whigs im 18. Jh. vgl. *Holdsworth*, History X, S. 92 ff., *Reibstein*, Bd. II, S. 242 ff., *Lenk*, Volk und Staat, S. 43 ff.; *Henningsen*, S. 52 ff.; *Mommsen*, S. 44 ff.

[5] *Ritter*, S. 406 f.; *Löwenstein*, S. 74 f.

[6] *Ritter*, S. 426.

[1] *Blackstone*, Bd. I., S. 154 ff., 269. Für weitere Nachweise bei Bolingbroke, Hume und Burke vgl. *Ritter*, S. 401, Anm. 11; *Holdsworth*, History XI, S. 277 ff.;

einer idealisierten Form durch Montesquieu[2] und de Lolme[3] auf dem Kontinent durch die Lehre der Gewaltenteilung verbreitet. Tatsächlich entsprach dieses Bild jedoch nicht der politischen Wirklichkeit. Es gab vielmehr eine Reihe legislativer, exekutiver und rechtsprechender Kompetenzüberschneidungen, so daß von einer logischen Scheidung der Funktionen und der Trennung der Funktionsträger im Sinne einer Gewaltenteilung nur sehr eingeschränkt die Rede sein kann. Die englische Verfassung war vielmehr geprägt durch eine historisch gewachsene Autonomie der einzelnen Organe, die nur im Zusammenspiel miteinander politische Wirksamkeit entfalten konnten, da sie durch teilweise sich überschneidende oder einander ausschließende Kompetenzen und Funktionen sich gegenseitig beeinflußten und kontrollierten[4].

1. Parlament

Zentrales Organ der Verfassung und tatsächliches Machtzentrum[5] war das Parlament, bestehend aus Oberhaus und Unterhaus. Es verstand sich und nicht etwa das Volk als Träger der Souveränität[6] und damit auch als obersten Gesetzgeber.

Das englische Parlament war nationales Parlament und nicht eine bloße Ständevertretung[7]. Es lebte also nicht von einem Dualismus der Interessen von Krone und Ständen, sondern es lag vielmehr eine enge Zusammenarbeit mit und gegenseitige Kontrolle von Legislative und Exekutive vor, wobei das Parlament selbst eindeutig die gewichtigere Stellung auf Grund seines Gesetzgebungs- und Budgetrechts hatte.

a) Oberhaus

Das House of Lords[8] hatte als Verfassungsorgan seit dem 17. Jh. mehr und mehr an formalem politischem Gewicht verloren. Das Schwergewicht der politischen Auseinandersetzung lag in der Polarität von König und

---

X, 629 ff., 713 ff. Zur Sicht Burkes von Staat und Verfassung in England vgl. *Schneider*, S. 72 ff.

[2] *Montesquieu*, Livre XI, chap. 6.

[3] *de Lolme*, Bd. I, chap. 9 und 10, Bd. II, chap. 3, 10, 16.

[4] *Ritter*, S. 402; *Löwenstein*, S. 67 f.; *Lévy-Ullmann*, S. 232 ff., der insbesondere auf die Überschneidung von rechtsetzender und rechtsprechender Funktion beim Parlament hinweist. *Quaritsch*, S. 461.

[5] *Löwenstein*, S. 63.

[6] *Holdsworth*, History X, S. 526 ff.; *Blackstone*, Bd. I, S. 160 f.; Vgl. zu dem Problem allgemein *Quaritsch*, S. 424 ff., insbesondere S. 457 f.

[7] Vergleichbar sind hier in Europa nur noch Schweden und Polen. Hierauf weist nachdrücklich *Hintze*, S. 118 hin. Zum Unterschied zu den kontinentalen Ständeversammlungen sitzen in England alle Vertreter mit gleicher Funktion, gleicher Stimme und gleichen Rechten in der Versammlung, wodurch das Parlament bereits erste Ansätze zu einer wirklichen Volksvertretung erhält.

[8] Vgl. allgemein *Holdsworth*, History X, S. 604 ff.

Unterhaus. Nach zeitgenössischem Urteil spielte es nur noch die Rolle eines Stabilisierungsfaktors und des Vermittlers zwischen König und Unterhaus[9]. Politisch stand das Oberhaus durchweg loyal auf seiten des Königs[10], so daß hier ein Hebel war, über den der jeweilige Monarch seinen Einfluß im Parlament direkt geltend machen konnte[11]. Alle Gesetze bedurften der Zustimmung des Oberhauses, dieses war zugleich auch oberstes Gericht.

Ungleich größer als die institutionelle Macht des Oberhauses war jedoch der Einfluß, den die Pairs auf Grund ihrer wirtschaftlichen Position, ihrer Stellung am Hof und in der Regierung, in der lokalen Selbstverwaltung und insbesondere über die Wahlen zum Unterhaus ausüben konnten[12]. Hier konnten sie die politischen Entscheidungsprozesse unmittelbar beeinflussen und teilweise vorweg bestimmen.

b) *Unterhaus*

Die zentrale Rolle im Parlament hatte das Unterhaus inne[13]. Seine Stellung beruhte einmal auf seiner historisch gewachsenen Position als Gegengewicht zur Krone, die es in den Kämpfen des 17. Jh. erworben hatte, zum anderen auf dem zunächst unbestrittenen Anspruch, Repräsentant des gesamten Volkes und seiner Interessen zu sein[14]. Das entscheidende Element für die politische Macht des Unterhauses gegenüber Krone und Oberhaus war jedoch, daß es eine Monopolstellung in allen Finanz- und Steuerfragen besaß[15], da ihm das alleinige Recht zur Bewilligung von Geldern zustand. Das Oberhaus durfte derartige Beschlüsse der Commons nicht verändern, es konnte sie notfalls nur in Gänze ablehnen. Im Laufe des 18. Jh. bildete sich zusätzlich hierzu ein Kontrollrecht über die tatsächliche Verwendung der Mittel aus[16], so daß die Exe-

---

[9] *Edmund Burke*, Reflexions: "... they (the Lords) are, at the very worst, the ballast in the vessel of the commonwealth." *Blackstone*, Bd. I, S. 158.

[10] Grundlegend zur Rolle und Stellung des Oberhauses, *Turberville*, The House of Lords in the Age of Reform 1784 - 1837.

[11] Das äußerste Mittel war das Recht des sog. Pairsschubs, als royal prerogative, durch das der Monarch die Zusammensetzung und damit den politischen Standort des Oberhauses im Wege der Neuernennung von Mitgliedern beeinflussen konnte.

[12] *Ritter*, S. 409. Vgl. oben Drittes Kapitel, II, 2.

[13] Vgl. *Holdsworth*, History X, S. 584 ff.

[14] Auf das Problem der sog. „virtual representation", nach der auch die Interessen der Nichtwähler (ca. 95 % der Bevölkerung) im Unterhaus vertreten seien, da — wie dies insbesondere auch von Burke theoretisch ausgearbeitet wurde — die Interessen der herrschenden Schicht notwendig mit denen der Gesamtbevölkerung identisch seien, kann hier nicht näher eingegangen werden. Vgl. hierzu *Schneider*, S. 78 ff.

[15] *Löwenstein*, S. 63; *Ritter*, S. 411.

[16] Entscheidend war hier die auf Initiative von Burke erlassene Establishment Act (1782) (22 Geo. 3, c. 82), die die königliche Zivilliste unter eine schärfere

kutive dem Unterhaus ein weitgehendes Mitspracherecht bei allen politischen Entscheidungen einräumen mußte.

Weiter spielte das Unterhaus eine entscheidende Rolle dadurch, daß von ihm die Initiativen zu neuen Maßnahmen und Gesetzen ausgingen, es also auch ein weitgehendes Gesetzgebungsmonopol innehatte[17]. Jede Rechtsreform war also nur über das Unterhaus oder aus ihm heraus durchführbar.

2. König und Regierung

Das Hauptgewicht der exekutiven Gewalt lag beim König. Trotz der starken Stellung des Unterhauses war der Hof mit der Regierung nach wie vor das Zentrum der aktuellen Politik[18] und der Verwaltung, wenn auch eingeschränkt und kontrolliert durch das finanzielle Bewilligungs- und Kontrollrecht des Unterhauses. In diesem Zusammenhang ergab sich die Notwendigkeit, daß in der politischen Praxis die Regierung von einer Mehrheit im Unterhaus getragen werden mußte, weil nur so die erforderlichen finanziellen Mittel und die entsprechenden Gesetze durchgesetzt werden konnten. Von einer Verantwortlichkeit der Regierung gegenüber dem Parlament kann aber noch keine Rede sein[19], denn nach wie vor berief und entließ der König die Minister nach seinem Gutdünken. Eingeschränkt war diese Möglichkeit aber dadurch, daß die Minister sich zugleich auch aus den oben genannten Gründen auf die Unterstützung einer Mehrheit im Unterhaus mußten verlassen können.

Die legislative Stellung des Königs war seit der Glorious Revolution eng begrenzt. Er hatte zwar theoretisch nach wie vor das Recht der Parlamentauflösung und das eines Vetos gegen Gesetze, doch waren diese Rechte praktisch obsolet geworden[20]. In der politischen Praxis versuchte im Ergebnis vergeblich noch einmal George III., die dominierende Stellung des Königs durchzusetzen.

3. Rechtsprechung

Die Stellung der Richter wurde durch die Act of Settlement, 1701 (12 & 13 Will. 3, c. 2) verfassungsmäßig abgesichert[21], die Rechtsprechung

---

Kontrolle des Parlaments stellte, und so das königliche Patronagesystem einschränkte. (Vgl. *Holdsworth,* History X, S. 520 ff.)

[17] *Löwenstein,* S. 63; *Harding,* S. 292 f.; *Holdsworth,* History XI, S. 281 ff.

[18] Vgl. allgemein *Holdsworth,* History X, S. 339 ff. Grundlegend hierzu sind die Forschungen von *L. Namier,* The Structure of politics at the accession of George III.

[19] *Löwenstein,* S. 69.

[20] *Ritter,* S. 407 f.; *Quaritsch,* S. 458 f. Zum letzten Mal wurde 1701 von William III. das Recht der Parlamentsauflösung in Anspruch genommen und Königin Anne legte 1707 noch einmal ein Gesetzesveto ein.

[21] Vgl. allgemein *Löwenstein,* S. 65; *Taswell-Langmead,* S. 461 ff.

wurde dadurch frei von jedem direkten Druck und Einfluß der Legislative oder Exekutive. Damit war der entscheidende Schritt, die Gerichte als dritte Gewalt im Staate zu verankern, vollzogen. Ein Richter des High Court war jetzt nur noch auf Grund fehlerhafter Amtsführung durch einen gemeinsamen Beschluß beider Häuser des Parlaments absetzbar[22]. Auch in der Finanzierung waren Richter und Rechtsprechung vom Parlament unabhängig, was jedoch die negative Wirkung hatte, daß die Prozeßkosten so gezwungenermaßen erheblich anstiegen.

4. Wahlsystem

Das Wahlrecht zum Parlament beruhte bis zur Parlamentsreform von 1832 nicht auf einer einheitlichen Regelung, sondern war das Ergebnis historischer Entwicklung und wirkte daher in vielen Bereichen willkürlich und zufällig[23]. Die 40 englischen Grafschaften stellten 80 Abgeordnete. Das Wahlrecht war hier an einen Zensus von jährlich 40 Schillingen aus Landeinkünften gebunden. Die Gesamtzahl der Wähler der Grafschaften betrug Mitte des 18. Jh. etwa 160 000. Die 203 Boroughs stellten 405 Abgeordnete. Die Gesamtzahl der Wahlberechtigten betrug hier etwa 85 000, wobei zu berücksichtigen ist, daß jeder „Stadt" auf Grund alter Gewohnheiten eine bestimmte Anzahl von Abgeordneten unabhängig von der Einwohnerzahl zustand[24]. Das passive Wahlrecht war seit der Property Qualification Act[25] von 1710 an den Besitz von Grund und Boden geknüpft, und zwar verstand man diese Regelung ausdrücklich als Gegenmaßnahme zu dem Vordringen des sogenannten „monied interest"[26]. Auch hier hatte sich also die Grundlage der Sozialordnung, Landbesitz, als bestimmendes Element durchgesetzt.

Die Krone und mit ihr die Regierung hatten es während des 18. Jh. in der Hand, durch direkte und indirekte Eingriffe sowohl die Wahlen

---

[22] "That after the said limitations shall take effect as aforesaid judges commissions be made quamdiu se bene gesserint and their salaries ascertained and established but upon the address of both Houses of Parliament it may be lawfull to remove them." (Act of Settlement, clause 7).

[23] *L. Namier* hat in seinen Werken eine ausführliche und detaillierte Untersuchung der Verhältnisse und Bedingungen der Wahlen zum Unterhaus im 18. Jh. geliefert.

[24] So hatten 22 Städte mehr als 1 000, weitere 22 zwischen 500 und 1 000, 148 weniger als 500 und eine nicht unerhebliche Anzahl weniger als 40 Wähler (vgl. *Namier*, S. 80 f.). Nach der Berechnung Namiers haben im Ergebnis etwa 15 000 Wahlberechtigte die Besetzung von 294 Unterhaussitzen bestimmt. In einer Vielzahl von ihnen fand auch mangels eines Gegenkandidaten kein Wahlkampf statt. (Vgl. *Namier-Brook*, S. 57 ff., 513 ff.)

[25] 9 Anne, c. 5.

[26] Es galten als Mindestgrenze £ 600 an Jahreseinkünften aus Landbesitz für einen Grafschaftsvertreter und £ 300 für einen Borough-Vertreter. Ausnahmen vom Zensus galten für Erben von Pairs und Lords. (Vgl. *Taswell-Langmead*, S. 201 ff.).

selbst als auch einzelne Abgeordnete zu beeinflussen[27]. Es war durchaus üblich, mit Geschenken, Ämtern, Regierungskontrakten und auch direkter Bestechung die Abgeordneten für die Unterstützung der Regierung zu gewinnen[28]. Auf diesem Wege gelang es der Krone, im Zeitraum von 1715 bis 1830 in der Regel die von ihr eingesetzte und unterstützte Regierung in den Wahlen bestätigt oder gestärkt zu sehen[29]. Jedoch nicht nur die Krone, sondern auch eine Reihe von Adelsfamilien oder Gruppierungen hatten die Möglichkeit, praktisch nach eigenem Gutdünken Unterhaussitze zu vergeben, was dazu führte, daß Sitze im Parlament als Statussymbol praktisch zum Handelsobjekt wurden[30].

Was also an möglicher funktionaler Kontrolle und Balance zwischen Legislative und Exekutive in der Verfassungsstruktur formal enthalten war, wurde weitgehend dadurch kompensiert, daß die Exekutive in der Lage war, sowohl die Zusammensetzung des Oberhauses als auch des Unterhauses zu beeinflussen. Erst durch die Parlamentsreform von 1832 wurde mittels Erweiterung des Kreises der Wahlberechtigten die Möglichkeit der Beeinflussung radikal beschnitten, wenn auch noch nicht endgültig aufgehoben.

III. Bemühungen um eine Reform des Parlaments (1760 - 1832)

Die eben geschilderte Struktur der Verfassung und insbesondere des Wahlrechts forderten zunehmend Kritik heraus und wurden Gegenstand erbitterter politischer Diskussionen und Auseinandersetzungen[1]. Die ersten von einer breiteren Öffentlichkeit getragenen Vorstöße zu einer Parlamentsreform ergaben sich aus den Ideen von James Burgh[2], John

---

[27] *Holdsworth,* History X, S. 629 ff.

[28] Als typisch gilt hier die Regierungszeit Walpoles (1721 - 1742), dessen Regierung geradezu als „government by corruption" bezeichnet wurde.

[29] Der Einfluß der Krone auf die Wahlen konnte wie folgt ausgeübt werden:
1. Kontrolle der offenen Stimmabgabe der Kronpächter und Angestellten.
2. Ermöglichung der Kandidatur genehmer Vertreter durch Zuschüsse zu den hohen Wahlkosten,
3. Bereitschaft der Städte, regierungsloyale Abgeordnete zu wählen, um wirtschaftliche Vorteile zu erlangen,
4. Allgemeine Tendenz, aus Loyalität die von der Krone empfohlenen Kandidaten zu wählen.

Im Ergebnis bestimmte so die Krone z. B. 1761 30 Wahlkreise völlig und beeinflußte eine erheblich größere Zahl entscheidend (vgl. *Namier,* S. 142 ff.).

[30] *Löwenstein,* S. 71. Die Tatsache wird durch den Umstand unterstrichen, daß es 1761 nur in 48 Wahlbezirken zu einer echten Wahl zwischen verschiedenen Kandidaten kam.

[1] Vgl. allgemein *Holdsworth,* History X, S. 25 ff. für die Zeit bis 1793; *Plumb; Trevelyan,* British History (1782 - 1919); *Woodward,* Age of Reform 1815 - 1870; *Guttmann,* England. Zur Darstellung und Analyse der Entwicklung auf der Grundlage des historischen Materialismus vgl. *Kofler,* S. 400 ff.

[2] *James Burgh,* Political Disquisitions, 1772 - 73.

Cartwright[3] und der Society of the Supporters of the Bill of Rights (gegründet 1769), die über ein verbessertes Wahlrecht auf eine gerechtere Vertretung des Volkes im Parlament drängten[4]. Anträge etwa mit diesem Ziel von Pitt d. Ä. (später Lord Chatham) 1770, John Wilkes 1776 und Pitt d. J. 1783 und 1785 wurden vom House of Commons abgelehnt. Die Notwendigkeit einer Parlamentsreform wurde jedoch für die Öffentlichkeit durch den unter George III. (1760 - 1820) gewachsenen Einfluß der Krone auf das Parlament zunehmend sichtbarer, der dieses völlig in die Abhängigkeit der Regierung zu bringen drohte[5]. Typischer Ausdruck hierfür ist die Begründung eines Reformantrags des Abgeordneten Dunning aus dem Jahre 1780 im Unterhaus, "The influence of the Crown has increased, is increasing, and ought to be diminished"[6]. In den folgenden Jahrzehnten blieb daher das Anliegen einer Parlamentsreform bis zum Erreichen dieses Zieles im Jahre 1832 ständiger Gegenstand der Auseinandersetzungen.

Eine der wesentlichsten Gruppen, die diesen Kampf trugen, waren die sogenannten Radical Dissenters[7], die auf Grund der bestehenden Gesetze von zahlreichen Bereichen des öffentlichen Lebens ausgeschlossen waren. Es ist daher nur natürlich, daß sie es waren, die zu den schärfsten und engagiertesten Kritikern des Gesellschaftssystems und der Rechtsordnung wurden[8], die Diskussion in die Öffentlichkeit trugen und versuchten, ihre Ziele politisch durchzusetzen[9]. Ihr Bemühen, über eine Reform des Parlaments zu weiteren gesellschaftspolitischen Reformen auf Grund der dann neu zusammengesetzten und andere Interessen vertretenden Legislative zu kommen, fand zunehmend Widerhall im vom aufklärerischen Ideen beeinflußten bürgerlichen Mittelstand[10].

Im Jahre 1795 errang die konservativ-ständisch orientierte Tory-Partei unter der Führung William Pitt d. J. einen großen Wahlerfolg. Die Regierungsgewalt, die sie nunmehr übertragen erhielt, konnte sie bis zum Jahre 1832 bezwahren. Diese Jahre sind politisch von einer konservativen bis reaktionären Grundhaltung geprägt. Es wurde alles daran gesetzt, durchgreifende Reformen, die als Gefahr einer Veränderung der bestehenden Verhältnisse empfunden wurden, zu verhindern. Selbst die

---

[3] *John Cartwright,* Take your Choice, 1776.

[4] *Plumb,* History, S. 136.

[5] *Holdsworth,* History X, S. 99 ff.

[6] Zitat bei *Holdsworth,* History X, S. 104.

[7] Als Dissenters wurden diejenigen bezeichnet, die zwar einerseits nicht katholisch waren, aber andererseits auch nicht der englischen anglikanischen Staatskirche angehörten.

[8] Die bekanntesten Wortführer waren Philip Doddridge, Richard Price und Joseph Priestley.

[9] *Holdsworth,* History X, S. 116 f.

[10] So fand das 1776 herausgegebene Buch „Observations on civil liberty" von Richard Price eine Verbreitung in etwa 180 000 Exemplaren.

unter dem Einfluß der Ideen der Revolution in Frankreich neu angeregte Bewegung radikal-demokratischer Strömungen konnte in England zunächst nicht zum Auslöser von Reformen werden, geschweige denn selbst eine Neuordnung im aufklärerischen Sinne herbeiführen. In England wurde die französische Revolution zwar zunächst begrüßt. Man glaubte, Frankreich sei auf dem Wege, das nachzuvollziehen, was England bereits 1688 erreicht habe[11]. Bald setzte jedoch eine Gegenbewegung ein, zu deren Wortführer Edmund Burke wurde. In seinen „Reflections on the Revolution in France" beschrieb er die notwendig universellen Ansprüche der revolutionären Ideen und bezeichnete sie, von einem konservativen Standpunkt her zu Recht, als gefährlich und zerstörerisch für das historisch gewachsene und traditionell legitimierte englische Gesellschafts- und Verfassungssystem des 18. Jh.[12]. Es waren also nicht nur Furcht und Schrecken, erregt durch den Terror der Revolution in den Jahren 1793 und 1794, sondern grundsätzliche Überlegungen über die politische und soziale Gegensätzlichkeit der Positionen des revolutionären Frankreichs und des aristokratisch konservativen Englands, die zu einer Ablehnung und der Bekämpfung der Ideen führten. Die Auswüchse in Frankreich erleichterten lediglich die Durchsetzung und Bewahrung konservativer Positionen im eigenen Lande. Das Ergebnis des sich so verändernden politischen Klimas war eine zunehmende Verhärtung der Auseinandersetzungen. Auf der einen Seite standen konservative und reaktionäre Kräfte, denen Burke mit seinen Überlegungen eine ideologische Plattform gegeben hatte, und auf der anderen die relativ kleine Zahl der Anhänger der Ideen der französischen Revolution, die ihren Hauptsprecher in Paine fanden[13]. Als schließlich der Krieg erst mit dem revolutionären, dann mit dem napoleonischen Frankreich begann, bedeutete dies das Ende aller Reformansätze im politischen, wirtschaftlichen und sozialem Bereich.

Hatte zunächst Pitt d. J., der 1784 Premierminister wurde, selbst noch versucht, Reformpläne zu verwirklichen[14], so sah er sich bald, zum Teil unter Druck seiner politischen Gefolgsleute im Parlament, zum Teil aus eigener Überzeugung, gezwungen, alle diesbezüglichen Pläne aufzugeben und sogar jeden Versuch, im Sinne von Reformen zu agitieren, zu unterdrücken[15]. Damit war die erste Phase zunächst noch zaghafter Reform-

---

[11] *Holdsworth,* History X, S. 19.

[12] *Strauss,* S. 312 ff.; *Mommsen,* S. 50 ff.

[13] *Thomas Paine* (1737 - 1809) vertrat in seinem weit verbreiteten Buch „Rights of man" (1791) die Idee der Volkssouveränität und radikaler Parlamentsreform. Unter seinem Einfluß bildeten sich zahlreiche Clubs und Vereinigungen, die seine Gedanken verbreiteten und offen mit Frankreich sympathisierten.

[14] *Holdsworth,* History X, S. 10, 118 f.; History XIII, S. 156 ff.

[15] 1790 und 1794 wurde die Habeas Corpus Act außer Kraft gesetzt und zahlreiche Prozesse wegen angeblichen Hochverrats durchgeführt. 1795 und 1799

versuche abgeschlossen. Die nächsten Jahrzehnte waren geprägt vom Krieg gegen Frankreich, der die Kräfte der Nation auf das äußerste anspannte und völlig auf diese Auseinandersetzung konzentrierte[16]. Das Ergebnis war, daß notwendige Reformen im Bereich des öffentlichen Lebens liegenblieben und die Probleme sich verschärften.

Als nach Kriegsende 1813 eine langanhaltende wirtschaftliche Depression mit steigender Arbeitslosigkeit einsetzte und so auch die politische Stagnation innenpolitisch wieder allgemein drückend fühlbar wurde, wurde die Diskussion um Reform wieder drängender und fand nun vor allen Dingen auch breite Resonanz in der Bevölkerung. Die Regierung, noch immer getragen von den konservativen Kräften der Tories, stemmte sich jedoch nach wie vor gegen alle Reformwünsche.

Eines der großen Versäumnisse der englischen Politik des 18. Jh. und der ersten Jahrzehnte des 19. Jh. ist das Verkennen dieser Notwendigkeit und Dringlichkeit sozialer Reformen, um nun endlich den durch die sich beschleunigende industrielle Revolution erwachsenen Problemen Herr zu werden, die Entwicklung in gesunde Bahnen zu lenken und gerechte Lösungen zu finden. Die Folge der Versäumnisse und der öffentlichen Diskussion war, daß sich zunehmend — insbesondere in den unteren Volksschichten — Unzufriedenheit breit machte und etwa auch das Bild des englischen Rechts als Hüter und Garant von Freiheit und Gerechtigkeit ins Wanken geriet. Der Ruf nach Reform, wenn auch noch nicht nach Revolution, wurde wieder hörbar.

Auf dem Gebiet der Wirtschaft kämpfte Adam Smith[17], der zahlreiche Anhänger fand, gegen den Merkantilismus für einen wirtschaftlichen Liberalismus, da man im Bürgertum befürchtete, daß sonst die sich gewaltig entwickelnden Kräfte von Produktion und Handel gehemmt und stagnieren würden. Zusätzliche politische Stoßrichtung erhielten diese Ideen durch ihre Verbindung mit Forderungen nach allgemeiner Freiheit von staatlicher Bevormundung, wie sie insbesondere von Jeremy Bentham formuliert und vertreten wurden. Ziel all dieser Bestrebungen war eine grundlegende Reform des Parlaments und des Wahlrechts, weil man erkannt hatte, daß nur über eine Entmachtung der von der Gentry getragenen Tories der Weg zu weiteren Reformen führen konnte.

---

wurden verschärfte Strafbestimmungen durch die Treason und Seditious Meeting Acts eingeführt und alle sog. radikalen Clubs und Societies verfolgt und unterdrückt. Die Combination Act von 1799 untersagte auch schließlich jede gewerkschaftliche Vereinigung von Arbeitern.

16 *Trevelyan*, Geschichte, Bd. II, S. 660 f.

17 Das Werk von *Adam Smith*, An inquiry into the Nature and Causes of the Wealth of Nations (1776), wurde geradezu zum Manifest des englischen Bürgertums.

Den Unruhen und Ausschreitungen, die unter dem Druck des Massenelends im ganzen Lande ausbrachen[18], trat das Kabinett Lord Liverpool (1812 - 1827) mit repressiven Maßnahmen und Gesetzen gegenüber, die zu tiefgreifenden Beeinträchtigungen der allgemeinen Freiheitsrechte führten. Diese Staatsschutzgesetzgebung bestand aus der Treason Act von 1817[19] und den Six Acts von 1819[20]. Letztere verfügten eine Beschränkung der Versammlungsfreiheit (Seditious Meeting Act), Verbot paramilitärischer Verbände (Unlawfull Drilling Act), Einschränkung der Pressefreiheit (Criminal Libel Act), und eine Stempelsteuer auf Zeitungen (News Papers Act), die die Presse von Presseorganen unverhältnismäßig in die Höhe trieb. Auf die Dauer aber ließen sich die von der öffentlichen Meinung immer energischer erhobenen Forderungen, insbesondere die nach einer Parlamentsreform, nicht übergehen, zumal diese auch im Unterhaus auf seiten der liberalen Tories und der Whigs[21] mehr und mehr parlamentarische Unterstützung fanden. Ein letzter Versuch des Kabinetts Wellington im Jahre 1828, die Entwicklung durch Aufhebung der Test Act von 1673[22], wodurch Katholiken und Dissenters endlich der Zugang zu öffentlichen Ämtern gestattet wurde, und der Roman Catholic Emancipation Act[23], wodurch ihnen das aktive und passive Wahlrecht im Rahmen der bestehenden Gesetze gewährt wurde, schlug im Ergebnis fehl. Nach dem Ausbruch der Juli-Revolution in Frankreich (1830) mußte dem Druck nachgegeben werden, wenn es nicht auch in England zu revolutionären Entladungen kommen sollte[24].

Bei den Wahlen des Jahres 1830 stand die Parlamentsreform im Mittelpunkt. Den Befürwortern einer Reform gelang es, die Mehrheit zu erringen, so daß das Kabinett Wellington zurücktreten mußte. An seine Stelle trat Earl Grey, der Führer der liberalen Fraktion. Nach zwei vergeblichen Anläufen gelang es gegen den Widerstand der Opposition, die insbesondere von der Krone, der anglikanischen Kirche, der überwiegenden Zahl der Juristen und Bankiers und der Masse der Landbesitzer getragen wurde, im Jahre 1832, eine Parlamentsreform durchzusetzen. Die Befürworter der Reform fanden ihre Anhänger unter der Führung der Whig-Aristokratie in erster Linie in der neuen bürgerlichen Schicht der Unternehmer, Kaufleute und Handwerker und den Dissenters. Die

---

[18] Vgl. z. B. das sog. Massaker von Peterloo (1819) und die Catostreet-Verschwörung (1820). *Trevelyan*, British History, S. 187 ff.; *Guttmann*, S. 217 ff.

[19] 57 Geo. III, c. 6.

[20] 60 Geo. III & 1 Geo. IV, c. 1, 2, 4, 6, 8, 9.

[21] In dieser Zeit begann man sich auch zunehmend statt der traditionellen Bezeichnungen Tory und Whig der nunmehr zutreffenderen Begriffe „konservativ" und „liberal" zu bedienen.

[22] 9 Geo. IV, c. 17.

[23] 10 Geo. IV, c. 717.

[24] *Kofler*, S. 521 ff.; *Trevelyan*, Geschichte, Bd. II, S. 717 ff.

Annahme des neuen Gesetzes, The Representation of the People Act[25], konnte gegen den erbitterten Widerstand des Oberhauses schließlich nur dadurch durchgesetzt werden, daß König William IV., den Lords — durch Earl Grey gezwungen — mit einem Pairs-Schub drohte, um notfalls so die zur Zustimmung erforderliche Mehrheit herzustellen.

Damit war das politische Hauptziel des Kampfes erreicht; das Bürgertum hatte die Vormacht der grundbesitzenden Aristokratie gebrochen. Die Führer der nun an die Macht gekommenen Partei der Whigs, Grey und Peel waren jedoch keine radikalen Reformer. Die Grundstruktur im gesellschaftlichen und politischen Bereich Englands sollte erhalten bleiben. Es wurden nur Reformen insoweit durchgeführt, als es notwendig erschien, den politischen und insbesondere wirtschaftlichen Vorstellungen der Mittelschicht Rechnung zu tragen. Die Reformen der Whigs hatten also keine allgemeine Demokratisierung zum Ziel, sondern sollten nur Brechung der Vormacht der Krone, die unter George III. die reformbereiteren Whigs von der Regierung ferngehalten hatte, und der Freisetzung der wirtschaftlichen Kräfte des Bürgertums auf der Grundlage frühliberaler Gedanken dienen. Man orientierte sich an utilitaristischen und wirtschaftsliberalistischen Vorstellungen, der Staat sollte unter Vermeidung eigener Einflußnahme und Gewährung formaler Chancengleichheit die Bahn zur ungehinderten Entfaltung der Wirtschaftskräfte freigeben.

---

[25] 2 & 3 Will. 4, c. 5.
Auf den Inhalt der Wahlrechtsreform kann hier nicht näher eingegangen werden. Erreicht werden sollte die Einbeziehung der bürgerlichen Mittelschicht in den Entscheidungsprozeß durch eine Erweiterung des Kreises der aktiv Wahlberechtigten. Die Wahlberechtigung blieb aber nach wie vor an einen Zensus gebunden. Weiter wurde eine regionale Neuordnung der Wahlkreise vorgenommen, um den Bevölkerungsverschiebungen gerecht zu werden. Die Zahl der Wahlberechtigten stieg dadurch von 5 % auf etwa 7,1 % der Bevölkerung (vgl. *Namier*, S. 83), zugleich wurden die Möglichkeiten von Wahlmanipulationen radikal beschnitten. Diese Art der Reform wurde weitgehend als befriedigend empfunden, da die Mittelklasse, die nun an der politischen Macht beteiligt wurde, sich selbst als Repräsentant der wohlverstandenen nationalen Interessen des ganzen Volkes betrachtete (*Dicey*, S. 161).

Fünftes Kapitel

Rechtsreformen im 18. und 19. Jahrhundert

Die Bemühungen um Reformen im Bereich des Rechts sind vor dem Hintergrund der allgemeinen Diskussion um eine Neuordnung der politischen und wirtschaftlichen Verhältnisse in England zu sehen. Sie können vor allen Dingen nicht isoliert von der Auseinandersetzung um die Reform des Parlaments und den hinter dieser stehenden politischen Grundpositionen dargestellt werden. In diesem Zusammenhang muß betont werden, daß Vorschläge und Ansätze zu Rechtsreformen keineswegs im Mittelpunkt der öffentlichen Diskussion standen. Es soll und darf also durch die folgenden Ausführungen nicht der Eindruck entstehen, als habe es umfassende und breite Auseinandersetzungen um spezifische Fragen der Rechtsreform gegeben. Soweit doch Diskussionen geführt wurden, standen diese in engem Zusammenhang mit der allgemeineren Auseinandersetzung um die Anpassung der gesellschaftlichen und wirtschaftlichen Strukturen an die Forderungen des Liberalismus und der Aufklärung[1].

Im Mittelpunkt des Bemühens um eine Reform stand der politische Kampf um die Reform des Parlaments, um insbesondere über eine veränderte Zusammensetzung des Unterhauses als des wichtigsten legislativen Organs, dann umfassende Reformen des Sozial- und Wirtschaftslebens in die Wege leiten zu können. Die reformbereiten Kräfte hatten nach einer Reihe vergeblicher Versuche erkennen müssen, daß Rechtsreformen, die ihren Vorstellungen entsprachen, nur in einem auf Grund eines geänderten Wahlrechts zusammengesetzten Parlament durchgeführt werden konnten.

I. Allgemeine Kritik an Struktur und Inhalt des Rechts

Das Common Law hatte durch die Commentaries von Blackstone eine umfassende Erarbeitung seines Stoffes erfahren, doch ist damit noch nichts über die Praktikabilität der gefundenen Rechtssätze, über Lücken im Recht und die Auswirkungen des angewandten Verfahrens gesagt. Diese Probleme waren durch die Commentaries nicht gelöst. Für die

[1] Eine ausführlichere Darstellung dieser Forderungen erfolgt im Abschnitt II des Achten Kapitels.

Rechtspraxis und insbesondere für die rechtsuchenden Laien stellte sich das englische Recht weiterhin als chaotisch und verwirrend dar, mit zahllosen Rechtsregeln, die außer Gebrauch gekommen oder so traditionell geprägt waren, daß sie den neuen sozialen Erfordernissen nicht gerecht werden konnten[2]. Die juristische Terminologie war verwirrend und das Verfahren übertechnisiert und teuer, so daß bereits der kleinste prozessuale Fehler ungeahnte Kosten und Folgen für den materiellen Anspruch mit sich bringen konnte. So heißt es in einem zeitgenössischen Bericht[3]:

> "The Catholics were not emancipated. The Corporation and Test Acts were unrepealed. The Game-laws were horribly oppresive; steel-traps and spring-guns were set all over the country; prisoners tried for their lives could have no counsel. Lord Eldon and the Court of Chancery pressed heavely on mankind. Libel was punished by the most cruel and vindictive imprisonments. The principles of political economy were little understood. The laws of debt and conspirancy were upon the worst footing. The enormous vickedness of the slave-trade was tolerated... Not a murmur against any abuse was permitted to say a word against the suitorcide delays of the Court of Chancery, or the cruel punishments of the Game-laws, or against any abuse, which a rich man inflicted and the poor man suffered, was treason against the plousiocracy, and was bitterly and steadily resented."

Bentham äußerte sich wie folgt[4]:

> "A fathomless and boundless case, made up of fiction, tautology, technicality, and inconsistency and the administrative part of it a system of exquisitely contrived chicaniry, which maximizes delay and denial of justice."

May beschreibt den Zustand wie folgt[5]:

> "Heart-breaking delays and ruinous costs were the lot of suitors. Justice was dilatory, expensive, uncertain, and remote. To the rich it was a costly lottery: to the poor a denial of right, or certain ruin. The class who profited most by its dark mysteries were the lawyers themselves. A suitor might be reduced to beggary or madness, but his advisers revelled in the chicane and artifice of a lifelong suit and grew rich. Out of a multiplicity of forms and processes arose numberless fees and well-paid offices. Many subordinate functionaries, holding sinecure or superfluous appointments, enjoyed greater emoluments than the judges of the court; and upon the luckless suitors, again, fell the charge of these egregious establishments."

Dieser Kritik wurde, wie noch zu zeigen sein wird[6], kaum mit dem Versuch einer inhaltlichen Widerlegung entgegengetreten, sondern man

---

[2] *Holdsworth*, History XI, S. 257 mit zahlreichen Beispielen, S. 371; *Carr*, S. 169.

[3] Auszug aus einem im Jahre 1802 in der Edinburgh Review erschienenen Artikel des Reverend *Sydney Smith* (Zitat bei Lady Holland, A memoir of the Reverend Sydney Smith, zitiert bei *Radzinowicz*, Bd. I, S. 354).

[4] Zitat bei *Dillon*, Select Essays I, S. 496.

[5] *May*, Bd. II, S. 384.

[6] Vgl. unten Achtes Kapitel, II.

beschränkte sich in der Regel auf ein einfaches Bestreiten der Vorwürfe oder bemühte sich, den bestehenden Zustand mit dem Hinweis auf Tradition und historische Bewährung zu rechtfertigen.

II. Methodische Möglichkeiten einer Rechtsreform

1. Rechtsprechung

Theoretisch standen in England zwei Wege zur Rechtsreform offen. Einmal konnte eine solche durch gesetzgeberische Akte des Parlaments sowohl für die Statutes als auch für Common Law und Equity erfolgen, zum anderen hätte eine Weiterentwicklung der letzteren durch die Rechtsprechung im Rahmen einzelner Fallentscheidungen erfolgen können[1].

Eine Weiterentwicklung durch die Gerichte im Rahmen von Einzelfallentscheidungen hätte jedoch einmal aus der Natur der Sache nur ein sehr langsamer Prozeß sein können, zum anderen hatte die Rechtsprechung sich inzwischen weitgehenden methodischen Selbstbeschränkungen unterworfen, die nur noch einen geringen Spielraum für entscheidende Schritte ließen. Beide Rechtsgebiete, Common Law und Equity, waren zudem in einen festen Rahmen gewachsen; die Grundstrukturen lagen am Ende des 18. Jh. als Ergebnis einer langen historischen Entwicklung fest[2]. Jeder Versuch, neue formale oder inhaltliche Lösungen zu finden, mußte scheitern, wenn man nicht bereit war, grundlegende Elemente des traditionellen Gefüges in Frage zu stellen und methodische Einschränkungen, wie etwa die Bindung durch Präjudizien, einzuschränken. Diese Bereitschaft bestand jedoch bei den Richtern des ausgehenden 18. Jh. nicht. Sie fühlten sich der Tradition ihres Rechts verpflichtet und sahen keinen Anlaß, an grundlegende Prinzipien von Common Law und Equity zu rühren[3]. Zu berücksichtigen ist weiter, daß die Zahl der Richter sehr gering war, so daß die Frage einer Reform durch Rechtsprechung in England stark an die Person des jeweiligen Richters gebunden war. Waren etwa Lord Mansfield und Hold Mitte des 18. Jh. Persönlichkeiten gewesen, die, wenn auch oft heftig kritisiert, die Souve-

---

[1] Eine Ausnahme bestand hier jedoch für die Materie des Strafrechts, das wegen seines konstitutionellen Charakters nur durch das Parlament im Wege der Gesetzgebung geändert oder ergänzt werden konnte (*Holdsworth*, History XI, S. 582 f.).

[2] *Holdsworth*, History XIII, S. 570 ff. Holdsworth versucht zwar darzulegen, daß auch die Rechtsprechung beachtliche Schritte zur Weiterentwicklung getan habe, muß aber letztendlich doch einräumen, daß eine echte Reform nur über die Gesetzgebung möglich war.

[3] Man vgl. *Talbot v. Binns* (1831) 8 Bing. 71 (74): "That is an observation for the legislature. We cannot alter the practice of centuries. The allegation of cause for a writ of pone is a mere matter of form; as much so as the allegation of latitancy upon mesne process, of the affection of John Doe for the tenant in possession."

ränität besaßen, sich rechtsschöpferisch zu betätigen, so nahm die ihnen folgende Generation einen abweichenden Standpunkt ein.

Als Beispiel mag hier Lord Eldon (1751 - 1838)[4], die überragende Richterpersönlichkeit seiner Zeit[5], gelten[6]. Einerseits betrachtet man ihn zwar als einen der Großen in der Geschichte der Entwicklung der Equity[7], da er es war, der eine endgültige Klärung des Verhältnisses zum Common Law entwickelte und eine Reihe wichtiger Grundsätze durch Entscheidung alter Zweifelsfragen festlegte[8], andererseits war er jedoch einer der heftigsten Gegner jeder Reform, die auch nur die Möglichkeit eines Ansatzes zu einer entscheidenden Veränderung bedeuten konnte[9]. Entwicklung des Rechts war für ihn nur im Wege kleiner und kleinster Schritte im Rahmen des Bestehenden denkbar, ein Rahmen, an den zu rühren ihm nie in den Sinn kam. Jeder Versuch, diesen Rahmen zu sprengen oder auch nur zu erweitern, wurde von ihm als verhängnisvoller Eingriff in die Grundlagen der Staats- und Rechtsordnung betrachtet.

Aus diesen Gesichtspunkten ergibt sich, daß durch die Rechtsprechung eine Reform in England nicht erwartet werden konnte. Die Zeit von Common Law und Equity als flexibler Größen, die innerhalb eines bestimmten Rahmens relativ schnell und mühelos an soziale, wirtschaftliche und politische Veränderungen anpassungsfähig waren, war vorüber. In dem Maße, wie die Gerichte ein festes Gefüge von Verfahrens- und Rechtsregeln geschaffen hatten, das zunehmend komplexer und lückenloser geworden war, waren sie nicht mehr Herr über diese Materien, sie waren ihnen nicht mehr beliebig verfügbar. Es bestand nun ein vorgegebenes Normengefüge, das sie anzuwenden hatten, das sie aber nur noch um weniges verändern oder ergänzen konnten.

---

4 Vgl. allgemein *Holdsworth*, History XIII, S. 595 ff.; Some Makers, S. 192 ff.

5 Eldon wurde 1799 Chief Justice of Common Pleas und 1801 Lord Chancellor.

6 Verwiesen werden kann weiter auch auf die richterliche Tätigkeit von Blackstone (*Hanbury*, 1 ff.) — auf dessen Haltung zu Reformfragen ist bereits oben hingewiesen worden — und Lord Ellenborough, Chief Justice of King's Bench (1802 - 1818), der ebenfalls ein erbitterter Gegner jeder Reform war. (*Holdsworth*, History XIII, S. 503 f.)

7 *Holdsworth*, Some Makers, S. 196 ff.

8 Gerade dadurch verlor die Equity jedoch jenes Maß an Flexibilität, die sie noch im 18. Jh. besessen und in manchen Bereichen dem Common Law hatte überlegen erscheinen lassen (*Holdsworth*, History XIII, S. 575).

9 Eldon war als Solicitor-general und Attorney-general (1788 - 1799) maßgebend an der strafrechtlichen Verfolgung von Wortführern angeblich radikaler Bewegungen beteiligt. Als Parlaments- und Regierungsmitglied machte er seinen erheblichen Einfluß auch in legislativen und exekutiven Bereichen geltend. Insbesondere nach 1815 wurde er zum Gegner jeder Reformbestrebung im Parlamet. *Holdsworth*, Some Makers, S. 194, beschreibt sein Wirken wie folgt: "He appealed successfully both to the prejudice in favour of things established felt by ordinary men in an age of revolutions, and to the scepticism felt by more enlightened men of the efficacy of any suggested change and their feeling that the smallest change might be the beginning of a series of undesirable reforms."

2. Gesetzgebung

Eine umfassende und zügige Rechtsreform war daher in England methodisch nur noch über den Weg gesetzgeberischer Akte des Parlaments durchführbar. Das englische Parlament war auch zu einer derartigen umfassenden Gesetzgebung, wie es eine Kodifikation darstellt, in der Lage, da es die verfassungsrechtliche und politische Durchsetzungskraft hierzu besaß[10]. Jedoch waren auch hier, verursacht durch die innen- und außenpolitische Situation Englands, die Aussichten für Reformen, insbesondere zwischen 1790 und 1820, denkbar gering. Gleichwohl war es den wenigen reformbereiten Abgeordneten stets möglich, diese Fragen im Parlament aufzuwerfen. Als Folge dieser Bemühungen ergab sich, daß auf einer Reihe von Gebieten einige Erfolge zu verzeichnen waren. Die gesetzgeberische Tätigkeit des Parlaments stand jedoch seit etwa 1793 unter dem Druck der Notwendigkeiten, die durch den Krieg gegen Frankreich verursacht worden waren. So befaßt sich die überwiegende Zahl der Gesetze mit Materien, die durch diese Umstände in den Vordergrund gerückt waren. Es handelt sich um Gesetze zur Verschärfung und Ergänzung des Hochverratsrechts[11], zur Kontrolle, Unterdrückung und Verbot von Vereinigungen[12], die nach Meinung der Mehrheit der Abgeordneten die innere Sicherheit und die Wirtschaft[13] gefährdeten, Pressegesetze[14] und solche, die die Verhältnisse in Flotte und Armee regelten[15].

III. Mängel des Rechts und Reformversuche

1. Gerichtverfassung und Verfahren

Das Gerichtswesen war aus seinen historischen Quellen gewachsen und stand nach der Act of Settlement sogar praktisch außerhalb jeder direkten politischen Kontrolle. Das war zwar einerseits ein Fortschritt, zum anderen aber waren die Gerichte auf Grund dieser Unabhängigkeit etwa genötigt, die Geldmittel für die Justiz durch ihre Tätigkeit selbst zu beschaffen. Die Höhe der Gebühren stand in ihrem Ermessen und wurde vom Lord Chief Justice bzw. Lord Chancellor festgesetzt. Das Ergebnis war, daß Stellungen im Gericht als persönliche und sehr ertragreiche Pfründe behandelt und auch gehandelt wurden[1]. Dieses Verfahren belastete jeden Prozeß mit ungeheuren Kosten.

---

[10] Vgl. hierzu als allgemeinem Problem *Wieacker*, Kodifikationsidee, S. 35.
[11] *Holdsworth*, History XIII, S. 165 ff.
[12] *Holdsworth*, History XIII, S. 173, 200 ff.
[13] *Holdsworth*, History XI, S. 475 ff.; History XIII, S. 399 ff.
[14] 28 Geo. III, c. 78 (1797).
[15] *Holdsworth*, History XIII, S. 174 f., 188 ff.
[1] *Radcliff and Cross*, S. 152 f. mit Beispielen.

Es bestanden nach wie vor die aus historischen Gründen unübersichtlichen Kompetenzverteilungen mit den daraus folgenden Kompetenzkonflikten der verschiedenen Gerichtszweige[2]. Jedes Gericht hatte darüber hinaus sein eigenes materielles Recht, sein eigenes Prozeß- und Beweisverfahren und seine eigene juristische Terminologie. Ein Zustand, der es jedem Laien und auch der Mehrzahl der Juristen unmöglich machte, diese Fülle und die darin verborgenen Komplikationen zu übersehen. Am schwerwiegendsten war jedoch, daß immer noch eine völlige Trennung zwischen den Gerichten des Common Law und der Equity bestand. Beide Gerichtszweige stützten sich jeder auf ein anderes Rechtssystem. Diese standen sich zwar nicht mehr im Verhältnis direkter Rivalität im Sinne eines Kampfes um Vorherrschaft gegenüber, nahmen aber doch in vielen Punkten des Verfahrens und der allgemeinen Grundsätze der materiellen Ansprüche kontroverse Stellungen ein. Es war durchaus denkbar, daß ein Anspruch vor dem Court of Chancery bestätigt und vor einem Common Law Gericht abgewiesen werden konnte — und umgekehrt. Die Frage also, vor welchem Gericht zu klagen sei, war von entscheidender Bedeutung. Diese Entscheidung jedoch wurde erschwert durch die eben erwähnten unsicheren und strittigen Zuständigkeiten. Es war daher nicht selten der Fall, daß eine Partei ihre Klage durch alle Instanzen eines Gerichtszweiges vorantrieb, nur um zum Schluß feststellen zu müssen, daß der begangene Weg der falsche war, und dann genötigt zu sein — selbstverständlich belastet mit den Kosten des zunächst angestrengten Verfahrens — den Prozeß bei einem anderen Gericht von neuem zu beginnen. Oder aber der Beklagte konnte etwa einen Prozeß vor einem Common Law Gericht dadurch um Jahre hinauszögern, daß er eine Verfügung des Courts of Chancery erreichte, die dieses Verfahren wegen einer angeblich anderen Zuständigkeit hemmte. Häufig ergab sich daher für die Kläger die Notwendigkeit, den gleichen Anspruch vor mehreren Gerichten zur gleichen Zeit zu verfolgen, um möglichen Verzögerungstaktiken oder Kompetenzstreitigkeiten zu entgehen, ein Verfahren, das nicht selten ein ruinöses Kostenrisiko für Kläger und Beklagte beinhaltete[3]. Die Einleitung eines Prozesses bereitete neben der Suche nach dem zuständigen Gericht noch die zusätzliche Schwierigkeit der Wahl der richtigen „form of action", also der speziellen Klageform, die in dem konkreten Fall den größten Erfolg versprach oder überhaupt nur einen Anspruch gewährte. Es genügte also keineswegs, nur den streitigen Sachverhalt vorzutragen und einen Antrag zu stellen.

---

[2] *Holdsworth*, History I, S. 634; *Potter*, S. 60.

[3] Vgl. etwa *Windham*, 1804 (Hansard, 1st Series, II, S. 1062): "The expenses of law were already a denial of justice in many instances to the poor, and sometimes, it was to be feared, a means of oppression in the hands of the rich."

a) County Courts

Ein besonderer Punkt der Diskussion in diesem Zusammenhang war die Schaffung sogenannter County Courts, die für Prozesse mit geringem Streitwert zuständig sein sollten, um eine schnellere und billigere Durchsetzung solcher Ansprüche zu ermöglichen. Gerade bei Streitfällen dieser Art hatte sich gezeigt, daß ein Schuldner mit relativ einfachen Mitteln ein Verfahren erheblich hinauszögern und für den Gläubiger verteuern konnte[4]. Die Einsetzung solcher Gerichte wurde zwar mehrfach beantragt[5], doch scheiterten diese Vorschläge letztlich an dem Widerstand der Gerichtsbeamten, die persönliche finanzielle Verluste auf Grund verringerter Gebühreneinnahmen befürchteten[6] und eine erhebliche „Entschädigung" verlangten. Erst nachdem 1846 durch die County Courts Act[7] dieses Problem durch Abschaffung derartiger Ämter gelöst worden war, konnten diese dringend erforderlichen Gerichte geschaffen werden.

b) Court of Chancery

Der Court of Chancery war das Gericht, an dem sich die Kritik hauptsächlich entzündete, da es weder auf Grund seines Verfahrens noch seiner Besetzung[8] den gestellten Ansprüchen genügen konnte[9]. Die Zahl der angestrengten Prozesse stieg hier auf Grund neuerworbener Zuständigkeiten und durch ansteigenden Handel und Reichtum im Lande ständig[10]. Gleichwohl erfolgte keine Erhöhung der Zahl der an diesem Gericht tätigen Beamten und Richter. Darüber hinaus traten unter Lord Chancellor Lord Eldon weitere im Grunde unnötige Verzögerungen durch dessen langsame Verhandlungsführung und übersorgfältige Prüfung der Fälle auf[11]. Diese Umstände wurden weiter dadurch verschärft, daß in jedem Stadium des Verfahrens eine Reihe von Beschwerderechten

---

[4] So existierte etwa 1817 eine Schrift, in der Hinweise für Schuldner gegeben wurden wie „a debtor might, at the expense of five guineas to himself, put his creditor to the expense of £ 100; and for £ 24 and a fraction, oblige him to pay in fees and expenses, above £ 300". (Vgl. *Holdsworth*, Movement, S. 37 f.)

[5] 1820 (*Hansard*, 2nd Series, I., S. 742), 1823 (*Hansard*, 2nd Series, IX, S. 543), 1824 (*Hansard*, 2nd Series, XI, S. 1315), 1828 (*Hansard*, 2nd Series, XIX, S. 876), 1830 (*Hansard*, 2nd Series, XXIV, S. 243). Vgl. auch Achtes Kapitel, II., 4.

[6] Diese Ansprüche waren insofern nicht unberechtigt, als die Amtsinhaber offiziell ihr Gehalt aus Gebührenanteilen bezogen — diese Stellen waren also praktisch eine Art Pfründe — und daher in der Schaffung neuer Gerichte eine teilweise „Enteignung" sahen.

[7] 9 & 10 Vict. c. 95.

[8] Der Court of Chancery war praktisch ein Gericht mit nur einem Richter, dem Lord Chancellor. Ihm standen zwar eine Reihe von Beamten, clerks und masters, zur Seite, doch waren diese nur Zuarbeiter für ihn.

[9] *Jenks*, History, S. 239.

[10] *Holdsworth*, History I, S. 436; History XI, S. 178 f.; *Plucknett*, History, S. 209 f.; *Radcliff and Cross*, S. 154 f.

[11] *Holdsworth*, History I, S. 437 ff.; *Radcliff and Cross*, S. 133.

gegeben waren, durch die das Verfahren noch um weitere Jahre in die Länge gezogen werden konnte[12]. So waren Verfahrenszeiträume von 20 Jahren und mehr keine Seltenheit; ein Zustand, der praktisch auf eine Rechtsverweigerung hinauslief und vielfach auch als solche empfunden wurde[13]. Das Verfahren vor diesem Gericht war darüber hinaus sehr teuer, da neben den üblichen Gebühren die sechs Clerks des Court of Chancery für an und für sich unnötige Amtshandlungen überhöhte Abgaben verlangten[14]. Der Court of Chancery litt daher mehr als die anderen Gerichte unter einem übertechnisierten Verfahren, Verzögerungen und Kosten[15].

Im Jahre 1813 wurde zwar ein Vice-Chancellor eingesetzt und 1833 der Master of the Rolls als Richter zugelassen, doch bedeutete dies keine grundlegende Verbesserung, da nach wie vor allein der Lord Chancellor verantwortlich blieb. Erst durch weitere gesetzgeberische Eingriffe in den Jahren 1841 und 1851 wurde hier Abhilfe geschaffen[16].

c) Common Law Gerichte

Das Verfahren vor den Common Law Gerichten war nur um weniges besser[17]. In der Theorie hatte noch jede Klage mit einem „writ“ zu beginnen, und die Wahl des falschen writ bedeutete trotz bestehenden materiellen Anspruchs ein Unterliegen im Prozeß. Selbst die Erleichterung der Klageerhebung durch die sogenannte „cause of action“ minderte das Risiko nur bis zu einem bestimmten Grade[18]. Das Verfahren war überwuchert von einer Fülle technischer Spezialregeln und Fiktionen, die keinerlei praktische Bedeutung mehr hatten und rein historisch waren — aber meist Kosten verursachten — und deren Nichtbeachtung selbst in geringfügigen Details zur erfolgreichen Einlegung eines Rechts-

---

[12] *Holdsworth*, History IV, S. 358 f.

[13] *Holdsworth*, History VII, S. 584 f.; History IX, S. 316, 342. Für das Jahr 1813 wurde von Michael Angelo Taylor behauptet, daß die Verteilung von 10 Millionen engl. Pfund durch diese Praxis des Courts of Chancery blockiert würden (*Hansard* [1st Series] XL, 564).

[14] *Holdsworth*, History I, S. 440 f.; History IX, S. 361 f.; *Plucknett*, History, S. 209.

[15] *Holdsworth* bezeichnet diesen Zustand in History XI, S. 178: "... perhaps the greatest blot upon the english legal system." In History VI, S. 603: "... and that the system of procedure and pleading in the Court of Chancery was perhaps the worst abuse in an age, in which there were many abuses."

[16] *Plucknett*, History, S. 209 f.; Zur parlamentarischen Debatte um die Reform vgl. *Holdsworth*, Movement, S. 221 ff.

[17] *Holdsworth*, History IX, S. 371 f., History XIII, S. 403 ff.; *Radcliff and Cross*, S. 179 f. Vgl. insbesondere die Darstellung und Kritik Broughams in seiner Rede vor dem Unterhaus 1828 (vgl. *Holdsworth*, Movement, S. 340 ff.).

[18] Die „cause of action“ konnte mehrere writs beinhalten. Eine Aufstellung über die zahlreichen Möglichkeiten, eine Klage vor einem Common Law Gericht zu beginnen, gibt *Holdsworth*, History IX, S. 249 f.

mittels führen konnte[19]. Dieser Zustand wurde dadurch verschlimmert, daß bei jedem der Common Law Gerichte — Court of King's Bench, Court of Common Pleas, Court of Exchequer — eine andere Verfahrensart galt, die jedoch nirgendwo offiziell aufgezeichnet war[20].

Die Unklarheiten des Verfahrens und Probleme der Zuständigkeiten, insbesondere bei der Einlegung von Rechtsmitteln innerhalb der Common Law Gerichtsbarkeit, wurden durch ein Gesetz des Jahres 1832, die Uniformity of Process Act, einer ersten Neuordnung unterzogen. Das große Problem der Vereinheitlichung der Common Law Gerichte und des Courts of Chancery wurde erst durch die Judicature Acts (1873 - 1875) gelöst. Erst jetzt war jedes Gericht ermächtigt, beide Normenbereiche, Common Law und Equity, anzuwenden.

2. Gläubiger und Schuldner

a) Schuldhaft

Das englische Prozeßrecht erlaubte es dem Gläubiger, einen Schuldner in einem Zwischenverfahren, mesne process, bis zur Zahlung der Schuld in Schuldhaft zu nehmen oder diese nach Abschluß des Verfahrens anordnen zu lassen[21]. Ein Recht, mit dem leicht Mißbrauch gebtrieben werden konnte und auch nicht selten wurde, und das — obwohl formal berechtigt vollzogen — zu Härten und Ungerechtigkeiten führte und zum Mittel nackter Erpressung wurde[22]. Earl Stanhope bezeichnete es 1814 geradezu als „english slave trade“[23].

Reformvorschläge wurden jedoch abgelehnt, und zwar insbesondere auf Grund des Widerstandes von Lord Ellenborough, so daß hier eine Änderung im Wege der Gesetzgebung erst in den 40er Jahren des 19. Jh. erfolgte.

b) Vollstreckung in Landbesitz

Nur allmählich konnte sich auch der Gedanke durchsetzen, daß Landbesitz gegen den Willen des Eigentümers Vollstreckungsgegenstand sein

---

[19] *Holdsworth*, History IX, S. 245 f., 316 f.
[20] *Holdsworth*, History IX, S. 261; *Plucknett*, History, S. 210; *Harding*, S. 332.
[21] *Holdsworth*, History XI, S. 595 ff.
Der Abgeordnete *Burges* 1788 (Parlt. Hist. XXVII, S. 155) vor dem Unterhaus: "The first grievance which he would mention was the unlimited permission now given to a creditor of arresting a debtor. The process was no more than a loose affidavit of a debt; on which a writ was immediately issued, by which a defendant was arrested, and on which he might be, and often was, imprisoned for a long time, without the existence of a cause of action."
[22] So kam es durchaus vor, daß Personen aufgrund fingierter Schulden aus Rache oder aus erpresserischen Gründen in Schuldhaft gebracht wurden. (Vgl. *Holdsworth*, History XI, S. 596 mit Beispielen.)
[23] *Hansard*, (1st Series) XXVII, S. 618.

konnte. Durch ein Gesetz des Jahres 1807[24] war zunächst erreicht worden, daß im Falle des Todes eines Kaufmanns dessen Grundeigentum zur Haftung herangezogen werden konnte. Eine Ausdehnung dieser Bestimmungen auf Nichtkaufleute wurde jedoch abgelehnt, da solche Bestimmungen gegen „genius and manner of the people"[25] seien und nur die Erben benachteiligen würden, da es nicht einzusehen sei, warum sie für die Schulden des Erblassers aufkommen sollten[26]. Das Ergebnis dieser Regelung, die insbesondere die landbesitzende Aristokratie privilegierte, war, daß beim Tode eines Schuldners der Gläubiger häufig ohne vollstreckbare Sicherheiten war. Erst 1834 wurde hier eine Änderung erreicht[27].

3. Strafrecht

Erhebliche Mängel bestanden beim Strafrecht. Das Recht war unübersichtlich[28], das Verfahren in vieler Hinsicht mangelhaft[29] und die Urteile und ihre Vollstreckung grausam und völlig unsystematisch[30]. Das einzige Mittel, das man von seiten des Parlaments zur Bekämpfung der wachsenden Kriminalität glaubte anwenden zu können, war eine Erhöhung und Verschärfung des Strafmaßes und eine Vermehrung der Vergehen, die mit der Todesstrafe geahndet wurden[31]. Da die Todesstrafe häufig auch an geringfügige Vergehen geknüpft war[32], bemühten sich die Richter nicht selten, durch restriktive Auslegung oder durch Ausnutzen rein technischer Verfahrensfehler ein solches Urteil zu vermeiden[33]. Hauptgegenstand der Diskussion und der Reformentwürfe waren daher die Vorschläge zur Abschaffung oder Einschränkung der Todesstrafen. Diese Reformvorschläge zum Strafrecht standen deutlich unter dem Einfluß humanitärer Gedanken der Aufklärung einerseits und einer neuen religiösen Bewegung in England andererseits. Hauptwortführer waren Samuel Romilly (1757 - 1818)[34], der stark von konti-

[24] 47 Geo. III, Sess. 2, c. 74.

[25] *Hansard* (1st Series) IX, S. 162.

[26] *Holdsworth*, Movement, S. 39 f.

[27] 11 Geo. IV, & 1 Will. IV, c. 47.

[28] *Harding*, S. 277, *Holdsworth*, History XI, S. 527 ff.

[29] So durfte z. B. ein wegen eines Verbrechens Angeklagter keinen Verteidiger haben; eine Regel, die erst 1837 aufgehoben wurde.

[30] Vgl. allgemein hierzu *Radzinowicz*, A History of English Criminal Law and its Administration, Bd. I.

[31] *Harding*, S. 271. Im Jahre 1660 gab es etwa 50 mit der Todesstrafe bedrohte Vergehen, am Ende des 18. Jh. waren es ca. 200. *Radzinowicz*, Bd. I, S. 3 f.

[32] z. B. konnte auf Grund der sog. Waltham Black Act, 1722 (9 Geo. 1, c. 22) jeder mit dem Tode bestraft werden, der mit geschwärztem Gesicht oder sonstwie maskiert auf einer Landstraße, im Wald oder ähnlichen Plätzen gefaßt wurde, selbst wenn er keines weiteren Vergehens schuldig war (vgl. *Radzinowicz*, Bd. I, S. 49 ff.).

[33] *Radzinowicz*, Bd. I, S. 83 ff. mit Beispielen.

[34] Romilly war in seinen Ansichten nicht unerheblich von Rousseau und Beccaria geprägt.

nentalen Ideen beeinflußt und ein Freund und Bewunderer Benthams war, und James Mackintosh (1765 - 1832)[35].

In diesem Zusammenhang steht auch das Bemühen, Tierquälerei verstärkt unter Strafe zu stellen. Diese Bemühungen scheiterten jedoch einmal daran, daß dadurch angeblich neue Grundsätze in das Strafrecht eingeführt würden und die rechtstechnische Formulierung und Abgrenzung auf zu große Schwierigkeiten stoßen würde[36] und zum anderen dann einige volkstümliche, aber grausame Sportarten wie etwa „bull baiting" und „dog-fighting" verboten würden[37]. Lediglich ein vage gehaltenes Gesetz zum Schutze von Vieh wurde erlassen[38].

Ein häufig wiederkehrender Punkt der Diskussion waren die Gesetze über Wilddieberei — Game Laws —, die den Jagdberechtigten weitgehende Rechte einräumten[39] und jeden Verstoß unter härteste Strafen stellten. Alle Reformen scheiterten auch hier an dem Widerstand der Gentry, die sich das Privileg der Jagd nicht einschränken lassen wollte[40].

4. Handelsrecht

Zu Beginn des 19. Jh. wurde auf Grund der Entwicklung neuer Handels- und Gesellschaftsformen eine Neuordnung des Handelsrechts immer drängender, eine Erkenntnis, die sich schließlich auch im Parlament durchsetzte und der Diskussion einer Rechtsreform im allgemeinen neue Impulse gab[41].

IV. Statute Law

Neben den Problemen der Gerichtsverfassung und des materiellen Rechts waren es die Statutes, bei denen Unübersichtlichkeit und man-

[35] Vgl. allgemein *Holdsworth*, Movement, S. 208 ff.; History XIII, S. 387 ff.; DNB, Mackintosh, S. 617 ff.; Insbesondere auf die Tätigkeit von Romilly sind zahlreiche Verbesserungen in Einzelfragen zurückzuführen. So wurde etwa 1816 das Prangerstehen weitgehend abgeschafft und 1817 das öffentliche Auspeitschen von Frauen.

[36] Vgl. z. B. *Hansard* (1st Series) XIV, S. 1029 ff.

[37] Es wurde sogar behauptet, daß diese grausamen und blutigen Spiele "... inspired courage and produced a nobleness of sentiment and elevation of mind." (Abgeordneter *Canning*, 1800, Parlt. Hist. XXXV, S. 211); oder daß man die unteren Volksklassen nicht ihrer Belustigung berauben dürfe (*Brougham*, 1823, Hansard [2nd Series] IX, S. 433).

[38] 3 Geo. IV, c. 71.

[39] Besonders umstritten war das versteckte Aufstellen von Selbstschüssen und ähnlichen Anlagen.

[40] *Pitt d. J.* rechtfertigte den Zustand, weil er geeignet sei, „to induce gentleman to live in the country" (Parlt. Hist. XXXII, S. 851). Noch deutlicher wurde der Abgeordnete *Jenkins* unter dem Eindruck der Französischen Revolution. "Many of the evils that existed in a neighbouring nation were in a great degree occasioned by gentlemen not residing in their estates" (Parlt. Hist. XXXII, S. 853).

[41] *Holdsworth*, Movement, S. 41, History XIII, S. 365 ff.

gelnde Zugänglichkeit immer wieder Kritik herausforderten[1]. Bereits 1766 war in einem in der Öffentlichkeit vielbeachteten Buch der Vorschlag gemacht worden, eine Kommission mit einer kritischen Durchsicht der Statutes zu beauftragen[2]. Dieses Buch, Observations on the Statutes[3], von Daines Barrington[4], das bis 1796 immerhin 5 Auflagen erlebte, blieb jedoch zunächst ohne praktische Auswirkungen. Erst ab 1796 begann sich das Parlament langsam mit den Fragen einer Neuordnung und Überprüfung der Statutes zu befassen[5].

Es waren im wesentlichen drei Vorwürfe, die erhoben wurden, und zwar, daß die Gültigkeit von Statutes oft zweifelhaft sei, daß es keine offizielle Sammlung der Gesetze gebe, und daß die getroffenen Regelungen nicht selten unklar und widersprüchlich seien.

1. Geltungsdauer

In England galt und gilt grundsätzlich jedes Gesetz auf Dauer, es sei denn, daß eine ausdrückliche Befristung beschlossen oder es durch Parlamentsakt aufgehoben wurde. Ein Außerkrafttreten konnte mithin nicht durch ein Obsoletwerden oder durch Desuetudo erfolgen[6]. Diese

---

[1] *Allen* beschreibt die Situation wie folgt: "Until the Statutes of the Realm were published, our enacted law was disorderly to an almost increadible degree (S. 441).

[2] *Holdsworth*, History VII, S. 400 f.; XI, S. 308 f.

[3] Der vollständige Text lautet: Observations on the Statutes, chiefly from Magna Charta to the twenty-first of James the First, chap. XXVII. With an Appendix; being A Proposal for new modelling the Statutes.

[4] Daines Barrington wurde in erster Linie von historischen Interessen geleitet. Er wollte durch die Darstellung der alten Gesetze zusätzliches Material zur Erkenntnis der englischen Geschichte gewinnen. Seine Reformvorschläge sind eher ein Nebenergebnis seiner Bemühungen und stehen nicht im Mittelpunkt seiner Überlegungen.

[5] Diese Haltung des Parlaments wird 1796 in dem Bericht einer parlamentarischen Kommission wie folgt gerügt (*Commons Journal*, Bd. 51, S. 704): "And thus it is that Parliament has hitherto failed to accomplish this general Revision, and has now suffered it to sleep for more than a Century, although the Delay of it has annually augmented its Necessity. The Attention of Modern Times has perhaps been the less directed to this National Work, as upon this Subject our general Histories, with too great an Inattention to Matters of legislative or juridical Importance, are wholly silent."

[6] Eine „Doctrin of desuetudo" oder „Non-Observance" hat sich in England nie durchsetzen können (vgl. *Allen*, S. 478; *Winfield*, S. 78 ff.; *White v. Boot* (1788) 2 T.R. 274; *R. v. County Council* (1931) 2 K.B. 215, 226, so daß die Folge der von kontinentalen Juristen häufig amüsiert zur Kenntnis genommene Umstand ist, daß bestimmte Vergehen noch heute auf Grund von Gesetzen aus dem 14. Jh. verfolgt werden, z. B. „Friedensbrüche" auf Grund der Justices of the Peace Act von 1360, oder daß überlebte Rechtsbräuche fortgelten (vgl. die Beispiele bei *Walker & Walker*, S. 103 f., *Allen*, S. 479 ff.) oder plötzlich wieder in Erinnerung gerufen werden. Ein berühmtes Beispiel ist der Fall *Ashford v. Thornton* (1818), 1 B. & Ald. 405, in dem durch das Verlangen auf Entscheidung durch Zweikampf, das auf Grund der Rechtslage als legitim anerkannt werden mußte, der Prozeß entschieden wurde.

an und für sich eindeutigen Grundlagen wurden jedoch durch einige Ausnahmeregeln durchbrochen, so daß in der Praxis oft erhebliche Zweifel über Geltungsdauer und Gültigkeit bestanden.

Im englischen Gesetzgebungsverfahren war es nicht unüblich, Statutes nur auf Zeit zu erlassen. Lief die Frist ab, so traten diese außer Kraft, es sei denn, daß sie durch Parlamentsbeschluß verlängert wurden. Problematisch war jedoch, daß der Zeitpunkt des Fristablaufs oft nicht klar zum Ausdruck kam und daß bei Neuerlaß keine Neuverkündung des Gesetzes erfolgte, so daß von daher nicht selten Zweifel über die Anwendbarkeit von Gesetzen hervorgerufen wurden.

Eine Modifizierung des Grundsatzes, daß ein Gesetz nur durch ausdrückliche Aufhebung außer Kraft treten konnte, bestand darin, daß eine Statute auch dann als aufgehoben galt, wenn die gleiche Rechtsmaterie in einem jüngeren Gesetz geregelt wurde, und zwar selbst dann, wenn der Gesetzgeber auf die früheren Regelungen nicht Bezug nahm[7]. Eine Komplikation, die bei der großen Zahl der Statutes durch die Jahrhunderte in England nicht nur ein theoretisches Problem war. Aus diesem Grundsatz ergab sich noch eine weitere Schwierigkeit dadurch, daß die Lehre bestand, daß, wenn ein Gesetz aufgehoben wurde, grundsätzlich die Gesetze, die es selbst einmal außer Kraft gesetzt hatte, nun wieder volle Gültigkeit erlangten[8].

Diese Regelungen brachten ein erhebliches Maß an Unsicherheit über das anzuwendende Gesetzesrecht mit sich, zumal man nirgendwo offiziell die Gültigkeit oder Ungültigkeit eines Gesetzes nachprüfen konnte. Eine Partei stand also nicht nur unter der Unsicherheit, wie der Richter ein bestimmtes Gesetz auslegen werde, sondern wußte auch nie mit Sicherheit, welches Gesetz überhaupt Anwendung zu finden habe und ob nicht völlig überraschend eine ihr unbekannte Regelung zum Zuge kommen könnte.

Problematisch war weiter, daß praktisch jedes neu erlassene Statute rückwirkende Kraft besaß, da es mit dem ersten Tag der jeweiligen Sitzungsperiode des Parlaments in Kraft trat, selbst wenn es tatsächlich erst sehr viel später eingebracht und beschlossen worden war[9]. Dieser Grundsatz wurde erst 1793 durch die Acts of Parliament Commencement Act[10] aufgehoben. Das Inkrafttreten jedes Einzelgesetzes mußte nun datumsmäßig festgelegt werden.

---

[7] *Allen*, S. 474 f.
[8] *Allen*, S. 472 ff. unter Zitierung einiger bemerkenswerten Beispiele.
[9] *Allen*, S. 470 f.; *Lévy-Ullmann*, S. 442 ff. — Als Beispiel sei zitiert: R. v. Bishop of Chichester (1365) Y.B. 39 Edward III., f. 7.
[10] 33 Geo. III, c. 13.

2. Publikation

In England existierte bis weit in das 19. Jh. keine offizielle Sammlung der vom Parlament beschlossenen Gesetze[11]. Diese fanden sich vielmehr mit nur wenigen Kopien in den sogenannten „Rolls“ in den Archiven des Parlaments und der Gerichte[12]. Einzelne Exemplare wurden im Mittelalter an die Sheriffs der einzelnen Bezirke geschickt, die für eine Bekanntmachung zu sorgen hatten. Diese Situation besserte sich auch nicht nach Einführung des Buchdrucks[13]. Die Folge war, daß seit dem 15. Jh. zahlreiche private Ausgaben und Übersichten erschienen, die zwangsläufig unvollständig und daher unzuverlässig waren[14], weil weithin unklar war, wo die Texte aufgezeichnet waren und was im einzelnen als Statute anerkannt werden konnte. Die verschiedenen Rolls bildeten zudem kein lückenloses Register und waren nicht mehr vollständig erhalten.

Selbst auf dem Gebiet des staatlich gesetzten Rechts ergab sich damit in der Praxis eine Art „juristischen Gewohnheitsrechts“. Insbesondere bei vielen der älteren Statutes kann man daher geradezu davon sprechen, wie dies schon Hale feststellte[15], daß das, was „Gesetz“ sei und welchen Inhalt es habe, allein durch die tradierte Gewohnheit festgelegt werde. Holdsworth spricht sogar von einer „Zensur“ der Herausgeber[16]:

> “The editors and publishers of various complete editions of the statutes included in their collections many documents taken from the Rolls of Parliament and other sources. None of these editions was officially authentic. In fact, English Law knew neither an officially authentic collection of the Statutes, nor, as we shall see, an officially authentic series of reports.

---

[11] *Winfield*, S. 90 f.; *Holdsworth*, Sources, S. 55 ff.

[12] Die erste „Statute Roll“ stammt aus dem Jahre 1278, die erste „Parliament Roll“ von 1290. Diese Form der Aufzeichnung wurde am Ende des 15. Jh. durch die Enrolment of Acts of Parliament Act ersetzt. Vgl. *Winfield*, S. 84 ff.; *Lévy-Ullmann*, S. 259 ff.

[13] Gleichwohl galt spätestens seit 1365 der Grundsatz (vgl. R. v. Bishop of Chichester, Y.B. 59 Edward III., f. 7), daß bei jedermann die Kenntnis des Rechts zu unterstellen sei. Auch *Blackstone* steht in seinen Commentaries auf diesem Standpunkt und begründet dies wie folgt (Bd. I, S. 184): “This Statute or act is placed among the records of the kingdom; there needing no formal promulgation to give it the force of law, as was necessary by the civil law with regard to the emperors edicts: because every man in England is, in judgement of law, party to the making of an act of parliament, being present thereat by his representatives.”

[14] Die erste Zusammenstellung war das „Vieux Abridgement des Statutes“ von Letton und Machlinia des Jahres 1481. (Vgl. *Winfield*, S. 91 ff.; *Lévy-Ullmann*, S. 264 ff.) Dieses Problem spielt selbst heute noch in England eine Rolle. Im Fall *Merttens v. Hill* (1901) 1 Ch. 842 wurde ein Statute aus dem Jahre 1315 (8 Ed. II.) zur Grundlage der Entscheidung gemacht, das in keine Sammlung aufgenommen war und lediglich auf einer — den Parteien nicht zugänglichen — Parliament Roll festgehalten war.

[15] *Hale*, History, ch. I ad. fin.

[16] *Holdsworth*, History II, S. 427.

Lawyers were dependent for their knowledge of the contents of the Statute Book upon judicial dicta, books of authority and the work of private persons such as Pulton, Cay, Hawkins, and Ruffhead. In the absence of official publications, the learning of the bar and the enterprise of the law publisher employed upon the Statute Book and the reports, have exercised a very real censorship upon the sources of English law."

3. Inhaltliche Probleme

Anlaß zu Unklarheit und Mißverständnissen bestand nicht nur bei den Fragen der Gültigkeit und Existenz von Gesetzen, sondern weitgehend auch bezüglich deren materiellen Inhalts[17]. Die Gesetzessprache war uneinheitlich, Begriffsinhalte hatten sich im Laufe der Jahrhunderte verschoben, und die Technik der Abfassung der Statutes war immer wieder Wandlungen unterworfen gewesen. Die wirtschaftlichen und sozialen Verhältnisse, auf die die Gesetze ursprünglich zugeschnitten waren, hatten sich grundlegend geändert, so daß eine Anwendung in der Praxis, die nicht zu lebensfremden oder sinnlosen Ergebnissen kommen wollte, nur noch mit großer Mühe möglich war. So konnte 1835 der erste Report der Statute Law Commission unwidersprochen feststellen[18]:

"The imperfections in the statute law arising from mere generality, laxity or ambiguity of expression, are too numerous and too well known to require particular specification. They are the natural result of negligent, desultory and inartificial legislation; the statutes have been framed extemporaneously, not as parts of a system, but to answer particular exigencies as they occurred."

Viele wichtige Materien waren verstreut über zahlreiche Statutes geregelt, die in den verschiedensten Jahrhunderten entstanden waren, so daß auch aus diesem Grunde Widersprüchlichkeiten und Unklarheiten auftraten, da keine einheitliche Systematik und Terminologie bestanden[19].

V. Reformen des Statute Law

1. Expiring Statutes

Im Jahre 1796 wurde auf Antrag des Abgeordneten Charles Abbot[1] eine Kommission des Unterhauses eingesetzt (Committee to inspect

[17] *Holdsworth*, History XI, S. 371 ff.

[18] Zitat bei *Allen*, S. 484.

[19] *Ilbert*, S. 111 ff.

[1] Charles Abbot, first Baron Colchester (1757 - 1829), hatte u. a. in der Schweiz (1779) Recht studiert und war 1795 in das Unterhaus gewählt worden, wo er sich sofort mit den Fragen einer Neuordnung der Statutes zu befassen begann. In den Jahren 1802 - 1817 war er Speaker des House of Commons und spielte so eine führende Rolle im parlamentarisch-politischen Leben seiner Zeit. (*DNB*, Bd. I, S. 3 ff.)

Temporary Expiring Laws)[2], die eine Überprüfung der befristeten Statutes vornehmen sollte. Ziel sollte die Feststellung sein, ob diese jeweils verlängert oder wieder neu in Kraft gesetzt werden sollten. Zur Begründung wurde von Abbot unter anderem ausgeführt[3], daß

„the trading interests, which are deeply concerned in the laws of bankruptcy and insolvency, have repeatedly suffered by the expiration of Acts of this nature".

Der Bericht, den diese Kommission 1796 vorlegte[4], stellte fest, daß die Geltungsdauer der Statutes, die als befristete beschlossen worden waren, häufig nicht eindeutig angegeben worden sei, und daß daher erhebliche Unsicherheit im Rechtsleben herrsche.

"The Variety of Periods prescribed for the Duration of each Statute, is such, that Caprice herself seems to have exercised her full Dominion, and displayed her uncontrouled Powers over different Clauses of the same Law: A pregnant Instance of this is exhibited in St. 36 Geo. III. c. 40. And the numberless Continuances of Statutes still remaining temporary in Form, though permanent in their Principle, strongly claim the Attention of Parliament, as contributing to add Complication to a labyrinth already too intricate[5]."

Zum allgemeinen Stand der Statutes wurde weiter ausgeführt, daß diese häufig widersprüchlich, überholt, sprachlich unklar und mitunter vieldeutig seien. Es wurde daher die dringende Empfehlung ausgesprochen, eine offizielle Sammlung aller gültigen Statutes zu erstellen und diese dann einer allgemeinen Reform der Statutes zugrunde zu legen.

"Your Committee cannot, in this Place, obstain from submitting to the House, as the Result of their Observations upon this Investigation, the extreme Importance of obtaining *a Complete and authentic Publication of the Statutes*[6]."

Weiter heißt es:

„With such a complete Publication of the Statute Law, when provided, the *Plan* for a *Revision* might not be difficult to devise, however laborious in its Execution. Adopting the Idea of the Commissioners employed in the Reign of James the First, but executing it more comprehensively, an *Examination* might be instituted, and a *Report* made of all the Laws; enumerating them chronologically, and noting against each individually; either,

1. An existing perpetual Law; and whether fit to stand, or to be repealed simpliciter, or to be repealed and replaced by a new Law: Or,

2. An existing, but expiring Law, and whether fit to expire, or to be continued, or to be made perpetual: Or,

---

[2] Parl. Hist, XXXII, S. 992 ff.
[3] Parl. Hist, XXXIV, S. 517.
[4] *Commons Journal*, 51 (1796), 706.
[5] *Commons Journal*, 51, 706.
[6] *Commons Journal*, 51, 704.

3. Repealed, and whether fit to be re-enacted: Or,

4. Expired, and whether fit to be revived.

The Detail of such Work might be distributed, as Lord Keeper Bacon proposed to Queen Elizabeth I. By Divisions between different Sets of Persons; whose Labours might proceed concurrently, and be afterwards submitted to the Judgment of a superior Commission, as Lord Chancellor Bacon proposed to James the First, to be appointed for the Purpose of preparing a Digested Result of the whole Matter for Parliamentary Consideration[7]."

Die Verfasser des Berichts waren sich durchaus dessen bewußt, daß eine solche Neuzusammenstellung der Statutes, die im Grunde nicht über eine katalogmäßige Erfassung hinausgehen würde, nicht schon eine ausreichend grundlegende Reform bedeuten würde, sondern daß hierzu zumindest eine Reihe von Consolidations vorgenommen werden müßten:

"The Declaration contained in the Preamble to Stat. 5 Eliz. c. 4. may ferve as the best Notice of the Utility of Consolidation; and as a standing Document for promoting the future Prosecution of similar Labors[8]."

2. Promulgation

Auf Grund der Arbeit dieser ersten Kommission wurde auf Antrag[9] von Abbot 1796 ein weiterer Ausschuß (Committee to consider of promulgating the Statutes) eingesetzt, der die Form der Veröffentlichung der Statutes prüfen und Verbesserungsvorschläge unterbreiten sollte. Zur Begründung dieses Antrags führte Abbot aus:

"The plain fact is this; that the magistrates, who are entrusted with the execution of the laws, have not any correct and speedy means of knowing the laws which they are required to enforce; and his majesty's subjects in general are exposed to the hazaral of dissolving laws of which they have not direct communication whatever[10]."

An anderer Stelle heißt es:

"And ultimately cannot doubt but that parliament will give to our laws, that which has been so long and so greatly wanting, an expeditious, extensive and effectual publicity[11]."

In dem Bericht des Ausschusses aus dem Jahre 1797 wurde dann vorgeschlagen[12], daß die Statutes künftig in klarerer und deutlicherer Sprache abgefaßt werden sollten, und ihr Druck in höheren Auflagen

---

[7] *Commons Journal*, 51, 705.
[8] *Commons Journal*, 51, 705.
[9] Parl. Hist., XXXII, S. 1239 ff.
[10] Parl. Hist., XXXII, S. 1240.
[11] Parl. Hist., XXXIII, S. 125 f.
[12] Parl. Hist., XXXIII, S. 125 f.

zu erfolgen habe[13], um alle betroffenen Personenkreise schneller und vollständiger informieren zu können. Die Form der Gesetze sollte vereinheitlicht und deren Gliederung verbessert werden.

Diese Bemühungen, eine Übersicht über die Geltungsdauer und Verbesserungen der Form der Veröffentlichung der Statutes zu erlangen, konnten nur die ersten Schritte auf dem Wege zu einer umfassenderen Reform des Gesetzesrechtes darstellen. Das nächste Ziel mußte die Erstellung einer Kompilation aller in Kraft befindlichen Statutes sein.

3. Revised Statutes

Im Jahre 1780 wurde daher wiederum auf Betreiben von Abbot erneut ein Ausschuß gebildet[14], dessen Arbeit schließlich zur Einsetzung der sogenannten Record Commission[15] führte, durch die dann erstmals eine weitgehend vollständige und offizielle Veröffentlichung der Statutes erfolgen sollte. In den Jahren 1810 bis 1822 erschienen in 9 Bänden die bis zum Jahre 1713 erlassenen Gesetze als „Statutes of the Realm". Wenn diese Ausgabe auch schon einen erheblichen Fortschritt darstellt, so war sie doch immer noch fehlerhaft und unvollständig[16]. Das Problem, das sich insbesondere der Praxis stellte, lag darin, daß in dieser Sammlung der Record Commission sowohl gültige als auch bereits aufgehobene Statutes enthalten waren, ohne daß diese entsprechend gekennzeichnet worden wären. Diese Schwierigkeit, sowie auch noch die weitere dringliche Aufgabe, die zahlreichen, sich widersprechenden oder auch völlig überholten Bestimmungen zu bereinigen, blieb noch zu lösen.

In der Folgezeit wurden zahlreiche Vorschläge mit dieser Zielsetzung unterbreitet. Die Record Commission beschloß 1806, daß Francis Hargrave beauftragt werden sollte,

> „to report on the best mode of reducing the Statute Law into a smaller compass and more systematic form"[17].

Seine Stellungnahme veranlaßte 1816 das Parlament auf Antrag von Earl Stanhope[18], einen weiteren Ausschuß für diesen Aufgabenbereich einzusetzen. Von Earl Stanhope wurde hierzu ausgeführt,

---

[13] Es sollten jetzt 3550 statt 1126 Exemplare gedruckt werden. Wenig später wurde die Zahl auf 5000 erhöht.

[14] Parl. Hist., XXXIV, S. 1458 ff.

[15] Zum Ergebnis der Arbeit vgl. den Bericht der Kommission in *Select Essays* II, S. 169 ff.

[16] Vgl. *Holdsworth*, History XI, S. 311 ff. mit näheren Angaben insbesondere zu der Frage der Problematik der Datierung einzelner Statutes. Zweifelhaft war weiter, was eigentlich für die Zeit des Mittelalters unter einem Gesetz — Statute — zu verstehen war, und welche Quellen als authentisch gelten konnten. (*Allen*, S. 439 f.; *Ilbert*, S. 21 ff.)

[17] *Holdsworth*, History XI, S. 313.

[18] *Hansard* (1st Series), XXXIII, S. 943 ff.

„that in no country in the world there was a Statute Book in which there were so many defects, and which was so volominous or so confused“[19].

Vom House of Lords wurde daher der folgende Beschluß gefaßt:

“Committee appointed to consider of the best Means of arranging the Statute Law of this Country be arranged under distinct and proper Heads. Resolution: First-Resolved, That it is highly expedient that the Statute Law of this Country be arranged under distinct and proper Heads with all convenient Dispatch; and that a person learned in the Law be appointed for the express Purpose of superintending such systematic Arrangement.

Secondly-Resolved, That a Number of Clerks, not exceeding Twenty in the whole, be placed under the immediate Direction of such Person learned in the Law, for the Purpose of noting down under each such distinct Head the Reign and Year thereof, the Session and Chapter (if any) or if no Chapter, the Title or other Description of each Act of Parliament, or of the Section, or other Part of each such Act (as the Case may be) as shall, upon Examination, be found to belong to each such Head Respectively[20].”

Es sollte also eine systematische Gliederung unter Berücksichtigung des Inhalts der einzelnen Statutes erfolgen. Im Rahmen der Diskussion um diesen Antrag wurde auch das Problem von weitergehenden Reformen angeschnitten. So führte der Abgeordnete Homer aus:

“The first mode appeared extremly inconvenient as it would require all the wisdom of the law to overcome the difficulties of such an arrangement. There should be a publication by parliamentary authority of all the statutes, preliminary to ordering of a classification, digest, or index[21].”

Ihm wurde durch den Abgeordneten Bathurst erwidert:

“... but he did not understand that any one believed that the whole of the statutes could be systematized and reduced under certain particular heads, he had always thought that the statutes, in some branches of the law, might be reduced into a body, much to the general convenience[22].”

Die weitergehenden Wünsche wurden jedoch schließlich mit dem Argument abgelehnt, daß die Statutes bis zur Verwirklichung solcher Pläne erst systematisch zusammengestellt werden müßten[23]. Die Tätigkeit dieses Ausschusses ist jedoch ohne größeren sichtbaren Erfolg geblieben[24].

---

[19] *Hansard* (1st Series), XXXIII, S. 543.
[20] *Journals of the House of Lords*, 50 (1816), S. 603.
[21] *Hansard* (1st Series), XXXIII, S. 1042.
[22] *Hansard* (1st Series), XXXIII, S. 1042.
[23] Eine wirkliche Durchsicht und Neuordnung des gesamten Statute Law erfolgte dann erst in der zweiten Hälfte des 19. Jh. (Vgl. *Ilbert*, S. 24 ff.) Durch die Statute Law Revision Acts von 1856 (19, 20 Victoria c. 64), 1861 (24, 25 Victoria c. 101) und 1863 (26, 27 Victoria c. 125) wurden über 1000 obsolet gewordene Statutes aufgehoben. Auf der Grundlage dieser Arbeit konnte dann 1878 eine Ausgabe der in Kraft befindlichen Gesetze in 18 Bänden herausgegeben werden. Zuvor hatte der Umfang der Sammlung 118 Bände betragen.
[24] *Ilbert*, S. 50.

Was in den Jahren bis 1820 im Parlament geschah, kann nicht als ein bewußt angelegtes größeres Reformwerk der Statutes angesehen werden, sondern war ein sehr pragmatisches Vorgehen von Fall zu Fall, durchgeführt von einer kleineren Gruppe von Abgeordneten, die es verstand, jeweils auf den Ergebnissen einer früheren Kommission fußend, das Parlament zu weiteren Schritten mit jeweils begrenztem Ziel zu bewegen, obwohl auch ihnen offenbar kein bestimmtes Endziel vorschwebte. Das Ergebnis kam dann allerdings einer für die englischen Verhältnisse dieser Zeit recht weitgehenden Reform nahe. Die Frage, ob das Parlament in seiner Mehrheit einem Antrag, der von Beginn an ein derartig weitgestecktes Ziel gehabt hätte, gefolgt wäre, kann nicht endgültig beantwortet werden. Doch läßt sich wohl mit einem hohen Maß an Wahrscheinlichkeit feststellen, daß dies nicht der Fall gewesen wäre, wenn man die allgemeine Stimmung und Haltung gegenüber Reformen und Veränderungen berücksichtigt.

Ursache und Grund dieser Neuordnung des Statute-Law können nicht als Ausfluß eines spezifisch naturrechtlichen Denkens verstanden werden. Motiv war nicht der Wunsch, das englische Recht einem vorgedachten Modell systematisch anzupassen, sondern die drängende Notwendigkeit, eine Bereinigung der Statutes und damit die Beseitigung eines alten Übels zu erreichen. Es sollte eine systematischere Ordnung und Gliederung des tradierten Gesetzesrechts erfolgen, wobei weder an dessen formeller noch materieller Substanz etwas geändert werden sollte[25].

VI. Consolidation

Neben diesen Bestrebungen wurden jedoch auch weitergehende Pläne mit dem Ziel einer Consolidation bestimmter Bereiche des Statute Law verfolgt. Dieser Wunsch war bereits in dem Report des Ausschusses von 1796 angesprochen worden[1], ohne daß daraus zunächst Folgerungen gezogen worden wären. Erst ab 1810 setzte im verstärkten Maße eine Bewegung ein, im Wege einer Consolidation eine Bereinigung der Statutes in bestimmten Bereichen herbeizuführen[2]. Bearbeitet wurden in erster Linie das Steuer- und Zollrecht. Dieses wurde 1825 durch 12 Statutes einer Neuordnung und Bereinigung unterzogen[3]. Insgesamt wurden hierdurch etwa 700 Statutes aufgehoben und neu gefaßt. 1827 erfolgte eine Konsolidierung der Verbrauchssteuern[4] und 1829 eine

[25] Diese Überlegungen treffen sicherlich auf die Motive von Abbot selbst zu, der sich in den späteren Jahren gegen umfassendere Reformvorschläge aussprach, und etwa auch ein Gegner der Roman Catholic Emancipation Act war.

[1] *Commons Journal*, 51, 705.

[2] Vgl. allgemein *Ilbert*, S. 51 ff.; *Holdsworth*, Movement, S. 33 ff.

[3] 6 Geo. 4, cc. 105 - 116.

[4] 7 & 8 Geo. 4, c. 53.

solche, die die Besitz- und Nutzungsrechte der Krone betraf[5]. Die Statutes Juries betreffend wurden 1825 neu gefaßt. Hier wurden 63 Statutes aufgehoben und ihr Inhalt in einem Gesetz von 64 Paragraphen neu gefaßt[6]. Teile des Strafrechts und des Strafprozeßrechts wurden ebenfalls zwischen 1826 und 1832 in einer Reihe von Gesetzen neu zusammengestellt[7]. Nach der Parlamentsreform wurde im Jahre 1833 ein Ausschuß eingesetzt, der eine Consolidation des Strafrechts vorbereiten sollte. Obwohl ein umfangreiches Material aufgearbeitet und bis 1845 insgesamt 8 Berichte erstellt wurden, blieb dieses Committee wie auch das folgende, das im Jahre 1845 eingesetzt wurde, ohne Erfolg[8]. Erst im Jahre 1861 wurden 7 Gesetze, die auf der Arbeit dieser Kommission beruhten, erlassen[9]. Ab 1870 gehört dann die Methode der Consolidation zum festen Bestandteil der englischen Gesetzgebung und Gesetzesreform[10].

VII. Rechtsform nach 1830

Im Jahre 1828 hielt Henry Brougham (1778 - 1868), einer der Führer der Partei der Whigs[1], vor dem Unterhaus eine Rede, in der er eine grundlegende und detaillierte Kritik am englischen Recht vorlegte und ein umfassendes Reformprogramm entwarf[2]. Die Kommissionen, die auf seinen Antrag hin eingesetzt wurden, bereiteten schließlich die umfangreichen Reformen des 19. Jh. vor, die nach dem Wahlsieg der Whigs von 1830 und der Parlamentsreform von 1832 möglich wurden. Bei den

---

[5] 6 Geo. 4, c. 50.

[6] 6 Geo. 4, c. 50.

[7] 7 Geo. 4, c. 64 (1826), 7 & 8 Geo. 4, cc. 27 - 31 (1827), 9 Geo. 4, c. 31 (1828), 11 Geo. 4 & 1 Will. 4, c. 66 (1830), 2 & 3 Will. 4, c. 34 (1832). Vgl. allgemein *Radzinowicz*, Bd. I, S. 574 ff.

[8] *Holdsworth*, History XI, S. 315 f.; *Ilbert*, S. 51 f.

[9] 25 & 25 Vict. cc. 94 - 100.

[10] Vgl. unten Siebentes Kapitel, IV.

[1] *Holdsworth*, History XIII, S. 195 ff.

[2] Vgl. *Broughams* pathetischen Aufruf zur Reform: "The course is clear before us; the race is glorious to run. You have the power of sending your name down through all times, illustrated by deeds of higher fame, and more useful import, than ever were done within these walls. You saw the greatest warrior of the age — conqueror of Italy — humbler of Germany — terror of the North — saw him account all his matchless victories poor, compared with the triumph you are now in a condition to win — saw him condemn the fickleness of Fortune, while, in despite of her, he could pronounce his memorable boast, 'I shall go down to posterity with the Code in my hand' ... It was the boast of Augustus ... that he found Rome of brick and left it of marble ... But how much nobler will be the Sovereign's boast, when he shall have it to say, that he found law dear and left it cheap; found it a sealed book — left it a living letter; found it the patrimony of the rich — left it the inheritance of the poor; found it the staff of honesty and the shield of innocence."

Eine ausführliche Darstellung und kritische Würdigung der Rede findet sich bei *Holdsworth*, History XIII, S. 296 ff.

Formen der erforderlichen Neuordnung war allerdings von einer Kodifikation keine Rede. Die Reformen sollten sich im traditionellen Muster des englischen Rechts bewegen. Tatsächlich war dann auch das 19. Jh. geprägt von einer sich wieder verstärkenden Weiterentwicklung des Rechts durch die Rechtsprechung einer neuen Richtergeneration, begleitet von zahlreichen Akten des Gesetzgebers.

Sechstes Kapitel

Naturrecht und Kodifikationsbewegung in England

I. Grundlagen der Kodifikationsbewegung in Europa

1. Problemstellung

Nachdem im vorangehenden Kapitel eine Darstellung der Bemühungen des Parlaments gegeben worden ist, über eine Neuordnung der Statutes den möglichen Ansatz zu einer umfassenderen Reform zu finden, ist nun zu untersuchen[1], inwieweit bei der Weiterführung dieser Ansätze auch Vorstellungen einer Kodifikation des englischen Rechts wirksam geworden sind. Diese Frage bedarf jedoch der Einordnung in einen größeren Rahmen, da zur gleichen Zeit im kontinentalen Europa des ausgehenden 18. Jh. das Bemühen von Rechtswissenschaft und Gesetzgebung unter dem Einfluß der aufklärerischen und rationalen Naturrechtslehre[2] gerade der Schaffung umfassender Gesetzbücher[3] galt.

2. Aufklärung und Naturrecht in Europa

Die Epoche des 17. und 18. Jh. ist in Europa auf geistes- und wissenschaftsgeschichtlichem Gebiet von den Ideen der Aufklärung und der Naturrechtslehre geprägt. Die Aufklärung[4] sah in der Vernunft — ratio — des Menschen das Instrument zur Erkenntnis der Wahrheit und zur Gestaltung einer neuen, gerechten Gesellschaftsordnung. Die vorgestellte Vernünftigkeit der Welt und des Menschen öffnete die Bahnen

---

[1] Die folgenden Ausführungen können in der Darstellung der Elemente der Kodifikationsbewegung nur sehr typisierend sein und werden damit der Vielschichtigkeit der angesprochenen Probleme nicht völlig gerecht. Eine solche Typsierung erscheint hier jedoch als ausreichend, da es allein um das Aufzeigen und den Vergleich der Grundtendenzen geht.

[2] Zur Entwicklung einer Gesetzgebungswissenschaft in Deutschland vgl. *G. Dilcher*, S. 1 ff.

[3] Kodifikationen erfolgten etwa in der Toskana (Codice Estense, 1773, Strafgesetzbuch, 1786), Lombardei (Strafgesetzbuch, 1787), Preußen (Allgemeines Landrecht, 1794), Frankreich (Code Civil, 1804, Code de Commerce, 1806, Code de procédure civil, 1807, Code pénal, 1810), Oesterreich (Allgemeines Bürgerliches Gesetzbuch, 1811), Bayern (Strafgesetzbuch, 1813). Weitere Bemühungen waren in Rußland, Spanien, Portugal, Schweden, Polen und in der Schweiz zu verzeichnen. (Vgl. allgemein *Vanderlinden*, S. 33 ff.)

[4] Vgl. allgemein *Cassirer*.

für eine umfassende kritische Prüfung und Erforschung aller Bereiche des menschlichen Lebens. In den Mittelpunkt der Diskussion rückte nicht zuletzt das Verhältnis von Individuum, Gesellschaft und Staat. Der Mensch begann sich als rechtliches Wesen zu sehen, d. h. er erkannte, daß ein bestimmender Wesenszug seines Daseins das Recht ist. Es ergab sich daher zwangsläufig, daß insbesondere Staats- und Gesellschaftslehre und Rechtswissenschaft von diesem neuen Denken erfaßt und auf neue Grundlagen gestellt wurden. Den Prinzipien der Aufklärung folgend erstrebte man eine rationale, natürliche Gestaltung der Verhältnisse. Anknüpfend an antike und mittelalterlich-scholastische Traditionen wurde so in der Rechtswissenschaft die Vorstellung eines Naturrechts[5] entwickelt, dessen Grundgedanke war, daß den Menschen denknotwendig bestimmte Rechte und Pflichten vorgegeben seien, die es in der Realität zu verwirklichen gelte. Es ist dies der Versuch, aus einer allgemeinen Wesensbestimmung des Menschen allgemeingültige, konkrete Rechtssätze zu gewinnen. Jedes Recht- und Machtsystem, das nur historisch legitimiert war, mußte geprüft und mit den naturrechtlichen Forderungen in Einklang gebracht werden.

Das Neue dieser naturrechtlichen Bewegung war weniger die Bindung des Rechts an vorgegebene Prinzipien, sondern die Methode, wie diese Prinzipien gefunden und wie sie dann streng deduktiv in die Realität der Staatsverfassung und des Rechts umgesetzt werden sollten. Das Vorbild zu dieser Methode fand man in den aufblühenden Naturwissenschaften. Nachdem das mittelalterliche Weltbild durch die Entdeckungen und Theorien eines Descartes, Galilei, Kopernikus und Newton auf das Schwerste erschüttert worden war, lag es nahe, die analytisch-synthetischen Methoden, mit denen diese neuen wissenschaftlichen Ergebnisse erzielt worden waren, auch im Bereich der Philosophie und insbesondere der Rechtswissenschaft anzuwenden[6]. Auf Grund dieses neuen methodischen Ansatzes sollte durch das Naturrecht im 18. Jh. eine unmittelbare Transformation der Idee zum Gesetz stattfinden. Naturrecht sollte nicht mehr wie bisher allein ideeller Maßstab und Richtschnur des positiven Rechts — also ein abstraktes Recht höherer Ordnung — sein, sondern man versuchte nun, das Naturrecht selbst im Wege verschiedener Systembildungen zum positiven Recht, zur verbindlichen Rechtsnorm, werden zu lassen.

Nachdem von Grotius und Hobbes die Zeit des Naturrechts in der Form des Vernunftrechts eingeleitet worden war, lassen sich nach

---

[5] Vgl. allgemein *Wieacker*, Privatrechtsgeschichte, S. 249 ff.

[6] Descartes selbst hatte die Methode der mathematischen Deduktion — d. h. der Schlußfolgerungen aus Obersätzen und des kettenweisen Zusammenhängens — für alle Geisteswissenschaften empfohlen. (Vgl. *Thieme*, Naturrecht, S. 13; *Wolf*, Rechtsdenker, S. 320.)

Thieme[7] in den folgenden 150 Jahren drei Perioden der Entwicklung unterscheiden, die in etwa auch die Generationsfolge widerspiegeln. Es sind dies die Generationen der Systematiker, Analytiker und der Synthetiker.

Die erste Gruppe, die Systematiker, sind die Naturrechtler, die sich bemühten, mit Hilfe der neuen Erkenntnismethoden dem Menschen gemäße Rechtsordnungen zu entwickeln. Sachlich bleiben sie in der Regel im Ergebnis auf dem Boden des römischen Rechts, neuartig sind jedoch die Legitimationen dieses Rechts. Man beruft sich nun auf die Idee der allgemeingültigen Vernunft und nicht mehr auf Tradition und Herkommen. Ausgangspunkt war der empirische Versuch, den Grundtatbestand — die Triebmotivation des Menschen — zu ermitteln. Die Formulierung der Rechtssätze beruhte dann auf logischen Deduktionen, ohne daß man diese bewußt an der Realität maß. Wenn auch das Ergebnis dieser Arbeiten nicht revolutionär war, so war es doch der Denkansatz. Die Systematiker stießen damit die Tür für die folgenden Generationen auf, die nun nicht mehr per definitionem am Text der überlieferten Rechte zu haften brauchten, sondern frei waren in Inhalt und Form ihrer Aussage.

Damit war der zweiten Gruppe, den Analytikern, der Weg gewiesen. Sie bemühten sich nicht mehr um ein alles ordnendes System sondern setzten sofort mit der inhaltlichen Kritik ein. Die Hauptfrage war nicht mehr die, was ist, sondern die, was sein soll[8]. Damit verband sich das Bemühen, ein spezifisches Naturrecht für den jeweiligen Staat und das jeweilige Volk zu finden[9]. Es fand so insbesondere unter dem Einfluß von Montesquieu eine Relativierung der zunächst absoluten Naturrechtsidee statt[10]. Die rechtswissenschaftliche Ausgestaltung des Vernunftsrechts fand unter dem Einfluß der Aufklärung statt[11]. Dadurch gewann der Gedanke des Naturrechts wieder mehr Gewicht als philosophische Idee im Gegensatz zur vorausgegangenen Periode[12]. Den Analytikern diente nicht mehr allein die mechanistische Methode, sondern auch wieder die Philosophie als Basis. Dieser Generation genügte es nicht mehr das Naturrecht zu entdecken, sie wollte es politisch verwirklichen[13].

Zu einer Verwirklichung kam aber im wesentlichen erst die dritte Generation, die Synthetiker. Sie waren es, die auf der Grundlage der entwickelten Systeme und Ideen an Kodifikationen arbeiteten und er-

---

[7] *Thieme,* Naturrecht, S. 16 ff.
[8] *Thieme,* Naturrecht, S. 16.
[9] *Thieme,* Spätes Naturrecht, S. 234; *Mitteis,* Naturrecht, S. 27.
[10] *Conrad,* Rechtsgeschichte, Bd. 2, S. 378.
[11] *Thieme,* Spätes Naturrecht, S. 229.
[12] *Wieacker,* Privatrechtsgeschichte, S. 312.
[13] *Thieme,* Naturrecht, S. 16.

lebten, daß diese zu Gesetzen wurden, oder daß diese Gesetze im Wege der Revolution — wie in Frankreich — durchgesetzt wurden.

3. Motive der Kodifikationen

Die Motive, die in den einzelnen Staaten letztendlich Kodifikationen Realität werden ließen, waren bedingt durch politische Verhältnisse und unterschiedliche Rechtsstrukturen von verschiedenem Gewicht. Um beurteilen zu können, welche dieser Motive auch in England hätten relevant sein und eine dortige Gesetzgebung hätten inspirieren können, sind diese im folgenden, wenn auch notwendig vereinfacht und typisiert, darzustellen.

a) Gesellschaftsreform

Die Gesetzgebung der Aufklärung soll nach den Vorstellungen der Naturrechtler aus dem Wust des historisch überlieferten Stoffes heraustreten und damit zugleich die Menschen aus der Fremdbestimmtheit einer veralteten und irrationalen Gesellschafts- und Rechtsstruktur befreien. Der Mensch soll auf Grund eigener vernunftmäßiger Erkenntnis und Entscheidung Recht schaffen[14]. Die alte „feudale Welt" des Mittelalters soll durch eine neue „bürgerliche Welt" ersetzt werden. In dieser neuen Gesellschaft soll das legitime Glücksstreben des Individuums mit der allgemeinen Wohlfahrt der Nation verbunden sein. Die gemeine Wohlfahrt, die „Gute Polizey", soll endgültig zum Staatszweck werden. Das Normensystem einer Kodifikation soll so nicht nur materielle Regelungen enthalten, sondern zugleich auch Mittel der Erziehung — der Aufklärung — zu Moral und Vernunft sein.

Die naturrechtlichen Kodifikationen unterscheiden sich damit grundlegend von früheren Gesetzessammlungen, da durch sie bewußt neue moralische und gesellschaftliche Wertmaßstäbe gesetzt werden sollen. Mit Hilfe der Neufassung und Neuordnung des Rechts soll die Gesellschaft auf eine neue Basis gestellt werden[15]. Kodifikationen auf dieser Grundlage waren damit inhaltlich Versuche einer materiellen Neuordnung der Gesellschaft. Es darf hierbei jedoch nicht verkannt werden, daß dieses Moment der Gesellschaftsreform in der Praxis der Gesetzgeber eine sehr unterschiedliche Ausformung erfahren hat. So blieben in Preußen etwa diese Ansätze aus politischen Gründen im Ergebnis weitgehend stecken, obwohl zunächst seine Verfasser eine viel weitergehendere aufklärerische Vorstellung verfolgt hatten[16]. In Frankreich

---

[14] *Thieme*, Kodifikation, S. 357.

[15] *Wieacker*, Privatrechtsgeschichte, S. 323 f.; *Thieme*, Spätes Naturrecht, S. 207, spricht vom „Wohlfahrtswert der Gesetze".

[16] Vgl. *Conrad*, Grundlagen.

dagegen konnte sich im Zuge der Revolution das Ideal der bürgerlichen Rechtsgleichheit und der individuellen Freiheit im Code Civil durchsetzen.

b) Rechtsvereinfachung

Verbunden mit der Vorstellung von der Neuordnung der Gesellschaft ist der Wunsch, daß Gesetze jedermann zugänglich, verständlich, volkstümlich und in der Form kurz und übersichtlich sein sollten[17]. In Deutschland ist weiter eine allgemeine Wendung gegen das römische Recht zu beobachten[18], dem man in erster Linie die Verantwortung für angebliche Fremdheit und Unsicherheit des Rechts anlastet. Unter dem Einfluß der Ideen Montesquieus beginnt die Suche — unter Fortbildung der nationalen Ansätze — nach einem Naturrecht, das historisch verwurzelt den gesellschaftlichen und regionalen Besonderheiten jeden Landes angepaßt ist.

c) Territoriale Rechtsvereinheitlichung

Für die Staaten des europäischen Kontinents war im Rahmen ihrer Entwicklung zu innerlich gefestigten und abgegrenzten Nationalstaaten eine gebietsmäßige Vereinheitlichung des Rechts in Anbetracht der vorhandenen Rechtszersplitterung auf Grund der territorialen Entwicklungen und der historischen Rechtstradition der einzelnen Landschaften eine Notwendigkeit[19]. Der Anspruch auf nationale Geschlossenheit nach außen und allgemeiner und gleichmäßiger staatlicher Organisation nach innen als notwendige Voraussetzungen zur Durchsetzung des Herrschaftswillens konnte nur durch ein gleichartiges und einheitliches Recht garantiert werden[20]. Diese Bestrebungen waren weniger ein Ergebnis spezifisch naturrechtlichen Denkens als der Wunsch des absolutistischen Staates, seine Herrschaftssphäre zu sichern, abzugrenzen und zu organisieren, zumal ihm mehr und mehr Aufgaben zuwuchsen oder von ihm okkupiert wurden[21].

---

[17] *Thieme*, Spätes Naturrecht, S. 207, 258 f.; *van Kan*, S. 376 f.; Vorbild ist auch hier *Montesquieu*, Esprit des Lois, XXIX. Buch, 16. Kapitel „Der Stil der Gesetze soll einfach sein ... Die Gesetze sollen nicht schwerverständlich sein; sie sind für Menschen mäßigen Verstandes gemacht; sie sollen nicht eine logische Kunst, wohl aber die einfache Vernunft des Hausvaters sein."

[18] *Conrad*, Landrecht, S. 2; *Thieme*, Spätes Naturrecht, S. 241 f.

[19] Das deutlichste Beispiel hierfür ist Preußen. Hier setzen die Kodifikationsbestrebungen mit dieser Motivation bereits 1714 ein. Für Frankreich vgl. *van Kan*, S. 368 f.

[20] Dieser Gesichtspunkt wurde später in Deutschland etwa bei Thibaut geradezu zum Mittel zur Erlangung der staatlichen Reichseinheit.

[21] Zum Verhältnis von Naturrecht und aufgeklärtem Absolutismus vgl. *Voltelini*, S. 65 ff.

d) *Systematische Rechtsvereinheitlichung*

Mit dem Wunsch nach effektiver Staatsverwaltung hängt eng die rechtssystematische Notwendigkeit zusammen, offene Rechtsfragen, etwa des gemeinen Rechts, positiv zu regeln, um Verwaltung und Wirtschaft einen vernünftigen und überschaubaren Rahmen zur Planung und zum Handeln zu geben, um auch auf diese Weise die „allgemeine Wohlfahrt" zu fördern. Das Gesetzbuch soll daher der Forderung nach einem „ius certum" entsprechend das Recht vollständig und eindeutig beinhalten. Unter dem Einfluß der Ideen des Vernunftrechts glaubte man als Gesetzgeber in der Lage zu sein, ein für seine Zeit gemäßes, richtiges Recht vollständig schaffen und so alle erdenklichen Verhältnisse und Fälle im voraus abschließend regeln zu können, denn der Theorie nach mußte ein auf der Grundlage des Naturrechts geschaffenes Gesetzbuch zwangsläufig lückenlos sein[22]. Kodifikation zur Zeit des Naturrechts bedeutet also nicht bloß Rechtsaufzeichnung eines zusammenhängenden Lebensbereichs, sondern auch die Unterordnung aller Rechtssubjekte unter die Herrschaft eines geschlossenen Normensystems, das in vorgestellt widerspruchsfreier Folge über einzelne Rechtssätze und Rechtsinstitute zu den obersten Begriffen und Grundsätzen aufsteigt[23]. Dieser Anspruch auf Vollständigkeit fand seine Konkretisierung entweder in einer ausgefeilten Kasuistik[24] oder in der Einführung abstrakter Begriffe und später von Generalklauseln im Rahmen einer Systematik, die durch eine logische Ordnung der Rechtsgebiete und eine durchgehend einheitlicher Begriffsbildung eine umfassende und lückenlose Regelung ermöglichen sollte. Es war eines der erklärten Anliegen der Vernunftrechtler gewesen, ein solches System mit Hilfe von notwendig abstrakten Begriffen und Formeln, die durch Deduktionen aus einigen Prämissen gefolgert wurden, zu schaffen[25]. In der Praxis beruhte die hierbei verwandte Systematik und Begriffsbildung auf den durch die Systematiker des Naturrechts weiterentwickelten Termini und Institutionen des gemeinen Rechts.

So hatten etwa in Frankreich ausgehend vom Droit Coutumier und Droit Écrit Jean Domat (1625 - 1692) und R. J. Pothier (1699 - 1772) mit ihren Werken ein System von Kategorien und Begriffen des französischen Rechts auf gemeinrechtlicher Basis geschaffen, auf das die Verfasser des Code Civil zurückgreifen konnten. Das preußische ALR fußte in seiner Systematik ebenfalls auf den Arbeiten der Naturrechtler, insbesondere denen Pufendorfs[26], wie es sich etwa in seinem Bild vom Men-

---

[22] *Thieme*, Kodifikation, S. 365 f.
[23] *Wieacker*, Kodifikationsidee, S. 34.
[24] Prägnantestes Beispiel hierfür ist das preußische ALR.
[25] *Thieme*, Spätes Naturrecht, S. 221 f.; *Schwarz*, Pandektensystem, S. 3 f.
[26] *Wesenberg*, S. 130; *Böhmer*, Bd. II/1, S. 38.

schen als Einzelwesen und seinen Rechten einerseits und als Glied der Gemeinschaft andererseits zeigt. Das österreichische ABGB folgt im wesentlichen dem Vorbild des römischen Institutionensystems[27].

e) Wissenschaftsfeindlichkeit

Aus dem Bestreben, Gesetzesbücher so ausführlich und vollständig wie möglich — also in der Theorie lückenlos — und in einer allen verständlichen Sprache zu schaffen, erwächst die weitere Forderung, daß Richter und Rechtsgelehrte die getroffenen Regelungen nicht im Wege der Kommentierung, Auslegung oder Ausfüllens angeblicher Lücken sollten verändern oder ergänzen dürfen[28]. Falls doch Zweifel auftauchten, sollten diese durch den hierzu allein berufenen Gesetzgeber geklärt und eine verbindliche Lösung getroffen werden. Diese Haltung ist einmal das Ergebnis des theoretischen Ansatzes einer vorgestellten Lückenlosigkeit des Gesetzbuches und zum anderen Ausdruck des Unbehagens gegenüber den Umständlichkeiten und dem gemeinrechtlichen Traditionalismus der herrschenden Rechtswissenschaft des usus modernus[29]. Der Richter sollte zum „Mund des Gesetzes"[30] oder, überspitzt, zum „Subsumtionsautomaten"[31] werden[32]. Verpönt war daher auch eine Auslegung aus historischen Gesichtspunkten, etwa aus dem System und den Begriffen des gemeinen Rechts. Das Gesetz sollte allein aus sich selbst heraus begriffen werden[33]. Diese Haltung ließ sich jedoch, wie man bald erkannte, in der Praxis nicht konsequent durchführen. Stand das ALR, die früheste der großen Kodifikationen, noch auf dem strikten Standpunkt, daß der Richter nicht berechtigt sei, auftauchende Zweifelsfragen selbst zu entscheiden[34], so wurden derartige Regelungen in den späteren Gesetzbüchern, etwa im Code Civil[35] und dem ABGB[36],

---

[27] *Wesenberg*, S. 134.

[28] *Wieacker*, Privatrechtsgeschichte, S. 332; *Thieme*, Spätes Naturrecht, S. 228 f., 240 f.; *van Kan*, S. 338 f.; *Lukas*, Gesetzgeber.

[29] *Koschaker*, S. 181 f. mit zahlreichen Zitaten. *Thieme*, Naturrecht, S. 43 f.

[30] *Montesquieu*, Livre XI, chap. 6, "Les juges de la nation ne sont que la bouche qui prononce les paroles de la lois, des êtres ... qui n'en purvent modérer ne la force ni la regeur."

[31] *Böhmer*, Bd. II/1, S. 39.

[32] Als typisch mag folgendes Zitat gelten: „Lieber unter der Willkür eines Gesetzes stehen als unter der Willkür eines Urteilsmachers." (*B. C. D. Erhard*, Versuch einer Kritik des allgemeinen Gesetzbuches für die preußischen Staaten, Leipzig 1792, S. 254, Zitat bei *Thieme*, Spätes Naturrecht, S. 228, Anm. 4.) Interessant ist der Vergleich zu dem sehr ähnlichen Ausspruch Benthams (s. u. Siebentes Kapitel) für die Verhältnisse Englands.

[33] *Thieme*, Kodifikationsidee, S. 387 mit Zitaten.

[34] ALR Einl. §§ 46 ff. Diese Bestimmung wurde jedoch praktisch durch die Kabinettsordres von 1798 und 1806 weitgehend in ihrer Bedeutung eingeschränkt.

[35] Code Civil, Titre Préliminaire, Art. 4 ff. Ursprünglich war jedoch auch hier eine sehr viel engere Bindung des Richters vorgesehen, vgl. *Neumann*, S. 21 f.

dahin gelockert, daß der Richter ermächtigt wurde, im Zweifelsfall entsprechend den „natürlichen“ Rechtsgrundsätzen zu entscheiden.

II. Aufklärung und Naturrecht in England

1. Aufklärung und Naturrecht

Die Idee des Naturrechts als eines höheren Rechts und Maßstab aller menschlichen Gesetze hat auch in England eine lange und feste Tradition. So wirkten im Mittelalter etwa Duns Scotus und Wilhelm von Ockham nicht nur auf die englische Geistesgeschichte ein, sondern beeinflußten das ganze abendländische Denken[1]. Im 15. Jh. stellte Fortescue in seinem Werk „De Natura Legis Naturae“ (1461/63) in Anlehnung an Thomas von Aquin eine Lehre über die Beziehungen zwischen dem übergeordneten göttlichen Recht und dem menschlichen positiven Gesetz auf, in der ersteres zur verbindlichen Richtschnur allen Rechts erklärt wurde[2]. In dem weitverbreiteten Lehrbuch „Doctor and Student“ von St. Germain (1523)[3] wird dieser Gedanke aufgenommen[4] und das Naturrecht mit dem „law of reason“ gleichgesetzt und damit die Tradition der englischen Richter begründet, sich bei Entscheidungen von Zweifelsfragen auf „reason“ als Grundlage zu berufen[5]. In der Sache steht dies einer Bezugnahme auf übergeordnete Sätze des Naturrechts gleich. Wie das übrige Europa wurde dann auch England im ausgehenden 16. Jh. von einer neuen Bewegung aufklärerischen und naturrechtlichen Denkens erfaßt[6] und leistete insbesondere mit den Werken von Thomas Hobbes (1588 - 1679) und John Locke (1632 - 1704) einen wesentlichen Beitrag zur Entwicklung einer neuen Staats- und Gesellschaftslehre[7]. In England spielten insbesondere bei den religiösen und politischen Auseinandersetzungen des 17. Jh. naturrechtliche Argumente eine wesentliche Rolle[8] und drangen auf diesem Wege in das allgemeine Rechts- und Gesellschaftsbewußtsein ein, so daß im 18. Jh. naturrechtliches Denken fester Bestandteil der englischen Philosophie und Wissenschaft ist.

---

[36] ABGB § 7.

[1] *Welzel*, S. 67 ff.

[2] *Heymann*, Fortescue, S. 615 ff.

[3] *Holdsworth*, Some Makers, S. 94 ff.

[4] “If any general custom were made directly against the law of God, or if any statute were made directly against it: as if it were ordained that no alms should be given for no necessity, the custom and statute were void.” (Zitat und Übersetzung bei *Allen, S.* 446 f.)

[5] *Rinck*, S. 66; *Holdsworth*, History II, S. 602 f.

[6] Vgl. allgemein *Hampson; Valjavec*, S. 147 f.

[7] *Holdsworth*, History X, S. 7 ff.

[8] So wurde James II. u. a. offiziell wegen Bruchs des Sozialkontrakts zwischen Krone und Volk verurteilt.

Die Ideen von Locke wurden insbesondere für die verfassungsrechtliche Entwicklung Englands im 17. und 18. Jh. von großer Bedeutung. Seine These eines vorstaatlichen, natürlichen Rechts auf Eigentum, das der Staat zu schützen habe, und durch den folglich auch Leben und Freiheit als weitere Grundrechte zu garantieren seien, wurde in Verbindung mit der weiteren von ihm vertretenen Theorie der Volkssouveränität, zur Grundlage des englischen Verfassungsdenkens des 18. Jh. Diese Ansichten waren politisch zugleich Legitimation und Begründung der Glorious Revolution von 1688. Die frühe naturrechtliche Diskussion in England hatte also zum Kernpunkt die Frage, was höchster und verbindlicher Maßstab — fundamental law — der Staats- und Rechtsordnung sei, und wie der Staat diese zu schützen habe[9]. Nachdem mit den Ereignissen von 1688 nach langen inneren Kämpfen die Ziele des frühnaturrechtlichen Denkens in England als verwirklicht galten, traten diese Fragen im philosophischen Denken und der öffentlichen politischen Diskussion bis zum Ende des 18. Jh. in den Hintergrund. Das Interesse wandte sich nun allgemein aufklärerisch philosophischen Fragen der Geschichte[10], Religion (Deismus, Natural Religion) und des Verhältnisses von Vernunft und Ethik zu. Mit der Konsolidierung der englischen Gesellschaft des 18. Jh. verloren also Aufklärung und Naturrecht für lange Zeit ihren radikalen und revolutionären Impetus, da es nicht mehr notwendig erschien, sie als Instrument gegen die Doktrin eines staatlichen Absolutismus zu verwenden, nachdem die gefundene Verfassungsform der Realität auch der gesellschaftlichen Machtstrukturen entsprach. Das Naturrecht verblieb daher im England des 18. Jh. lediglich in seiner traditionellen, klassischen Stellung als religiös-moralische Größe[11]; oberstes Prinzip von Recht und Gerechtigkeit.

Eine Strömung des naturrechtlichen aufklärerischen Denkens setzte sich in England jedoch fort und erlebte durch die amerikanische und französische Revolution eine Wiederbelebung. Es ist der Gedanke einer natürlichen Freiheit und Gleichheit des Menschen, die es in der politischen Realität durchzusetzen gelte[12]. Die Vertreter[13] dieser Idee stehen in der Tradition englischen naturrechtlichen Denkens, das sich seit den Zeiten von Hobbes und Locke in erster Linie auf die Gebiete der Staats- und Verfassungslehre konzentrierte. Die Auseinandersetzung um diese Fragen findet im Rahmen der Diskussion um eine Reform des Parla-

[9] *Gough*, S. 66 ff.

[10] *Meinecke*, S. 193 ff.

[11] *Wieacker*, Privatrechtsgeschichte, S. 279; *Holdsworth*, History II, S. 602 ff.; *Neumann*, S. 17.

[12] *Halévy*, S. 136 ff.; *Holdsworth*, History XIII, S. 3 ff.

[13] Zu nennen sind hier in erster Linie Thomas Paine, Rights of Man (1791) (vgl. *Holdsworth*, History XIII, S. 19 ff.), Richard Price, Observations on the Nature of Civil Liberty (1776) und John Cartwright, Take your Choice (1776).

ments statt und entfaltet hier ihre politische Stoßkraft, wenn sie auch bei der Mehrheit im Parlament auf entschiedene Ablehnung stößt.

So führte etwa Lord North 1775 aus[14]:

> "If he (Wilkes) should prevail, he assured him, it would cause great discontent and, he would find it no easy task to prevail on those who had an interest in the boroughs, which he bestowed so many hard names, to sacrifice to ideal schemes of reformation, so beneficial a species of property."

Auch in späteren Debatten artikuliert sich in Ablehnung dieser neuen Theorien, die als Gefahr des Umsturzes der bestehenden Verhältnisse empfunden werden[15].

2. Einfluß des Naturrechts auf die Rechtswissenschaft

Die oben skizzierte Wandlung des Interesses im Denken spielte auch für das Verhältnis von Naturrecht und Rechtswissenschaft im England des 18. Jh. eine erhebliche Rolle. Bevor jedoch auf dieses Verhältnis näher eingegangen wird, sind kurz die Positionen in den früheren Jahrhunderten darzustellen, um so die Entwicklung in einen größeren Zusammenhang stellen zu können.

Die Problematik der Spannung zwischen positivem und überpositivem Recht zeigte sich in England im besonderen bei der Frage nach möglichen Schranken der gesetzgeberischen Kompetenz des Parlaments[16] und damit im Zusammenhang stehend bei dem Problem, inwieweit den Gerichten eine Kontrollfunktion gegenüber Akten des Parlaments zusteht[17].

Vom Mittelalter bis in die Neuzeit galt allgemein die Ansicht, daß Maßstab jeden Rechts die vorgegebene göttliche Rechtsordnung sei, der kein menschlicher Rechtssatz zuwiderlaufen dürfe[18], und daß diese

---

[14] *Parlt. Hist.* CVIII, S. 1297.

[15] Vgl. etwa Captain *Luttrell* 1783 (Parlt. Hist. XXIII, S. 866): "It was left to modern political artists to prune and to lop its (constitution) expanded branches; ..."; *Eden* 1784 (Parlt.Hist. XXIV, S. 763): "... if the House once began to alter the present form which had stood for ages, and answered every end that could be desired, they would open a repository, a manufactury for all the visionary schemes that wild and distracted politicians could invent."; *Lord Mulgrave 1785* (Parlt.Hist. XXV, S. 463): "... he saw great danger in countenancing any attempt to build up a constitution on speculative propositions."; *Lord Loughborough* 1795 (Parlt.Hist. XXXII, S. 206): "... The fatal effects of building up government upon wild and idle theories had, by the example of the French been sufficiently shown, ..." Vgl. auch unten Achtes Kapitel, II.

[16] Vgl. allgemein zur Entwicklung *Gough*, insbesondere S. 3 ff., wo er einen kritischen Überblick zum Meinungsstand der angloamerikanischen Literatur gibt.

[17] Vgl. allgemein *Vollmer*.

[18] *Holdsworth*, History II, S. 443 f.; History VI, S. 218 ff.; *Pollock*, Law of Nature, S. 57 ff.

Bindung für Parlament und Gerichte gelte. Aus der Praxis sind jedoch nur wenige Entscheidungen bekannt, in denen dieses Problem angeschnitten worden wäre[19]. Eine solche Auseinandersetzung war einerseits in bezug auf das Statute Law auch kaum notwendig, da einmal bis in das 16. Jh. keine festen Regeln über die Auslegung von Gesetzesrecht bestanden[20], die Richter die Gesetze großzügig interpretieren oder sogar übergehen konnten, ohne daß dies irgendwie theoretisch unter Bezugnahme auf höherrangige Normen begründet werden mußte. Für das Common Law andererseits stellte sich dieses Problem insofern nicht, als es nach allgemeiner Ansicht durch die Richter gefundenes, präexistentes und daher aus sich selbst heraus legitimiertes Recht war. Es wird, durch die Tradition gerechtfertigt, zur verpflichtenden Rechtsüberzeugung für alle von dem, was „recht und billig" ist. Als der vorgestellte consensus omnium über das, was Recht ist, verkörpert es so zugleich das Rechtsgewissen aller und erhält schon daher aus dieser seiner Natur eine verpflichtende Kraft gegenüber jedermann[21]. Die historisch gerechtfertigte Überzeugung der Rechtssubjekte kann nicht gegen das Prinzip der Gerechtigkeit verstoßen. Damit wird das Common Law zur vorgegebenen Rechtsordnung, die dann später als naturrechtlich bezeichnet wird, um es der Philosophie der Zeit gemäß zu legitimieren, da die alleinige Berufung darauf, daß es gutes, altes Recht sei und darauf seine Priorität gründe, so nicht mehr aufrecht erhalten werden kann.

Im Laufe der Zeit entwickelten sich jedoch mehr und mehr methodische Regeln über Funktion und Auslegung der Statutes, die den Spielraum der Gerichte zunehmend einschränkten. In dem Maße, wie die Autorität des Parlaments als Gesetzgeber wuchs, in dem Maße wuchs auch für die Gerichte die Verpflichtung, sich strenger an den Wortlaut der Gesetze zu halten. Damit stellte sich nun auch verschärft die Frage nach dem Verhältnis von Common Law und Statute Law. Im Jahre 1584 werden im Heydon's Case[22] erstmalig die Grundsätze über das Verhältnis von Common Law und Statute Law festgelegt, die für die nächsten Jahrhunderte das funktionale Verhältnis umschreiben:

---

[19] Anzuführen sind hier der Thomas Tregor's Case (1334), Y.B. 8 Edward 3, S. 30; Cessavit 42 (1360), E.R. 77, S. 653; Annuitie 41 (1449), Fitzherbert, Abridgement; Strowd's Case (1575), E.R. 123, S. 345. Eine ausführliche Erläuterung und Würdigung dieser Entscheidungen findet sich bei *Vollmer*, S. 65 ff. Vollmer setzt sich ausführlich mit der angloamerikanischen Literatur zu der Frage einer möglichen materiellen Gesetzeskontrolle durch die Gerichte, die in diesen Entscheidungen im Ansatz vorhanden sein könnte, auseinander. In seinen Ergebnissen scheint er jedoch mitunter diese Urteile, ausgehend von einer modernen Anschauung, überzuinterpretieren.

[20] *Gough*, S. 20.

[21] *Wolf*, Naturrechtslehre, S. 154 ff.

[22] 3 Rep. 7a.

"It was resolved by the Barons of the Exchequer that for the sure and true interpretation of all statutes in general (be they penal or beneficial, restrictive or enlarging of the Common Law) four things are to be discussed and considered: 1st, What was the Common Law before the making of the Act; 2nd, What was the mischief and defect for which the Common Law did not provide; 3rd, What remedy the Parliament hath resolved and appointed to cure the disease of the commonwealth; and 4th, The true reason of the remedy; and then the office of all the judges is always to make such construction as shall suppress the mischief and advance the remedy, and to suppress subtle inventions and evasions for continuance of the mischief, and pro privato commodo, and to add force and life to the cure and remedy according to the true intent of the makers of the Act pro bono publico."

Die Statutes werden also in dem engen Rahmen der Ergänzung und Besserung des Common Law gesehen, nur in diesem Rahmen besteht ein Auslegungsspielraum. Diese Umschreibung stellt jedoch eine nur funktionale Einschränkung des Statutes dar, nicht jedoch notwendig eine inhaltliche, da, wenn das Statute sich nur entsprechend klar genug ausdrückt und die Auslegung ein eindeutiges Resultat ergibt, es so auch feste und althergekommene Prinzipien des Common Law ändern könnte. Diese Frage wurde im 16. und 17. Jh. durchaus gesehen und diskutiert. Wenn das Common Law gegenüber dem Statute Law prinzipiell ein höherrangiges Recht sein sollte, so mußte es seinerseits eine Legitimation besitzen, die über der des Parlaments stand. Eine solche Legitimation konnte darin gesehen werden, daß das Common Law Ausdruck eines präexistenten Rechts sei, sei es göttliches Recht, sei es Naturrecht oder gutes, altes Recht im mittelalterlichen Sinne.

Bei der inhaltlichen Auslegung der Statutes nahmen sich die Gerichte zunächst nach wie vor große Freiheit. So besagte ein im 16. Jh. und 17. Jh. geläufiger Grundsatz, daß Gesetze „by equity" auszulegen seien[23]; das heißt, daß jede Auslegung sich unabhängig vom Wortlaut daran orientieren könne und müsse, was der Gesetzgeber vernünftigerweise mit seiner Norm gewollt habe. Hierbei wird mit dem Begriff „reason", seltener mit dem von „nature" gearbeitet. Dieser Ansatz diente in erster Linie dazu, Rechtfertigungen für Analogiebildungen und zur Ausfüllung von Gesetzeslücken zu finden. So heißt es 1574 in Eyston v. Studd[24]:

"Experience shows us that no lawmakers can foresee all things which may happen and therefore it is fit that if there is any defect in the law, it should be reformed by equity, which is no part of the law, but a moral virtue which corrects the law . . ."

Eine besondere Stellung in dieser Diskussion um die Abgrenzung von Common Law und Statute Law nimmt ein Urteil von Coke, der

---

[23] *Allen*, S. 451 ff.; *Plucknett*, History, S. 334 f.; *Gough*, S. 20 ff.

[24] *Eyston v. Studd* (1574), Plow. 459 (465).

sogenannte Bonham's Case (1610)[25] ein. In dieser Entscheidung führte Coke aus:

> "And it appears in our books, that in many cases the common law will controul acts of Parliament, and sometimes adjudge them to be utterly void: for when an act of Parliament is against common right and reason, or repugnant, or impossible to be performed, the common law will controul it, and adjudge such Act to be void."

Damit wird daś Gesetzgebungsrecht des Parlaments der Bindung an „common right and reason"[26], so wie diese letztlich im Common Law manifestiert seien, unterworfen[27]. Das Common Law erhält so eine doppelte Qualität, einmal ist es positives Recht, das im Sinne des Heydon's Case durchaus Veränderungen und Ergänzungen unterworfen ist, zum anderen enthält es bestimmte Grundprinzipien[28], die nicht antastbar sind, weil sie als göttlich und naturrechtlich legitimiert gelten[29]. Im letzteren Bereich besteht also eine Identität von Common Law und Naturrecht und damit insoweit eine Bestandsgarantie für das Common Law. Eine Rechtfertigung dieser herausragenden Stellung von Grundsätzen des Common Law erfolgte durch dessen Verknüpfung mit einem göttlichen Naturrecht[30]. Am 7. Juli 1604 erklärte der Speaker des Parlaments[31]:

> " ... the Laws, whereby the Ark of this government hath been ever steered, are of three kinds: the first, the Common Law, grounded or drawn from the Law of God, the Law of Reason, and the Law of Nature, not mutable; the second, the positive Law, founded, changed an altered by and through the Occasions und Policies of Times; the third, Customs and Usages, practised and allowed with Time's approbations, without known beginnings."

---

[25] E.R. 77, S. 646 ff. Zur Darstellung des materiellen Streits in diesem Fall, der Frage inwieweit jemand Richter in eigener Sache sein kann, vgl. *Vollmer*, S. 88 ff.; *Holdsworth*, History II, S. 443.

[26] „Reason" ist für Coke jedoch nicht die allgemeine menschliche Vernunft, sondern „artificial reason", die Vernunft des Rechts, erklärt und gefunden durch den geschulten Juristen. Vgl. *John U. Lewis*, S. 330.

[27] Streitig sind die Motive Coke's bei dieser Entscheidung. Weithin wird angenommen (*Allen*, S. 449; *Lévy-Ullmann*, S. 230 ff.), daß er auf Grund politischer Überlegungen versuchte, den Bestand des Common Law vor gesetzgeberischen Eingriffen der Stuarts zu sichern.

[28] Art und Umfang dieser Grundsätze blieben jedoch weitgehend ungeklärt. Es gehörten hierher u. a. bestimmte durch das Common Law bestätigte Praerogativrechte der Krone und der Grundsatz „nemo judex in propria causa."

[29] Dieses überpositive Recht wird bald „Law of God", bald „Law of nature" oder auch „common right and reason" genannt, Begriffe, die im Grunde den gleichen Sachverhalt bezeichnen. Die Diskussion dieser Fragen im 17. Jh. ist vielfältig. Ihr Verständnis heute wird jedoch dadurch erschwert, daß keine klaren Begriffsabgrenzungen bestanden und die Zitate daher nicht selten widersprüchlich erscheinen oder auch tatsächlich sind und so den verschiedensten Auslegungen Raum geben.

[30] *Holdsworth*, History II, S. 443 f.; History VI, S. 218 f.: History X, S. 530 f.

[31] *Commons Journal I*, S. 254 a.

Auch Coke äußerte sich 1612 in Rowles v. Manson entsprechend[32]:

"Coke Chief Justice agreed ... that the law exists of three parts. First, common law. Secondly, statute law, which corrects, abridges, and explaines the common law:

the third, custom which takes away the common law: but the common law corrects, allows, and disallows, both statute law, and custom, for if there be repugnancy in statute, or unreasonableness in custom, the common law disallowes and rejects it, as it appears by Doctor Bonham's Case."

Eine weitere Äußerung dieser Art stammt von Richter Keble aus dem Jahre 1651 in Rex v. Love[33]:

"... there is no law in England, but is as really and truly the law of God as any Scripturephrase, that is by consequence from the very texts of Scripture: For there are very many consequences reasoned out of the texts of Scripture in the law of England the very consequence of the very decalogue itself: and whatsoever is not consonant to Scripture in the law of England ...: Whatsoever is not consonant to the law of God in the Scripture, or to right reason, which is maintained by Scripture; whatsoever is in England, be it acts of parliament, customs, or any judicial acts of the Courts, it is not the law of England, but the error of the party, which did pronounce it; and you or any man else at the bar may so plead it."

Diese Meinung von der Stellung des Common Law steht jedoch im prinzipiellen Widerspruch zum Gedanken der Souveränität des Parlaments, der sich langsam seit dem 16. Jh. auszuformen begann[34]. Coke selbst führte aus[35]:

"The power and jurisdiction of parliament ... is so transcedent and absolute, as it cannot be confined either for causes or persons within any bounds."

Zu berücksichtigen ist jedoch auch hier, daß es weder im 16. noch im 17. Jh. eine feste Lehre zu diesen Fragen gab, sondern daß hier Ideen und Dogmen im Entstehen waren, die zwar einander widersprachen, deren Gegensätzlichkeit aber, wie noch zu zeigen sein wird, auch im 18. Jh. noch nicht theoretisch aufgelöst worden war, nachdem sich die Waagschale endgültig zugunsten einer absoluten Autorität des Parlaments geneigt hatte.

Der extreme Standpunkt von Coke, daß das Common Law als Ausdruck des Naturrechts letztlich Kontrollnorm gegenüber dem Gesetzesrecht des Parlaments sei, konnte sich nicht durchsetzen. Sein Ansatz

---

[32] E.R. 123, S. 892 (895).

[33] Rex v. Love, 5 St. Tr. 43, 172.

[34] Diese Idee wird in der Literatur nicht selten als „parlamentarischer Absolutismus" im Vergleich zum „monarchistischem Absolutismus" auf dem Kontinent bezeichnet.

[35] *Coke IV, S. 36.* (Hier zitiert nach *Vollmer,* S. 84). Zum Versuch der Auflösung dieses Widerspruchs vgl. *Vollmer,* S. 109 ff.

jedoch, daß das Common Law zumindest in Teilbereichen eine Verkörperung des Naturrechts, der Vernunft, sei, blieb erhalten. Die Übernahme und Weiterführung[36] dieser Theorie beeinflußte das Rechtsdenken bis weit in das 18. Jh.; das englische Recht wird zur „perfection of reason“[37].

In weiteren Entscheidungen des 17. und 18. Jh. setzt man sich zwar noch mit der Frage auseinander, inwieweit naturrechtliche Prinzipien Maßstab richterlicher Kontrolltätigkeit gegenüber Akten des Parlaments sein können[38], doch distanziert man sich zunehmend ausdrücklich oder stillschweigend von der Ansicht von Coke. Diese Entwicklung ist ein Zeichen der zunehmend sich durchsetzenden Idee der legislativen Souveränität des Parlaments, die solche kontrollierenden Eingriffe durch die Rechtsprechung im Ergebnis verbietet[39].

Als Folge dieser Entwicklung wird auch die Praxis, Statutes „by equity“ auszulegen, aufgegeben[40]. Zu Beginn des 18. Jh. steht dann das

---

[36] Vgl. z. B. Rex v. Love, wo im Grunde erklärt wird, daß zwischen dem geltenden Recht und dem „Law of God“ eine prinzipielle Widerspruchslosigkeit besteht.

[37] *Lévy-Ullmann*, S. 222; *Gough*, S. 174 ff.; *Amos*, S. 6; *Blackstone*, Bd. I, S. 70: "And hence it is that our lawyers are with justice so copious and in their encomiums on the reason of the common law; that they tell us, that the law is the perfection of reason, that it always intends to conform thereto and what is not reason is not law."

[38] *Hobart* in Day v. Savadge (1614) E.R. 80, S. 235 ff., stellte noch fest: „It was against right and justice and against natural equity to allow them their certificate, wherein they are to try and judge their own cause." Allerdings wird hier schon nicht mehr wie bei Coke, dessen Bonham's Case nicht einmal zitiert wird, mit einer angeblichen Identität von Common Law und Naturrecht argumentiert. *Holt* in City of London v. Wood (1701) E.R. 88, 1592 ff., kommt zwar bei dem Problem nemo judex in propria causa auch noch zu dem Ergebnis, daß dies nicht zulässig sei, ist jedoch in seiner Begründung schon weniger deutlich: "... And what my Lord Coke says in Dr. Bonham's Case in his 8. Co. is far from any extravagancy, for it is a very reasonable and true saying, that if an Act of Parliament should ordain that the same person should be party and Judge, or, which is the same thing, Judge in his own cause, it would be a void Act of Parliament; for it is impossible that one should be Judge and Party, for the Judge is to determine between party and party, or between the Government and the party; and an Act of Parliament can do no wrong, though it may do several things that look pretty odd; for it may discharge one from his allegiance to the Government he lives under, and restore him to the state of nature; but it make one that lives under a Government Judge and Party." Wenig später entscheidet *Powys* in The Duchess of Hamilton's Case (1712) E.R. 88, S. 651 ff., daß es zwar eine naturrechtliche Schranke gebe, doch äußert er erste Bedenken: "In the case of Day v. Savadge it is indeed said, that an Act of Parliament may be void from its first creation, as an Act against natural equity; for jura naturae sunt immutabilia, sunt leges legum. But this must be a very clear case, and Judges will strain hard rather than interpret an Act void ab initio." In *Great Charter v. Kennington* (1742) E.R. 93, S. 1107 ff., wird schließlich an den Verstoß gegen den Grundsatz, daß niemand Richter in eigener Sache sein dürfe, nicht mehr die Folge der Unwirksamkeit geknüpft, da das Gesetz dies zulasse.

[39] *Allen*, S. 448 f.; *Plucknett*, History, S. 337; *Gough*, S. 31 ff.

[40] *Allen*, S. 455.

Parlament bereits mehrheitlich auf dem Standpunkt, daß es in seiner Kompetenz nicht beschränkt sei[41], zumal seit der Glorious Revolution auch die bisher selbständigen originären Prärogativrechte der Krone einer parlamentarischen Legitimation bedürfen. Im 18. Jh. ist schließlich so nach den Verfassungskämpfen des 17. Jh. in der englischen Lehre unbestritten, daß das Parlament frei ist, Gesetze für jeden Zweck und mit Bindungskraft gegenüber jedermann — auch dem König — zu erlassen[42]. Das Parlament ist der souveräne und absolute Gesetzgeber[43].

Blackstone drückt dies wie folgt aus:

"An act of parliament, thus made, is the exercise of the highest authority that this kingdom acknowledges upon earth. It hath power to bind every subject in the land, and the dominions thereunto belonging; nay, even the king himself, if particularly named therein. And it cannot be altered, amended, dispensed with, suspended, or repealed, but in the same forms and by the same authority of parliament[44]."

"It hath sovereign and uncontrolable authority in making, confirming, enlarging, restraining, abrogating, repealing, reviving, and expounding of laws, concerning matters of all possible denominations, ecclesiastical, or temporal, civil, military, maritime, or criminal: this being the place where that absolute despotic power, which must in all governments reside somewhere, is entrusted by the constitution of these kingdoms. All mischiefs and grievances, operations and remedies, that transcend the ordinary course of the laws, are within the reach of this extraordinary tribunal. It can regulate or new model the succession to the crown; as was done in the reign of Henry VIII. and William III. It can alter the established religion of the land; as was done in a variety of instances, in the reigns of king Henry VIII. and his three children. It can change and create afresh even the constitution of the kingdom and of parliaments themselves; as was done by the act of union, and the several statutes for triennial and septennial elections. It can, in short, do every thing that is not naturally impossible; and therefore some have not scrupled to call its power, by a figure rather too

---

[41] Als Beispiel für die Überlegungen mag dienen, daß 1716 in der Debatte des Unterhauses über die Septennial Act, durch die die Amtszeit des Parlaments von 3 auf 7 Jahre verlängert wurde, von einigen Abgeordneten, wenn auch vergeblich, dahin argumentiert wurde, daß das Parlament keine unbeschränkte Kompetenz habe, und daß in diesem Falle eine Gesetzesänderung nicht zulässig sei. So führte der Abgeordnete *Hutchison* aus (Parlt.Hist. VII, S. 349): "I will readily agree that the powers given to the people by their representatives are very large, but I can by no means go to the length of some gentlemen, to think them absolutely unlimited, or that such ill use may not be made of that power, as to amount to a forfeiture thereof." (*Gough*, S. 180 ff.; *Holdsworth*, History X, S. 529 f.)

[42] Dieser Grundsatz ist jedoch bis heute nur — wenn auch herrschende — Literaturmeinung. Eine gerichtliche Entscheidung, die dieses Prinzip zur ratio decidendi gemacht hätte, oder ein Gesetz, das diesen Grundsatz postuliert, existieren nicht. Vertreter einer Lehre der absoluten Souveränität des Parlaments sind etwa Blackstone, Dicey, Anson, Phillips, E. C. S. Wade, Plucknett, Holdsworth, H. W. R. Wade.

[43] *Allen*, S. 445 f.; *Lévy-Ullmann*, S. 224 ff.; *Gough*, S. 174 ff.

[44] *Blackstone*, Bd. I, S. 185.

bold, the omnipotence of parliament. True it is, that what the parliament does, no authority upon earth can undo[45]."

Dieser Standpunkt spiegelt nicht nur eine politische Theorie wider, er ist feste Doktrin in Verfassungsrecht und Rechtsprechung. Damit ist auch jeder kontrollierenden Rechtsprechung gegenüber Akten des Parlaments im Grunde der Boden entzogen. Das Statute Law geht nunmehr allen anderen Rechtsquellen im Range vor. Der Gesetzgeber ist frei für jeden beliebigen Eingriff in Common Law und Equity. Diese Konsequenz wird zwar noch nicht in aller Schärfe erkannt, erst im 19. Jh. erfolgt hier eine klare Trennung[46], doch ist das Ergebnis für die gerichtliche Praxis eindeutig[47].

Typisch für das England des 18. Jh. ist auch hier die Stellung Blackstones zu diesem Problem. Indem er ausdrücklich die noch von Coke in Bonham's Case vertretene Ansicht zurückweist, führt er aus:

> "Lastly, acts of parliament that are impossible to be performed are of no validity; and if there arise out of them collaterally any absurd consequences, manifestly contradictory to common reason, they are, with regard to those collateral consequences, void. I lay down the rule with these restrictions; though I know it is generally laid down more largely, that acts of parliament contrary to reason are void. But if the parliament will positively enact a thing to be done which is unreasonable, I know of no power that can control it: and the examples usually alledged in support of this sense of the rule do none of them prove, that where the main object of a statute is unreasonable the judges are at liberty to reject it; for that were to set the judicial power above that of the legislature, which would be subversive of all government. But where some collateral matter arises out of the general words, and happens to be unreasonable; there the judges are in decency to conclude that this consequence was not foreseen by the parliament, and therefore they are at liberty to expound the statute by equity, and only quoad hoc disregard it[48]."

Der Begriff „void" bedeutet hier also nicht, daß ein Gesetz als solches ungültig ist[49], sondern daß das Gericht einer solchen möglichen Aus-

---

[45] *Blackstone*, Bd. I, S. 160 f.

[46] So wird in dem Urteil Rex v. Inhabitants of Cumberland (1795) E.R. 101, S. 507 ff., zwar ein zweifelhaftes Gesetz — § 5 der Bridges and Highways Act, 1701 (1 Anne St. 1 c. 18) — ausdrücklich übergangen, doch wird dies nicht mehr mit naturrechtlichen Grundsätzen begründet, sondern man beruft sich mit Hilfe zahlreicher Präjudizien darauf, daß es obsolet geworden sei, obwohl mühelos eine Begründung im Sinne der oben zitierten Urteile hätte erfolgen können. (Vgl. *Vollmer*, S. 120 ff.)

[47] Ein endgültiger Schlußstrich wird in Lee v. Bude and Torrington Junction Railway Company (1871) C.P. Bd. 6, S. 576 ff., gezogen.

[48] *Blackstone*, Bd. I, S. 91.

[49] In diesem Zusammenhang zitiert Blackstone auch das schon von Coke verwandte Beispiel, daß das Parlament ein Gesetz erlasse, das im Ergebnis eine Person zum Richter in eigener Sache mache und kommt anders als Coke in Übereinstimmung mit der Rechtsprechung seiner Zeit zum Ergebnis, daß kein Gericht ein solches Gesetz unter Berufung auf irgendwelche höheren Normen für unwirksam erklären könne (*Blackstone*, Bd. I., S. 91).

legung nicht folgen dürfe, sondern eine andere „vernünftige" suchen müsse[50]. Diese Passage steht in dem Abschnitt „Of the Laws of England". In dem vorangehenden allgemeineren Abschnitt, „Of the Nature of Laws in General" hatte er dagegen noch ausgeführt:

> "Nay if any human law should allow or injoin us to commit it (i. e. murder), we are bound to transgress that human law, or else we must offend both the natural and the divine[51]."

Dieser Widerspruch, wenn es überhaupt einer ist[52], spiegelt im Grunde den Erkenntnisgrad der englischen Rechtswissenschaft des 18. Jh. wider. Das Problem von einerseits absoluter Macht des Parlaments und andererseits Bindung an „nature" und „reason" ist noch nicht endgültig gelöst. Man beschränkt sich ganz im traditionellen Sinne des Naturrechts darauf, in der Theorie festzustellen, daß kein menschliches Recht gegen fundamentale Grundsätze der Gerechtigkeit verstoßen dürfe, ohne daß dies jedoch genauer dargestellt, legitimiert und Konsequenzen gezogen würden[53]. Es bleibt also im Grunde bei einem moralischen Appell.

Eine weitere Ursache, die dazu beigetragen hat, daß sich eine systematische Naturrechtslehre im 18. Jh. in England nicht ausbildete, war der Umstand, daß es so gut wie keine Schicht akademischer Rechtsgelehrter, Professoren, gab. Recht war kein Fach, das man an Universitäten studierte, sondern es wurde in den Inns of Court berufszünftisch induktiv und ausschließlich auf die Praxis bezogen vermittelt. Gerade aber die Naturrechtsdoktrin, die sich als theoretisches Lehrgebäude verstand und bewußt nicht auf praktischer Rechtserfahrung basierte, war das Resultat der Arbeit akademischer Gelehrter, beruhte auf einer Trennung von Theorie und Praxis[54]. Da jedoch in England die Disziplin einer akademischen Rechtswissenschaft nicht existierte, fehlte so eine der Voraussetzungen zur Entwicklung einer naturrechtlichen Rechtssystematik.

---

[50] *Allen*, S. 450, Anm. 2; *Gough*, S. 189.

[51] *Blackstone*, Bd. I, S. 43.

[52] Die zuletzt zitierte Stelle bei Blackstone könnte auch nur einen bloßen Sollenssatz bedeuten, da er nicht sagt, daß das Gesetz ungültig sei, sondern er dahin verstanden werden kann, daß er meint, man sei gehalten, ein solches Gesetz nicht zu beachten.

[53] *Allen*, S. 450; *Lévy-Ullmann*, S. 235 ff.; *Gough*, S. 192 ff. Praktische Bedeutung gewinnt diese Frage jedoch im amerikanischen Unabhängigkeitskrieg. Die Kolonien berufen sich darauf, daß die Stamp Act des englischen Parlaments ungültig sei, da diese gegen das Grundrecht „No taxation without representation" verstoßen würde. Hier wird die naturrechtliche Forderung wieder zur Waffe gegen eine als ungerecht empfundene Herrschaftsform. Heute stehen übrigens auch zahlreiche englische und amerikanische Autoren auf dem Standpunkt, daß dieses Gesetz nicht nur politisch unklug, sondern tatsächlich auch „verfassungswidrig" war. (Vgl. *Holdsworth*, History X, S. 103, 116 ff.; History XI, S. 119 ff.)

[54] *Koschaker*, S. 251.

III. Naturrecht und Kodifikation

1. Die Zeit bis zu Blackstones Commentaries

Nachdem im 17. Jh. zur Zeit der Parlamentsreform und Cromwells Regierung der Gedanke einer Kodifikation des englischen Rechts im Zusammenhang mit einer umfassenden Rechtsreform diskutiert worden war und auch erhebliche Resonanz und Unterstützung in Öffentlichkeit und Parlament gefunden hatte, waren durch die politische und geistige Restauration nach 1660 diese Ideen wieder verdrängt und aufgegeben worden[1]. Die damaligen gesetzgeberischen Pläne und Vorstellungen waren eng mit der frühen naturrechtlichen Diskussion über Funktion und Stellung des Individuums in Gesellschaft und Staat und sein Verhältnis zur Regierung und Machthabern im Staat verknüpft gewesen. Protagonisten dieser Auseinandersetzung waren Hobbes und Locke. Nachdem jedoch mit der Glorious Revolution von 1688 sich die verfassungs- und staatsrechtlichen Ideen dieser ersten Phase des neuzeitlichen europäischen Naturrechtsdenkens durchgesetzt hatten, verloren diese Gedanken in England wieder an Interesse. Das Schwergewicht verlagerte sich in England mehr als auf dem Kontinent vom Naturrecht zur allgemeinen Bewegung der Aufklärung, bei der das Naturrecht nur noch einen Teilaspekt bildete. Naturrecht als Grundlage und Inspiration zur Rechtsfortbildung und Rechtssystematik trat damit im 18. Jh. im allgemeinen Denken in England in den Hintergrund[2]. So wurden etwa die Ansätze einer rationalen System- und Theoriebildung, wie sie insbesondere bei Hobbes und Locke gegeben waren, nicht weiter verfolgt. Hobbes hatte bereits im 17. Jh. mit der Heranziehung naturgesetzlicher Denkkategorien die methodischen Voraussetzungen für ein axiomatisches Rechtssystem geschaffen, ein solches aber nicht selbst ausgeführt und ausgefüllt[3]. Seine Aussagen über Vertrag, Vertragsbindung und Willenserklärung übten jedoch insbesondere durch die Vermittlung Pufendorfs erheblichen Einfluß auf die kontinentale Vernunftsrechtssystematik aus[4]. Locke seinerseits arbeitete ebenfalls mit empirisch-sensualistischen Axiomen[5]. Da diese Ansätze nicht aufgenommen und weiter verfolgt wurden und auch kontinentale Einflüsse dieser Art im 18. Jh. keine in dieser Richtung befruchtenden Einflüsse ausübten[6], entwickelte sich in

---

[1] Der Gedanke einer Kodifikation des Rechts wurde nur noch von einigen Nichtjuristen vertreten, die versuchten, die im 16. Jh. geäußerten Gedanken und Pläne weiter zu verfolgen. So wurde etwa in den Jahren 1731, 1732 und 1749 in einigen Journalen derartige Wünsche und Vorstellungen formuliert. (Vgl. *Baker*, S. 300, mit Nachweisen der Fundstellen.)

[2] *Wolf*, Naturrechtslehre, S. 142, 180.

[3] *Wieacker*, Privatrechtsgeschichte, S. 307 f.

[4] *Wieacker*, Privatrechtsgeschichte, S. 304 f.

[5] *Wolf*, Naturrechtslehre, S. 138.

[6] Die Werke kontinentaler Naturrechtler waren in England durchaus bekannt, so erschienen etwa zwischen 1682 und 1763 allein 24 Ausgaben der

England keine Bewegung der „Systematiker" wie etwa durch Pufendorf, Wolff, Thomasius, Domat und Pothier auf dem Kontinent.

2. Blackstone

Blackstone selbst setzte sich mit dem Problem einer Kodifikation des englischen Rechts nicht auseinander, obwohl auf Grund seiner Beschäftigung mit dem kontinentalen Naturrechtsdenken ihm auch Überlegungen zu Kodifikationen auf der Grundlage eines systematisch deduktiven Naturrechts bekannt sein mußten. Auch bei Hobbes und Locke, deren beider Werke ihm durchaus geläufig waren, hätte er Ansätze zur Entwicklung eines systematischen Gesetzbuches auf naturrechtlicher Grundlage finden können. Offensichtlich war jedoch Blackstone von der Überlegenheit und Praktikabilität des Common Law dermaßen überzeugt, daß ihm jeder gesetzgeberische Eingriff in die Struktur des Common Law und erst recht eine Kodifikation als verhängnisvoll erscheinen mußte. Unter ausdrücklicher Berufung auf Coke lehnte er daher prinzipiell jeden legislativen Eingriff ab, es sei denn es handelte sich um dringende und unvermeidliche Korrekturen. Diese Ablehnung war verbunden mit einem tiefen Mißtrauen gegen die gesetzgeberischen Fähigkeiten des Parlaments[7].

> "Indeed it is perfectly amazing, that there should be no other state of life, no other occupation, art, or science, in which some method of instruction is not looked upon as requisite, exept only the science of legislation, the noblest and most difficult of any ... but every man of superior fortune thinks himself born a legislator."

Wenig später heißt es,

> "The mischiefs that have arisen to the public from inconsiderate alterations in our laws, are too obvious to be called in question; and how far they have been owing to the defective education of our senators, is a point well worthy the public attention. The common law of England has fares like other venerable edifices of antiquity, which rath and unexperieced workmen have ventured to new-dress and refine, with all the rage of modern improvement. Hence frequently its symmetry has been destroyed, its proportions distorted, and majestic simplicity exchanged for specious embellishments and fantastic novelties. For, to say the truth, almost all the perplexed questions, almost all the niceties, intricacies, and delays (which habe sometimes disgraced the English, as well as other, courts of justice) owe their original not to the common law itself, but to innovations that have been made in it by acts of parliament."

Werke Pufendorfs (vgl. *Othmer*, S. 136 ff.). Weiter wurden im Jahre 1705 von dem Juristen Wood Teile des Werkes von Domat „Les Lois Civiles dans leur Ordre Naturel" unter dem Titel „A Treatise of the First Principles of Laws in General" in das Englische übersetzt. Wenig später erfolgte eine vollständige Übersetzung durch William Strahan (vgl. *Holdsworth*, History XII, S. 427 ff.).

[7] *Blackstone*, Bd. I, S. 9. Aus dem letzten Halbsatz läßt sich durchaus eine versteckte Kritik an Entwürfen für Gesetzbücher von „ungelernten" Laien auf Grund irgendwelcher „nichtjuristischer" Prinzipien herauslesen.

3. Die Zeit nach den Commentaries

Nachdem mit den Commentaries von Blackstone ein Werk vorlag, das das Common Law als wichtigste Quelle des englischen Rechts im 18. Jh. umfassend dargestellt und im Rahmen des Möglichen übersichtlich geordnet hatte, war das Bedürfnis nach einer naturrechtlichen Kodifikation schon allein deshalb noch weiter geschwunden. Es kann daher nicht verwundern, daß in der zweiten Hälfte des 18. Jh. weder im Parlament noch in der Rechtswissenschaft eine Diskussion über dieses Problem stattfand.

Im Parlament wurden zwar, wie bereits erörtert, Fragen punktueller Rechtsreform bei einzelnen Sachgebieten diskutiert, jedoch wurde jedes umfassende Projekt, wenn ein solches angesprochen wurde, von der überwiegenden Mehrheit des Hauses verworfen, da jede „innovation" als gefährlich und als Verstoß gegen historisch legitimierte Prinzipien galt[8]. Nur in einem Fall wurde offensichtlich indirekt das Problem einer Kodifikation berührt, als 1786 der Abgeordnete Marsham beantragte[9],

> "... to bring in a Bill for amending and reducing into one Act all the Militia laws ...".

Weiter heißt es in dem Parlamentsbericht[10]:

> „... the gentlemen who assisted him, were unamimously of opinion that one mode was, to reduce all the various laws into one ...".

Da hier nicht nur von einer einfachen Zusammenfassung des Rechts, sondern offensichtlich von einer kritischen Durchsicht, Überarbeitung und Neufassung ausgegangen wird, kann man diesen Plan nach heutigen Gesichtspunkten als Versuch einer Teilkodifikation bezeichnen, zumal das Militia Law nicht Teil des Common Law war, sondern allein durch Statutes geregelt wurde. Im Vordergrund der Überlegungen steht hier jedoch kein naturrechtlicher Systemgedanke, sondern der einfache Wunsch, ein übersichtliches Rechtsgebiet im Rahmen der herkömmlichen Struktur des Statute Law neu zu ordnen. Aus den Formulierungen läßt sich jedoch schließen, daß das Modell einer Zusammenfassung des Rechts in ein Gesetz oder Gesetzbuch zur abschließenden Regelung einer geschlossenen Rechtsmaterie nicht unbekannt war. Wenn sonst der Begriff „Code" in den Debatten gebraucht wird, so verstand man darunter entweder die Verfassung eines Landes[11] oder die Summe von Rechtsnormen und Verhaltensregeln auf bestimmten Sachgebieten[12].

---

[8] Näheres hierzu im Siebenten Kapitel, III.

[9] *Parlt. Hist.* XXV, S. 1028 ff. (S. 1031).

[10] *Parlt. Hist.* XXV, S. 1030.

[11] *Pitt d. J.* 1793 „... that to adopt the system now proposed, is to adopt the principles of the French code, and follow the example of their legislation. As

Auch im Bereich der Rechtswissenschaft fand keine Diskussion über das Problem einer Kodifikation statt, obwohl man sich nach wie vor noch mit Fragen des Naturrechts beschäftigte; so wurden etwa in Oxford und Cambridge Vorlesungen über dieses Gebiet auf der Grundlage des ins Englische übersetzten Werkes von Burlamaqui, Principes du droit naturel, gehalten[13]. In einem der Inns of Court, dem Lincolns Inn, hielt James Mackintosh[14] 1799 und 1800 eine Vorlesungsreihe über das Naturrecht unter dem Titel „The Law of Nature and Nations", doch stellte dies eine absolute Ausnahme dar, da in der praktischen Ausbildung der englischen Juristen ein rechtstheoretischer Unterricht keine Rolle spielte. In seinem Vorschlag, den Mackintosh bereits 1796 unterbreitet hatte, hatte er ausgeführt[15],

> "I observe by your proceedings in (Feb. 1796), that you than granted permission to Mr. Nolan to read Lectures on the Law of England in your Hall, from which I am led to suppose that you have formed a favourable opinion of legal lectures as a part of the education of students. I have formed an idea of delivering a course of lectures on another subject closely connected with our Municipal Law, and forming the basis of the positive law of all states, I mean the Law of Nature and Nations."

Auf literarischem Gebiet erschien 1791 mit dem Werk „Oceana" von James Harrington der literarische Enwurf einer sozialrechtlichen Reform auf naturrechtlicher Grundlage — "... all civil laws procede form the nature of men"[16].

IV. Ergebnis

Die Idee des Naturrechts als Grundlage einer systematischen Rechtsordnung, die ihre notwendige Neuordnung durch eine umfassende Kodifikation erfahren soll, war im England des 18. Jh. in dieser Form praktisch nicht existent. Recht und Rechtswissenschaft verharrten in ihren historisch tradierten Entwicklungslinien und konzentrierten sich auf Entwicklung und Konsolidierung von Common Law und Equity[17]. Obwohl

---

these principles are unknown in the history of this country, it is to France only that we can look for their origin." (Parlt. Hist. XXX, S. 900.)

[12] *Parlt. Hist.* XXXI, S. 63 (1794): „... criminal code of this country ...".

[13] *Wolf*, Naturrechtslehre, S. 170.

[14] James Mackintosh (1765 - 1832) hatte zunächst gegen Burke in seiner Schrift Vindiciae Gallicae die Französische Revolution verteidigt, wandelte jedoch später seine Ansicht erheblich. In seinen Ausführungen im Jahre 1799 wollte er u. a. auch diesen seinen Wandel erklären und begründen. Seine Ideen tragen utilitaristische Züge und sind später auch von Kant und Fichte beeinflußt. (Vgl. allgemein DNB, Mackintosh, S. 617 ff., *Halévy*, S. 182 ff.)

[15] Zitat bei *Holdsworth*, History XII, S. 81, Anm. 8.

[16] *Wolf*, Naturrechtslehre, S. 124.

[17] *Holdsworth*, History X, S. 11.

England sich dem Denken auf dem Kontinent nicht verschloß, und die Werke der großen naturrechtlichen Systematiker durchaus bekannt waren, lag ein grundlegend unterschiedlicher Ansatz bei der Betrachtung des Naturrechts vor. Bemühten sich die Naturrechtler des Kontinents um deduktive Ableitung eines Normensystems aus angeblich empirischen Prämissen, — der Natur des Menschen oder der objektiven Gesetze des Kosmos —, so blieb für die englische Rechtswissenschaft und Praxis das Naturrecht eine abstrakte Ordnung von ethischen Sollenssätzen, aus der so keine direkten Folgerungen für das geltende positive Recht gezogen werden konnten und durften. Im Gegenteil, man lehnte sogar, wie das etwa Edmund Burke[18] und Jeremy Bentham[19] taten, das für das englische Rechtsdenken angeblich zu abstrakte und absolute Naturrecht des 18. Jh. ausdrücklich ab.

Es erscheint daher nicht richtig, wenn etwa Blackstone, sei es von deutschen, sei es von englischen Autoren[20], pauschal als Vertreter des Naturrechts des 18. Jh. oder sogar als Systematiker bezeichnet wird, ohne das diese grundsätzlich unterschiedliche Betrachtung des Naturrechts als vorgestellt neuer Rechtsordnung[21] auf Grund analytisch-synthetischer Methode — Umsetzung der Idee in Realität — einerseits, oder Naturrecht in seiner klassischen Funktion als ethischer Maßstab des positiven Rechts, das nur idealiter an diesem Maßstab zu messen sei, andererseits, berücksichtigt wird. Blackstone war zwar beeinflußt von dem kontinentalen Vorbild eines systematischen und rationalen Rechts, er ist selbst aber kein vernunftrechtlicher Systematiker[22]. Ein System des Vernunftrechts wurde also in England weder von ihm noch von einem anderen Verfasser entwickelt.

In diesem Unterschied liegt eine der wesentlichen Ursachen dafür, daß England im 18. Jh. nicht den Weg einer Kodifikation seines Rechts auf naturrechtlicher Basis beschritten hat und auch nicht beschreiten konnte. Es fehlten einmal die rechtswissenschaftlichen Impulse und Grundlagen,

---

[18] Obwohl Burke das rationalistische Naturrecht seiner Zeit angriff, bediente er sich selbst in seinem Rechts- und Staatsdenken naturrechtlicher Methoden und Denkvorstellungen. Allerdings ist in der Literatur umstritten, in welchem Ausmaß er tatsächlich derartigen Vorstellungen verpflichtet war. Vgl. *Strauß*, S. 307 ff.; *Schneider*, S. 19 ff. und *Henningsen*.

[19] s. u. Siebentes Kapitel, II, 4.

[20] Vgl. oben Drittes Kapitel, III, 2.

[21] Dieser Behauptung steht nicht entgegen, daß im Ergebnis die so „gefundenen" Normensysteme mit dem bestehenden geltenden Recht weitgehend identisch waren, da dieses Ergebnis nicht bereits zwangsläufig im theoretischen Ansatz angelegt war. Letzterer ist jedoch hier entscheidend.

[22] *Wieacker*, Privatrechtsgeschichte, S. 279, Anm. 108, spricht zutreffend vom „Zeitstil", dem Blackstone gefolgt sei. Die Feststellung von *Thieme*, Naturrecht, S. 34, dagegen, nirgends als bei Blackstone zeige sich die systembildende Kraft des Naturrechts deutlicher, scheint daher in dieser allgemeinen Form nicht haltbar.

die im Laufe des 18. Jh. inhaltlich und formal durch Systembildungen die Voraussetzungen einer Kodfikation hätten vorbereiten können, und zum anderen war ein philosophischer Ansatz zur Kodifikation auf Grund bestimmter fundamentaler Grundsätze, die in einer solchen Kodifikation zu verwirklichen gewesen wären, nicht vorhanden. So wie zweifellos die Kodifikationen auf dem Kontinent nur im Zusammenhang und als Ergebnis der rechtswissenschaftlichen Arbeit zweier Jahrhunderte gesehen und erklärt werden können, so mußte umgekehrt das Fehlen dieser Grundlagen in England eine Kodifikation überhaupt nicht in das Blickfeld und in den Bereich des Möglichen und Erstrebenswerten rücken lassen[23]. Eine Änderung dieser Situation hätte nur durch rezeptive Übernahme kontinentaler Vorbilder und inhaltlicher und formaler Theorien des 18. Jh. erfolgen können.

[23] So gibt es auch heute in englischen Lehrbüchern und Monographien keine „Zeit des Naturrechts“ oder „Vernunftsrechts“. Diese Fragen werden in der Regel mehr beiläufig und als Problem der allgemeinen Geistesgeschichte berührt.

Siebentes Kapitel

Die Idee der Kodifikation unter dem Einfluß von Jeremy Bentham

I. Neuansatz der Kodifikationsidee

Nach Beendigung der Kriege gegen Frankreich wurden zu Beginn des 19. Jh. die sozialen und politischen Spannungen innerhalb der englischen Gesellschaft wieder in verstärktem Maße sichtbar[1]. Vor dem Hintergrund der dadurch erneut auflebenden Auseinandersetzungen um eine Reform des Parlaments, und damit einer Neuordnung der staatlichen Herrschaft und Kontrolle auf der Grundlage liberaler und aufklärerischer Ideen unter stärkerer Einbeziehung des Bürgertums, entwickelte sich eine Diskussion auch um die Reform des Rechts. In diesem Rahmen wurden nun erstmals wieder seit dem 17. Jh. verstärkt Vorstellungen zu einer Kodifikation entwickelt. Eine besondere Rolle spielten hierbei die Ideen und Theorien von Jeremy Bentham, der erst eigentlich das Problem einer neuzeitlichen Kodifikation für die englische Rechtswissenschaft erschlossen hat. Bei der Untersuchung des Kodifikationsbegriffs bei Bentham wird sich zeigen, daß hier nicht ohne weiteres eine kontinuierliche Entwicklung der Naturrechtslehre des 18. Jh. angenommen werden kann, das Werk Benthams also nicht als späte Blüte des naturrechtlichen Systemgedankens zu sehen ist, sondern hier vielmehr ein spezifischer Neuansatz in Fortführung des Denkens der englischen Aufklärung in Form des Utilitarismus vorliegt.

II. Jeremy Bentham

1. Leben und Werk

Jeremy Bentham (1748 bis 1832)[2] studierte in Oxford Philosophie und Rechtswissenschaft, wo er unter anderem 1763 auch Blackstones Vorlesungen über Englisches Recht hörte, und wurde schließlich 1769 Barrister. Seine Interessen galten jedoch schon damals allein den theoretischen Grundlagen von Philosophie, Recht und Gesetzgebung. Durch

---

[1] Vgl. Viertes Kapitel.

[2] Vgl. allgemein *Holdsworth*, History XIII, S. 41 ff.; *Dicey*, S. 126 ff.; *H. A. Holland*, S. 3 ff., mit ausführlichen Literaturnachweisen und *Halévy*.

eigene Studien und Reisen nach Frankreich und weiteren europäischen Ländern kam er mit den Gedanken der französischen Aufklärung in Berührung, die entscheidenden Einfluß auf seine Thesen und Ideen gewannen. Von großer Bedeutung wurde insbesondere seine Freundschaft mit Etienne Dumont, der seine Arbeiten in Frankreich verlegte und so in Europa bekannt machte. Hier galt er bald als einer der großen Denker der „neuen Zeit“[3]. Erst auf dem Umweg über Frankreich wurde Bentham in seinen späten Lebensjahren in England bekannt. Sein Wirkungskreis beschränkte sich jedoch hier zunächst auf eine recht kleine, wenn auch im 19. Jh. dann sehr einflußreiche Zahl von Anhängern und Schülern[4].

Seine erste größere Arbeit „A Comment on the Commentaries“ (verfaßt 1775) wagte er nicht zu veröffentlichen, da er in ihr in äußerst scharfer Form Blackstone wegen seiner Kritiklosigkeit dem englischen Recht gegenüber angegriffen hatte[5]. Diese Vorwürfe wiederholte er später, in der Form gemildert, in seinem Buch „A Fragment on Government“ (1776). Das Hauptwerk Benthams „An Introduction to the principles of morals and Legislation“ erschien 1789[6]. In den folgenden Jahrzehnten wurden die in den Principles entwickelten Ideen, in denen sich bereits die Grundlagen des Denkens Benthams manifestierten, in zahlreichen Essays und Büchern weiterentwickelt und konkretisiert[7].

---

[3] 1792 wurde er von der französischen Nationalversammlung durch die Verleihung der Ehrenbürgerwürde geehrt.

[4] Darunter befanden sich James und John Stuart Mill, John und Sarah Austin, John Bowring, Lord Shelburne, Samuel Romilly, Lord Langdale, Brougham und James Mackintosh. Größer war jedoch sein Ansehen im kontinentalen Europa und in Amerika. Er korrespondierte mit zahlreichen Berühmtheiten und Fürsten seiner Zeit, denen er seine gesetzgeberischen Pläne zur Realisierung vortrug, u. a. dem Großherzog der Toskana — das dortige Strafgesetzbuch von 1786 ist von Bentham beeinflußt —, der Zarin Katharina, mehreren südamerikanischen Staaten und auch Mohammed Ali von Ägypten. (Vgl. *Holdsworth*, History XIII, S. 53 f.)

[5] Dieses Buch wurde erst 1928 gedruckt veröffentlicht.

[6] In Frankreich veröffentlichte 1801 Dumont Kapitel aus diesem Buch und zahlreiche weitere Manuskripte Benthams unter dem Titel „Traités de legislation civile et pénale, Précédés des principés géneraux de legislation et d'une vue d'un Corps complet de Droit.“ Es war dies praktisch ein Versuch einer ersten Gesamtausgabe, um einen Überblick über das Denken Benthams zu geben. Diese französische Ausgabe machte Bentham auf dem Kontinent berühmt. Eine englische Übersetzung erschien erst 1864.

[7] Hervorzuheben sind weitere folgende Werke: Defence of Usury (1787). In diesem Buch ist deutlich der Einfluß der Gedanken von Adam Smith zu erkennen; Panopticon or the inspection house (1791), ein fortschrittlicher und viel diskutierter Modellentwurf für ein Gefängnis, Arbeits- und Irrenhaus; A Catechism on Parliamentary Reform (1809); Théorie des peines et des récompenses (1811), in England als The Rationale of Reward (1825) und The Rationale of Punishment (1830) veröffentlicht; Rationale of judicial evidence (1827). Die späteren Werke Benthams bestanden häufig nur aus Entwürfen und Skizzen, die von seinen Freunden überarbeitet und veröffentlicht werden mußten. Ein Großteil seiner Werke erschien 1843 in 11 Bänden, herausgegeben von J. Bow-

Nach Enttäuschungen auf Grund der Aufnahme und Kritik seiner Arbeiten in England und nach Bekanntschaft mit dem radikalen Demokraten James Mill begann er sich nach 1809 zunehmend auch mit Fragen der Politik und der Rechtsreform in England zu befassen. Bentham war sich dessen bewußt geworden, daß vom Parlament des 18. Jh., das durch die landbesitzende gentry beherrscht wurde und das nur seine Interessen verfolgte — the greatest happiness of the ruling few[8] — Reformen in seinem Sinne nicht zu erwarten waren[9].

2. Philosopie und Gesetzgebungslehre

Bentham ist der ausgeprägteste Vertreter des spezifisch englischen aufklärerischen Utilitarismus des 18. und 19. Jh., einer Morallehre, die alles Handeln unabhängig vom Motiv daran mißt, inwieweit es geeignet ist, das Glück des Individuums im Rahmen des Wohlergehens aller zu fördern und in diesem Sinne nützlich — utilis — zu sein[10]. Für Bentham wird der Mensch durch die beiden Triebkräfte geprägt, Schmerz zu vermeiden und subjektives Glück zu erlangen[11].

> "Nature has placed man under the empire of pleasure and pain. We owe to them all our ideas, we refer to them all our judgments, and all the determination of our life. He who pretends to withdraw himself from this subjection knows not what he says. His only object is to seek pleasure und to shun pain ... These eternal and irresistible sentiments ought to be the great study of the moralist and the legislator. The principle of utility subjects everything to these two motives[12]."

In diesem Prinzip lag für Bentham der Schlüssel von Sittlichkeit und Vernunft, die Basis für alle Moral- und Rechtslehre, nur auf dieser Grundlage war das zentrale Ziel jeder Sozialordnung „The greatest happiness of the greatest number" zu erreichen[13].

In seinen Arbeiten bemühte sich Bentham jedoch weniger um eine philosophische Grundlegung als um die aus dem Utilitätsprinzip zu ziehenden verfassungsrechtlichen, gesetzgeberischen und wirtschaftspoliti-

ring. Zahlreiche Manuskripte sind jedoch noch unveröffentlicht, z. B. erschien 1945 erst, The limits of Jurisprudence defined.

[8] *Bentham*, Works, Bd. II, S. 463.

[9] *Guttmann*, S. 166 f.; *Brinton*, S. 20.

[10] Zum Utilitarismus allgemein vgl. *Halévy* und *Stephen*, English Thought, Bd. II, S. 80 ff.

[11] Diese These übernimmt Bentham von David Hartley, Observations on Man (1749) und Helvetius, De l'Esprit (1785). (Vgl. *Manfred Weber*, S. 105; *Holdsworth*, History XIII, S. 46.)

[12] *Bentham*, Legislation, S. 2.

[13] Diese Formulierung hatte Bentham bei Joseph Priestley, der sie selbst von Beccaria hatte, gefunden und übernommen. (Vgl. *Dicey*, S. 132.)

schen Konsequenzen[14]. Die individuelle Selbstverwirklichung des Menschen kann sich nach Bentham idealiter nur in einem absoluten Freiheitsraum vollziehen, da jedes Gesetz zwangsläufig einen Eingriff in die Freiheit des einzelnen darstellt. Ein Krieg aller gegen alle — etwa nach der These Hobbes — ist nach dieser Theorie dadurch ausgeschlossen, daß einmal niemand, um sich nicht auch selbst zu seinem Nachteil dem Egoismus anderer auszusetzen, selbst rücksichtslos handeln würde, und zum anderen niemand vernünftigerweise glücklich inmitten unzufriedener Mitmenschen sein könne, so daß das Prinzip allgemeiner mitmenschlicher Rücksichtnahme zwar nicht als Moral, sondern als Nützlichkeitserwägung — niemand handelt aus Vernunft gegen seine eigenen Interessen — einer solchen Gefahr begegnen würde[15]. Obwohl Bentham also ein im Grunde streng individualistisches Prinzip des laissez faire mit der Annahme einer sozialen Selbststeuerung verfolgt, wird er — was zunächst paradox erscheint — zu einem Verfechter sozialpolitischer Reformen durch strikte Gesetzgebung. Diese Position erklärt sich daraus, daß Bentham davon ausging, daß das Streben nach subjektivem Glück nur im Rahmen allgemeiner Chancengleichheit verwirklicht werden kann. Eine solche Chancengleichheit sah Bentham jedoch zu Recht in der politischen und rechtlichen Realität Englands oder anderer Nationen nicht gegeben. Hier sieht er daher auch die zwingende Notwendigkeit gesetzgeberischer Eingriffe und Reformen. Für eine Übergangszeit ist es danach Aufgabe des Gesetzgebers, den Bürgern Lebensunterhalt, Gleichheit und Sicherheit zu garantieren[16]. Wenn diese Ziele erreicht sind, könne und müsse sich der Gesetzgeber zurückziehen[17]. Bentham steht hier im Einklang mit den Ideen des Frühliberalismus, wie sie etwa von Adam Smith vertreten wurden, und zu denen er sich ausdrücklich bekannte[18].

> "It is worthy of remark that, in a nation prosperous in its agriculture, its manufactures, and its commerce, there is a continual progress towards equality. If the laws do nothing to combat it, if they do not maintain certain monopolies, if they put no shackles upon industry and trade, if they do not permit entails, we see great property divided land by land, without effort, without revolution, without shock, and a much greater number of men coming to participate in the modern phase of fortune. ... We are at no great distance from those ages of feudalism when the world was divided into two classes: a few great proprietors who were everything, and a multitude of servants, who were nothing. These pyramidal heights have disappeared or have fallen; and from their ruins industrious men have formed those

---

[14] Zur allgemeinen Kritik an Bentham vgl. *Friedmann*, Theory, S. 317 ff. mit weiteren Nachweisen, *Manfred Weber*, S. 95 ff. und *Holdsworth*, History XIII, S. 123 ff.

[15] *Friedmann*, Theory, S. 315; *Manfred Weber*, S. 104 ff.

[16] *Holdsworth*, History XIII, S. 73 f.

[17] *Friedmann*, Theory, S. 319.

[18] *Dicey*, S. 147; *Holdsworth*, History XIII, S. 74; *Halévy*, S. 89 ff.

new establishments, the great number of which tests the comparable happiness of modern civilisation[19]."

Axiom der Gesetzgebung hatte danach für Bentham zu sein, die Voraussetzung für die Verwirklichung des dem Menschen immanenten Glücksstrebens zu schaffen und zu entwickeln. Alle staatlichen Regeln sind nur insoweit gerechtfertigt, d. h. nützlich, wie sie der Selbstverwirklichung des Menschen dienen, dem freien Spiel der Kräfte Raum geben oder diesen Raum schaffen[20]. Die Gesetzgebung hat in der Ausgestaltung der Regeln dem Lust- und Schmerzmechanismus als Prämisse Rechnung zu tragen. Recht ist also für Bentham keine absolute Größe, sondern das Ergebnis einer Interessenabwägung zwischen dem, was den Menschen in seiner Selbstverwirklichung hindert und dem, was seinem Glücksstreben förderlich[21], diesem nützlich ist.

3. Kodifikation

Die Neugestaltung der wirtschaftlichen und sozialen Verhältnisse konnte für Bentham nur mittels eines umfassenden gesetzgeberischen Aktes — einer Kodifikation[22] — erfolgen, weil nur so das Prinzip der Nützlichkeit — utility — vollkommen durchgesetzt werden könnte. Er glaubte, daß eine vernunftgemäße, wissenschaftliche Kodifikation die von ihm erkannten Probleme würde lösen können[23]. Eine derartige Kodifikation sollte nach Benthams Vorstellungen in klaren und präzisen Begriffen und Normen, die untereinander in einem logisch-systematischen Zusammenhang stünden, alles Recht umfassen und jedermann verständlich festlegen, um so Sicherheit und allgemeine Wohlfahrt zu gewährleisten[24]. Aus diesem Grunde sollte auch nur eine wörtliche und grammatische Auslegung, authentische Interpretation, nicht aber eine freie, auf Rechtsfortbildung oder Rechtsergänzung gerichtete für zulässig erklärt werden[25]. Der Stil des Gesetzes habe so klar, präzise und knapp wie möglich zu sein. Begriffe sollten immer im gleichen Sinne gebraucht und durch Legaldefinitionen umschrieben werden. Das Gesetzbuch sollte

---

[19] *Bentham*, Legislation (Zitat bei *Friedmann*, Legal Theory, S. 128).

[20] *Friedmann*, Theory, S. 312 ff.

[21] Diese Darstellung mag stark vereinfacht und zu undifferenziert erscheinen, sie stellt jedoch tatsächlich die Quintessenz der diesbezüglichen Überlegungen Benthams dar. An diese unreflektiert wirkenden Thesen knüpft auch die hauptsächliche Kritik von philosophischer und soziologischer Seite an. Vgl. die in Anm. 14 genannten Autoren.

[22] Bentham gilt allgemein als Schöpfer des Begriffes „codification" (vgl. *Vanderlinden*, S. 46).

[23] Einen Überblick über die von Bentham verfaßten Arbeiten zu dieser Frage gibt *Holdsworth*, History XIII, S. 96 f.

[24] *Bentham*, Legislation, S. 148 ff. Zur Frage einer lückenlosen Systematik vgl. *Hatschek*, Bentham, S. 442 ff., und *Lukas*, Bentham, S. 67 ff.

[25] *Friedmann*, Theory, S. 317.

ferner eine kurze offizielle Kommentierung jeder Bestimmung erhalten[26], damit ein besseres Verständnis aller Schichten erreicht, und das Volk nicht wieder von einer kleinen Zahl von berufsmäßigen Sachwaltern des Rechts abhängig werde.

"A code formed upon these principles would not require schools for its explanation, would not require casuists to unravel its subtilties. It would speak a language familiar to everybody: each one might consult it at his need. It would be distinguished from all other books by its greater simplicity and clearness. The father of a family, without assistance, might take it in his hand and teach it to his children, and give to the precepts of morality the force and dignity of public morals[27]."

Notwendige Konsequenz sei weiter, daß alle anderen Rechtsquellen, insbesondere Präjudizien, außer Kraft treten müßten. Bentham vertritt also einen strikten, der Theorie des Kontinents vergleichbaren Gesetzesbegriff. Falls Lücken oder Widersprüchlichkeiten auftreten sollten, so müsse es dem Gesetzgeber, nicht aber der Rechtsprechung überlassen bleiben, diese Probleme zu lösen. Einmal in jedem Jahrhundert sei die Kodifikation einer allgemeinen Überprüfung zu unterziehen, die sich aber in erster Linie auf sprachliche Bereinigungen und Anpassungen werde beschränken können[28].

Diese letzte These zeigt bereits, daß Bentham im Grunde glaubte, daß es das Prinzip der utility ermögliche, ein Gesetzbuch unabhängig von kulturellen und nationalen Besonderheiten, unabhängig von Zeit und Ort zu schaffen. Der Inhalt dessen, was Glück und Wohlergehen seien, war für Bentham ähnlich einem Naturgesetz im Grunde für alle Menschen zu allen Zeiten gleich[29]. Zwar setzt er sich in seinem Werk „The Influence of Time and Place in Matters of Legislation" mit Montesquieu auseinander und räumt ein, daß gewisse Zugeständnisse gemacht werden müssen, doch bleiben diese im Grunde unwesentlich und bei sorgfältiger Befolgung utilitaristischer Grundsätze überflüssig.

"The principles on which the division of offences has its foundation: ... all these, if they are just and proper now, would at any time have been so, and will be so everywhere, and to the end of time. They will hold goods so long as pleasure is pleasure and pain is pain; so long as steel wounds, fire burns, water seeks a level, bread nourishes, inanition destroys[30]."

Bentham steht so mit der Ablehnung der von Montesquieu geprägten Vorstellungen eines relativen, historischen Rechts den universellen Naturrechtstheorien des frühen 18. Jh. nahe. Hier mag schon bereits einer der Gründe dafür liegen, daß er mit seinen Kodifikationsplänen nur ge-

[26] *Vanderlinden*, S. 181 f., 211.
[27] *Bentham*, Works, Bd. III, S. 209.
[28] *Holdsworth*, History XIII, S. 76.
[29] *Friedmann*, Theory, S. 317; *Dicey*, S. 141.
[30] *Bentham*, Works, Bd. I, S. 193.

ringen Erfolg hatte. Auch auf dem Kontinent war erst durch eine naturrechtliche Gesetzgebungslehre, die eine Verbindung von absoluten Prinzipien mit historischen und nationalen Elementen vertrat, diese für die gesetzgeberische Praxis als Grundlage von Reformen durchsetzbar geworden[31]. Erst das Werk von Montesquieu hat in Europa der Schaffung von nationalen Gesetzbüchern den Weg geebnet und die Kodifikationsbewegung endgültig in Gang gesetzt[32].

Die Pläne und Ideen zu Kodifikationen im kontinentalen Europa erweckten naturgemäß das besondere Interesse Benthams. Er nahm regen Anteil an der öffentlichen wissenschaftlichen Diskussion und beteiligte sich mit Erfolg an einigen von Akademien ausgeschriebenen Wettbewerben zu dieser Frage. Auf Grund seiner These, daß ein an den Prinzipien der Nützlichkeit orientiertes Recht allgemeingültige Natur habe, erklärte er sich für in der Lage und bereit, für jede beliebige Nation ein Gesetzbuch zu entwerfen[33]. Er korrespondierte mit zahlreichen Rechtsgelehrten, Fürsten und Staatsoberhäuptern über diese Frage und unterbreitete ihnen zahlreiche Vorschläge. Seine Ideen faßte er 1822 in den „Proposition de Codification Adresses á toutes les Nations professant des Opinions Liberales“ zusammen, in der Hoffnung so Kodifikationen nach seinen Vorstellungen zu initiieren[34].

4. Benthams Stellung zum englischen Recht

Für die unhistorische, allein an Nützlichkeitserwägungen orientierte Betrachtungsweise Benthams mußte natürlich das geschichtlich gewach-

[31] *G. Dilcher*, S. 2.

[32] Durch Montesquieu war auch in England, wo sein Werk mit Interesse aufgenommen worden war, die Berücksichtigung historischer Elemente als fester Bestandteil des Denkens gefördert worden. (Vgl. *Holdsworth*, History X, S. 12.)

[33] So machte er etwa Vorschläge für England, Frankreich, Portugal, Spanien, Rußland, die Vereinigten Staaten, Südamerika, Indien, Tripolis und Ägypten (vgl. *Holdsworth*, History XIII, S. 76, 105 ff.). Zum Einfluß Benthams auf den Code Civil und das ABGB vgl. die Kontroverse zwischen *Hatschek*, Bentham, und *Lukas*, Bentham.

[34] Vor allen Dingen richtete Bentham sein Bemühen auf Rußland (Zur Kodifikationsgeschichte in Rußland vgl. *Schultz*, S. 199 ff.; *Ilbert*, S. 31 f.) und die Vereinigten Staaten. Er versuchte mehrfach über die Zarin Katharina II. und Zar Alexander I. einen Auftrag zum Entwurf eines russischen Strafgesetzbuches zu erhalten. Obwohl auch tatsächlich eine Kommission zur Kodifikation des russischen Rechts geschaffen wurde, die mit ihm auf ausdrücklichen Wunsch des Zaren in Verbindung stand, blieb das Projekt letztlich wegen der ungeklärten Frage, inwieweit westlichen Vorbildern zu folgen sei, stecken. Im Oktober 1811 schrieb Bentham an den Präsidenten des Kongresses der USA, James Madison, und bot diesem mit detaillierten Vorschlägen seine Mitarbeit an einem Code an. 1814 und 1818 wandte er sich nochmals an die Gouverneure der amerikanischen Bundesstaaten. Wenn Bentham auch keinen direkten Erfolg hatte, so zeigen doch die Arbeiten von Livingston in Louisiana (1821) und David Dudley Field in New York (1846), daß seine Gedanken nicht ohne Einfluß geblieben waren. (Vgl. *Gregory*, S. 344 ff.; *Ilbert*, S. 155 ff.)

sene, auf keiner rationalen Planung beruhende Recht Englands ein besonderes Angriffsobjekt sein. Common Law und Equity schienen ihm allen rationalen Prinzipien Hohn zu sprechen. Sie waren für Bentham ein Chaos, geschaffen aus Fiktionen, Tautologien, künstlichen Techniken und Haltlosigkeit[35]. Die Rechtspflege war ihm ein Instrument zur Bereicherung der Juristen, langsam und ungerecht. Diese Zustände, behauptete er weiter, würden von Richtern und Anwälten bewußt in Kauf genommen und sogar gefördert. Macht und Einkommen der Juristen sei notwendig mit der Unsicherheit des Rechts verbunden, und diese Macht wollten sie sich erhalten[36]. Weiter würden die Richter durch die Doktrin der Precedents unzulässig in die Rechte der Legislative eingreifen[37]. Es sei eine Fiktion, wenn man glaube, sie würden das Recht nur „enthüllen", sondern sie würden eindeutig Recht „schaffen", und zwar in der Regel „ex post facto" und so ein zusätzliches Element der Unsicherheit in die Rechtsordnung hineintragen[38]. Dieses Recht und diese Zustände galt es für Bentham zu beseitigen und inhaltlich und formal neue Gesetze an deren Stelle zu setzen.

> "The business of it is rather to overthrow than to set up, which latter task can seldom be performed to any great advantage, where the former is the principle one."

Bentham betrachtete es also als eine seiner Lebensaufgaben, das Problem einer vernunftgemäßen und nützlichkeitsorientierten Gesetzgebung für England zu lösen[39], um mit dem Instrument einer Kodifikation eine Gesellschaft auf der Grundlage utilitaristischer Grundsätze zu schaffen[40].

---

[35] *Dicey*, Law, S. 167; *Graveson*, S. 104; *Holdsworth*, History XIII, S. 79 ff., 98 ff.

[36] *Vanderlinden*, S. 218; *Lang*, S. 34; *Halévy*, S. 376 ff.

[37] *Lang*, S. 33 f.

[38] "It is the judges (as we have seen) that make the common law. Do you know how they make it? Just as a man makes laws for his dog. When your dog does anything you want to break him of, you wait till he does it and then beat him for it. This is the way you make laws for your dog: and this is the way the judges make law for you and me." *Bentham*, Works, Bd. V, S. 235.

[39] Zur Realisierung einer Kodifikation sollte das Projekt öffentlich ausgeschrieben und ein Wettbewerb durchgeführt werden. Eine endgültige Abfassung des Entwurfs aufgrund der eingereichten Vorschläge sollte dann eine Kommission vornehmen, in der je ein Mitglied ein Kapitel selbständig zu bearbeiten hätte. Nach erneuter öffentlicher Diskussion sollte dann das Parlament endgültig das Gesetzbuch in Kraft setzen. (Vgl. *Vadon*, S. 40 f.) Dieser Vorschlag mutet durchaus realistisch und zweckmäßig an, wenn man ihn etwa mit der Entstehungsgeschichte des ALR und BGB vergleicht.

[40] Zur inhaltlichen Systematik einer Kodifikation für England vgl. *Holdsworth*, History XIII, S. 75 f.; *Vanderlinden*, S. 176 f. Eine Darstellung dieser Systematik muß hier unterbleiben, weil zu deren Verständnis eine eingehendere Beschreibung einer Reihe von Grundbegriffen des englischen Rechts notwendig wäre. Eine Erörterung, die den Rahmen dieser Arbeit sprengen würde, und die zum Verständnis der folgenden Ausführungen nicht notwendig ist.

5. Bentham und die englische Rechtsform im 19. Jh.

Obwohl Bentham mit dem weitgesteckten Ziel einer Kodifikation in England keinen Erfolg hatte, hat er gleichwohl einen nachhaltigen Einfluß auf die Rechtsentwicklung im 19. Jh. ausgeübt. Seine Bedeutung für das englische Recht liegt weniger in der als Philosoph und Schöpfer einer Gesetzgebungslehre, sondern in seiner scharfen und treffenden Kritik einer Vielzahl von zeitgenössischen englischen juristischen und politischen Institutionen. Die Wirkungen und Ergebnisse dieser Kritik zeigten sich bei den großen Rechtsreformen des 19. Jh. Hier wurden zahlreiche seiner Vorschläge verwirklicht[41], nachdem endlich — nicht zuletzt durch Benthams Arbeiten — ein allgemeines Bewußtsein für die Notwendigkeiten von Reformen geweckt worden war.

> "The age of law reform and the age of Jeremy Bentham are one and the same. He is the father of the most important of all the branches of reform, the leading and ruling department of human improvement. No one before him had ever seriously thought of exposing the defects in our English system of jurisprudence. All former students had confined themselves to learn its principles — to make themselves masters of its eminently technical and artificial rules; and all former writers had but expounded the doctrines handed down from age to age. ... He it was who first made the mighty step of trying the whole provisions of our jurisprudence by the test of expediency, fearlessly examining how far each part was connected with the rest; and with a yet more undaunted courage, inquiring how far even its most consistent and symmetrical arrangements were framed according to the principle which should pervade a code of laws. Their adaptation to the circumstances of society, to the wants of men, and to the promotion of human happiness[42]."

Erfolgreich war Bentham vor allen Dingen auch deshalb, weil die Doktrin des Utilitarismus von ihm mit den Ideen des Frühliberalismus verbunden worden war. Seine Vorstellungen entsprachen damit den bewußtgewordenen Wünschen und Notwendigkeiten der bürgerlichen Gesellschaft im England des frühen 19. Jh. In dieser Verbindung stellten die Ideen Benthams tatsächlich die Forderung nach einer Änderung der Verhältnisse — einer Gesellschaftsreform — dar. Er formulierte die Ideen des Bürgertums[43], diese von allen nicht durch rationale Erwägungen der Nützlichkeit gerechtfertigten Beschränkungen und Auflagen zu befreien[44]. Es ging ihm hierbei nicht nur um eine formale Änderung der Rechtsstruktur — Kodifikation statt judge made law — sondern in erster Linie um eine materielle Reform, gegründet auf ein festes Gesellschafts-

---

[41] Für eine kurze Darstellung der Einflüsse vgl. *Holdsworth*, History XIII, S. 132 ff., und *H. A.* Holland, S. 3 ff.

[42] *Brougham* vor dem Unterhaus im Jahre 1828 (Zitat bei *Dicey*, S. 126 f.).

[43] Vgl. allgemein *Guttmann*, S. 168 ff.

[44] *Dicey*, S. 149, formuliert pointiert „It was a war-cry"; s. a. *Halévy*, S. 126.

bild, in dem etwa absolute Vertragsfreiheit im wirtschaftlichen Bereich[45], und gleiche politische Rechte, Sicherheit und Freiheit für jeden im staatlichen Bereich zu garantieren sind.

Für Bentham lag also das Kernproblem darin, daß die existierende soziale Ordnung auf falschen Grundsätzen beruhte, die durch utilitaristische Prinzipien zu ersetzen seien, um so das Ziel des größtmöglichen Glücks der größten Zahl zu verwirklichen. Hier steht Bentham durchaus im Kontext mit aufklärerischen Bewegungen auf dem Kontinent und ist so einer der Begründer englischen frühdemokratischen Denkens, des „philosophic radicalism“, im 19. Jh.[46]. Man ordnet Bentham daher falsch ein, wenn man in ihm lediglich den Begründer einer wissenschaftlichen Gesetzgebungslehre sieht[47] und seine Bedeutung auf Fragen der Rechtswissenschaft reduziert. Er ist zugleich Vertreter und Vorkämpfer der bürgerlich-liberalen Ideen in England. Gesetzgebung ist ihm in erster Linie Instrument zur Verwirklichung gesellschaftspolitischer Ziele.

6. Kodifikation und gesellschaftliche Zweckordnung

a) Utilitarismus und Naturrecht

Als Vertreter eines rationalistischen Utilitarismus verstand sich Bentham als Gegner der Naturrechtsbewegung des 18. Jh., die ihm zu metaphysisch und abstrakt erschien[48]. Alle angenommenen Voraussetzungen der verschiedenen Naturrechtstheorien erschienen ihm letztlich als nicht beweisbare Glaubenssätze, die nicht empirisch nachgewiesen werden könnten.

> "All this talk about nature, nature rights, natural justice and injustice proves two things and two things only, the heat of the passions, and the darkness of the understanding, Persuaded in his own mind, but unable to develop the grounds of his persuasion, a man falls into uneasiness, and vents it in terms of latent invective upon those whom he conceives to differ from him, upon those whose fancied opposition has engaged him in the difficulty[49]."

Im Grunde läßt sich jedoch auch Bentham, wenn man den Rahmen weiter faßt, in die Reihe der Naturrechtler einordnen, indem er aus den von ihm behaupteten Prämissen — Schmerz und Glück als Triebfeder menschlichen Handelns, die er als ein Gesetz der Natur betrachtete[50] —

---

[45] So darf etwa auch Wucher als Recht zur Ausübung wirtschaftlicher Freiheit, vgl. *Bentham*, Defence of Usury (1786), nicht untersagt werden.
[46] Vgl. allgemein *Halévy*.
[47] Bentham wird etwa in der englischen Literatur fast ausschließlich als „law reformer“ gesehen, und so werden auch vorwiegend die Einflüsse seines Wirkens auf die materiellen Reformen im 19. Jh. untersucht.
[48] *Friedmann*, Theory, S. 312 ff.; *Dicey*, S. 145; *Bentham*, Limits, S. 83 ff.
[49] *Bentham*, Limits, S. 84.
[50] *Manfred Weber*, S. 108. Es ist daher nicht unrichtig, wenn *Maine*, S. 79,

bestimmte Regeln für das Handeln und die Gesetzgebung in Staat und Gesellschaft folgern will. Die Begriffe Schmerz und Glück und das daraus kausal folgende nützlichkeitsbezogene Handeln ersetzen also die Begriffe von gerecht oder ungerecht, gut oder böse. Wenn Bentham aus diesem bewußt unhistorischen Ansatz auch kein starres Normensystem deduziert, sondern diese Erwägungen zur Rechtfertigung einer Gesetzgebung zum Zweck der Schaffung bestimmter gesellschaftlicher Zustände benutzt, so steht dahinter doch eine Ideologie, ein bestimmtes ideales Gesellschaftsbild, eine Gesellschaft mit dem Ziel der möglichst freien Selbstverwirklichung des Individuums. Er entwickelt daher auch recht genaue Vorstellungen über den Inhalt eines solchen weder orts- noch zeitgebundenen Gesetzbuches. Recht ist für Bentham damit nicht sich veränderndes Ergebnis bestimmter variabler sozialer Determinanten und Faktoren, sondern Instrument zur Schaffung einer bestimmten, den natürlichen Anlagen des Menschen gemäßen Gesellschaftsform[51].

b) Gesellschaftliche Zweckordnung

Benthams Kodifikationsidee hat also als Grundlage eine gesellschaftliche Zielvorstellung, deren Voraussetzungen durch eine reformierende Gesetzgebung zu schaffen sind[52], und die dann im Ergebnis auch den Rahmen dieser neu geordneten Gesellschaft bilden soll. Ausgangspunkt der Überlegungen ist somit nicht die Verwirklichung einer „ewigen Rechtsidee" durch ein von dieser deduziertes Normensystem, sondern der Wunsch nach Schaffung bestimmter gesellschaftlicher und ökonomischer Grundlagen. Es soll also nicht ein in sich geschlossenes System logisch konstruiert werden, das dann natürlich mittelbar auf die Gesellschaft wirkt und wirken soll, sondern es wird umgekehrt ein soziales und ökonomisches Grundprinzip aufgestellt und eine diesem entsprechende Rechtsordnung gesucht. Aus den Prämissen kann also keine juristische Deduktion erfolgen.

Ausgehend von Francis Bacon über Hobbes und Locke und schließlich im 18. Jh. Cumberland und Hume[53] galt in England weithin als Naturgesetz die These, daß es für das Individuum notwendig sei, sich zu seinem und allgemeinen Nutzen und Sicherheit und nicht aus Gründen der

---

bemerkt: "It is not alltogether fanciful comparison if we call the assumptions we have been describing (the assumptions made by the jurists who believed in a simple and symmetrical Law of Nature) the ancient counterpart of Benthamism. The Roman theory guided men's efforts in the same direction as the theory put into shape by the Englishman; its practical result were not widely different from these which would have been attained by a sect of law reformers who maintained a steady pursuit of the general good of the community."

[51] *Friedmann*, Theory, S. 255, 339; *Wolf*, Naturrechtslehre, S. 65, 170.

[52] *Halévy*, S. 107.

[53] *Halévy*, S. 9 ff.; *Schaefer*, S. 111 ff.

Verwirklichung eines Gebots der Sittlichkeit zusammenzuschließen[54]. Die Organisationsformen dieses Zusammenschlusses, Gesellschaft und Staat, bedürfen ihrerseits zwangsläufig, naturgesetzlich, einer Rechtsordnung, womit einmal die Notwendigkeit von Recht und Gesetz überhaupt formal ausgewiesen ist, und in der Regel zugleich auch das geltende Recht legitimiert war. Eine inhaltliche Kritik des Rechts auf der Grundlage einer höheren Rechtsidee war damit nicht zwingend verknüpft, da naturgesetzlich nur vorgegeben war, daß eben eine Rechtsordnung besteht.

Diese gesellschaftstheoretischen Ideen werden bei Bentham zu einem aufklärerischen Utilitarismus weiterentwickelt. Recht und Gesetzgebung werden dabei zu Instrumenten der Verwirklichung des Nützlichkeitsprinzips. „Recht auf Glück" als Naturrecht wird hier zur teleologischen Zweckordnung der Gesellschaft[55], zu einer Soziallehre, in der die Gesetzgebung die Funktion der Schaffung und Verwirklichung einer diesen Zielen gemäßen Rechtsordnung erhält, aus deren Grundidee aber nicht deduktiv ein Normensystem abgeleitet werden kann. Bentham ist so ein Vertreter der westeuropäischen Aufklärung des ausgehenden 18. Jh., die sich in erster Linie als Gesellschaftslehre verstand und sich bemühte praktisch-politisch zu wirken. Es sollte auf eine Veränderung der menschlichen Gemeinschaft mit den Zielen des Wohls, der Glückseligkeit und des Nutzens der Menschheit hingewirkt werden. Bentham sieht in diesem Rahmen den Schwerpunkt seines Wirkens auf dem Gebiet der Gesetzgebung, um so den Weg aufzuzeigen, wie vom Modell zur Wirklichkeit zu gelangen sei. Die von ihm vertretene Idee des Utilitarismus ist daher nicht naturnotwendig immanent eine Gesetzgebungswissenschaft, sondern diese hat lediglich in diesem Rahmen eine instrumentale Funktion, eine Kodifikation ist ein mögliches Mittel — für Bentham allerdings das geeignetste — neben anderen denkbaren zur Verwirklichung des angestrebten gesellschaftlichen Ziels.

Mit dieser Betrachtung des Rechts unterscheidet sich Bentham von den vernunftrechtlichen Gesetzgebungslehren des 18. Jh., denen es primär um die inhaltliche Verwirklichung einer Rechtsidee ging, die zwar mittelbar auch ein bestimmtes Gesellschaftsbild bedingten, während bei Bentham jedoch gerade der Gesellschaftszweck im Vordergrund steht, das Recht nur eine Ordnungsfunktion innerhalb dieser Gesellschaft hat und zu einem System rechtsstaatlicher Garantien wird. Es wird also gefordert, daß das Recht formell und materiell eine bestimmte Ordnung und einen bestimmten Ablauf des Soziallebens sichert. Wenn diese Funktion erfüllt wird, ist auch das Recht selbst formal und inhaltlich

---

[54] *Wolf*, Naturrechtslehre, S. 175 ff.; *Halévy*, S. 5 ff.
[55] *Wolf*, Naturrechtslehre, S. 169 f.; *Gagnèr*, S. 91.

legitimiert, denn seine Theorie von der Gesellschaft verlangt nur, daß das Recht eben diese Aufgaben von Sicherheit und Ordnung erfüllt. Einer darüber hinausgehenden kritischen Funktion eines Naturrechts gegenüber dem positiven Recht oder dessen sittlich-religiöser Legitimation bedarf es dann nicht mehr.

In der Folge von Benthams Rechtstheorie entwickelte sich dann im 19. Jh. insbesondere unter dem Einfluß von John Austin, einem direkten Schüler von Jeremy Bentham, eine positivistische Rechtsdogmatik, die unter dem Titel „science of the first principles of law" eine soziologische und psychologische Grundlegung des Rechts versuchte.

Durch Bentham wurde also ein Neuansatz der Kodifikationsidee entwickelt, der nicht mehr entscheidend durch das Naturrecht des 18. Jh. geprägt war. Die Schaffung einer Kodifikation des englischen Rechts auf der Grundlage einer systematischen Naturrechtslehre war nicht erfolgt und hatte im Grunde auch nie ernsthaft zur Debatte gestanden, da das naturrechtliche Denken in England im 18. Jh. einen anderen Weg als auf dem Kontinent gegangen war.

III. Kodifikationsbemühungen in England bis zur Parlamentsreform 1832

1. Die Idee der Kodifikation in Rechtswissenschaft und Öffentlichkeit

Nach der Zeit innenpolitischer Stagnation und Reaktion begannen in England nach dem Ende der napoleonischen Kriege wieder zunehmend Forderungen nach Reformen auf politischem, wirtschaftlichem und juristischem Gebiet laut zu werden. Etwa ab 1815 setzte so eine Entwicklung innerhalb und außerhalb des Parlaments ein, die eine latente Bereitschaft, Reformmaßnahmen durchzuführen und zu billigen, zur Folge hatte[1]. Im Zusammenhang mit dieser allgemeinen Reformdiskussion, die die verschiedensten Bereiche erfaßt hatte, entwickelte sich der Wunsch, daß alle geäußerten Vorstellungen und Ziele in ein allgemeines System eingeordnet und mit bestimmten Prinzipien verknüpft werden sollten. Es ist dies der Ausfluß eines noch von Rationalismus und Aufklärung beeinflußten Denkens, das noch nicht den Ideen eines Historismus, wie in Deutschland etwa zur gleichen Zeit durch die aufblühende Historische Schule, verpflichtet ist[2]. Dieses allgemeine Prinzip, das man suchte, wurde die Idee des Utilitarismus, als der bestimmenden Lehre des englischen Denkens im 18. und 19. Jh. Diese Idee fand zwar im einzelnen, sei es durch konservative, sei es durch liberale oder radikale

[1] Vgl. oben Viertes Kapitel.
[2] *Meinecke*, S, 276.

Denker unterschiedliche Ausformungen, doch lassen sich all diese im Ergebnis auf das gleiche Grundprinzip zurückführen[3].

Der Wunsch nach einem einheitlichen Prinzip, einem Rahmen, bildete zweifellos auch die Grundlage dafür, daß sich eine grundsätzliche Bereitschaft dafür entwickelte, den Gedanken einer Kodifikation als Ausdruck eines Systemstrebens zumindest als Gegenstand der Überlegung zu akzeptieren. Dies soll allerdings nicht heißen, daß Utilitarismus und Kodifikation notwendig immanent miteinander verbunden seien, wie dies auch bei Bentham selbst nicht der Fall war. Diese war nur ein mögliches Mittel, die erstrebten Ziele zu verwirklichen. Auf Grund dieser Umstände begann im 19. Jh. unter dem Einfluß der Theorien von Bentham langsam die Idee einer Kodifikation des englischen Rechts in das Bewußtsein der Rechtswissenschaft und der Öffentlichkeit einzudringen, ohne daß diese jedoch je auf eine breite Resonanz gestoßen oder zentraler Gegenstand der Auseinandersetzungen geworden wäre. Neben den Büchern und Schriften von Bentham zur Frage der Kodifikation, die etwa seit 1810 zunehmend Verbreitung in England fanden, waren es in erster Linie Aufsätze und Artikel seiner engeren Anhänger und Schüler, die zu einer Verbreitung dieser Vorstellungen in England führten. Insbesondere Romilly und James Mill bemühten sich, seine Ideen zu propagieren[4]. Im Bereich der allgemeinen juristischen Literatur fand die Idee einer Kodfikation allerdings nur ein geringes Echo, und nur wenige Autoren bemühten sich um eine grundsätzliche Auseinandersetzung oder um Entwürfe auf bestimmten Sachgebieten.

Im Jahre 1821 veröffentlichte J. T. Beaumont[5] eine Schrift, „An Essay on Criminal Jurisprudence with the Draft of a New Penal Code", in der er den Zustand des Strafrechts anprangerte und unter anderem ausführte, daß die Justices of the Peace im Prinzip 750 Statutes des materiellen Strafrechts und 400 des Prozeßrechts beherrschen müßten[6]. Daraus leitete er die Forderung nach einer Vereinfachung des Rechts her, die aber nicht die Form einer Kodifikation, sondern die einer umfassenden Consolidation erhalten sollte. Der Begriff „Penal Code" im Titel seiner Schrift ist daher heute mißverständlich, da er damit dem Sprachgebrauch der Zeit entsprechend zutreffend die Summe der Normen jedoch nicht ein im engeren technischen Sinne zu schaffendes Gesetzbuch bezeichnete.

Einer der wenigen Rechtsgelehrten, der sich bemühte, den Gedanken einer Kodifikation des englischen Rechts durch seine Arbeiten zu fördern,

---

[3] *Halévy*, S. 306 f.; *Dicey*, S. 176 ff.
[4] *Halévy*, S. 300 f.
[5] John Thomas Beaumont (1774 - 1841) war Gründer mehrerer Versicherungsunternehmen und befaßte sich nur am Rande mit juristischen Problemen allgemeiner Natur. (*DNB*, Bd. II, S. 60 f.)
[6] *Radzinowicz*, Bd. I, S. 575, Anm. 25.

war Anthony Hammond (1758 - 1838). Er veröffentlichte den Entwurf zu einem Gesetzbuch, in dessen einleitenden Ausführungen er sich auch mit naturrechtlichen Problemen befaßte „Scheme of a Digest of the Laws in England, with Introductory Essays on the Science of Natural Jurisprudence“ (1820)[7]. Der Schwerpunkt der Tätigkeit Hammonds lag auf dem Gebiet des Strafrechts, hier hatte er 1824 in einem Ausschuß des Unterhauses, dem er angehörte, einen Plan zur Ergänzung und Consolidation des Strafrechts vorgelegt[8]. Sein Ziel war es, über diesen Weg, der für ihn nur eine vorbereitende gesetzgeberische Maßnahme sein sollte, letztendlich zu einer Kodifikation des Strafrechts zu gelangen. Gegenüber den Bedenken[9] gegen ein solches Gesetzbuch an sich verteidigte er sich damit, daß er nicht, wie etwa der Code Napoléon, neues Recht schaffen wolle, sondern es ihm lediglich um eine formelle Vereinfachung des bestehenden Rechts mit dem Ziele größerer Rechtssicherheit ginge.

Sowohl aus dieser ausdrücklichen Abgrenzung gegenüber der französischen Kodifizierung und seinen mehr an einem historischen, das Bestehende legitimierende Naturrecht orientierten Vorstellungen ergibt sich, daß seine Ideen und Pläne neben und teilweise im Gegensatz zu denen von Bentham standen. Aber auch dieser Ansatz zu einer Kodifikation konnte sich nicht durchsetzen, zumal er nicht ausreichend theoretisch durchgearbeitet und überdacht war. Einfluß auf die Gesetzgebung hatte die Tätigkeit von Hammond jedoch insoweit, als Robert Peel sich bei seinen Reformen des Strafrechts, 1825 bis 1829, die eine Consolidation bestimmter Teilbereiche zum Ergebnis hatten[10], auf seine Vorarbeiten stützen konnte[11].

Eine weitere Belebung der Diskussion einer Reform des Strafrechts ergab sich aus der Veröffentlichung des Entwurfs für ein einheitliches Strafgesetzbuch des Staates Louisiana in England im Jahre 1824 unter dem Titel „Project of a New Penal Code for the State of Louisiana“[12], den Edward Livingston 1821 verfaßt hatte. Im Vordergrund der Auseinandersetzung standen jedoch Fragen der materiellen Regelungen und nicht die der Form des Gesetzes.

---

[7] *Holdsworth*, History XIII, S. 286 f.; *DNB*, Bd. VIII, S. 1124.

[8] *Radzinowicz*, Bd. I, S. 576, Anm. 31. Auch Hammond verwendete wie bereits oben bei Beaumont erwähnt den Begriff „code“ vielfach, ohne daß hierbei deutlich zwischen Summe der Normen, Consolidation oder Kodifikation unterschieden wird.

[9] Vgl. auch *Holdsworth*, History XIII, S. 295, Anm. 3.

[10] *Radzinowicz*, Bd. I, S. 574 ff.

[11] Inwieweit die Arbeiten von Hammond tatsächlich Grundlage dieser Gesetzgebung gewesen sind, oder seine Tätigkeit nur einen Teilaspekt bildete, ist in der englischen Literatur streitig. Vgl. hierzu *Radzinowicz*, Bd. I, S. 576, Anm. 31.

[12] *Radzinowicz*, Bd. I, S. 577, Anm. 32.

Wenig später erschien 1825 unter dem Titel „Evidence Forming a Title of the Code of Legal Proceedings according to the Plan proposed by Crofton Uniacke, Esq." ein Teilentwurf zu einem Gesetzbuch über das Prozeßrecht von S. B. Harrison[13]. Dieser Entwurf umfaßte 34 Paragraphen, in denen das geltende Recht knapp und klar in seinen Grundsätzen wiedergegeben wurde. Einen erkennbaren Einfluß auf die Tätigkeit oder die Überlegungen des Gesetzgebers übte diese Schrift jedoch nicht aus.

Sehr viel mehr Beachtung fand ein Buch von James Humphreys (gest. 1830)[14], „Observations on the actual state of the English Law of Real Property with outlines for a systematic Reform", das im Jahre 1826 erschien und bereits ein Jahr später eine zweite Auflage erlebte[15]. Humphreys schlug in seinem Buch nach einer Darstellung und Kritik des geltenden Rechts ein Gesetzbuch für das Recht der unbeweglichen Sachen vor, und lieferte zugleich einen ersten Entwurf, der der Struktur des englischen Rechts folgend, auch Teile des Vertragsrechts und insbesondere des Erbrechts umfaßte. Die vorgeschlagenen Reformen waren zum Teil einschneidender Art und wurden in der zweiten Auflage gemildert, um eine Verwirklichung der Pläne zu erleichtern. Der Entwurf und die Vorschläge fanden ein beachtliches Echo, was unter anderem beweist, daß man nun einerseits bereit, aber andererseits auch gezwungen war, sich mit dem Problem der Kodifikation auseinanderzusetzen.

Bentham begrüßte das Buch in einem Artikel „A Commentary on Mr. Humphreys' Real Property Code" in der Westminster Review lebhaft und verknüpfte damit zugleich eine Reihe weiterer Änderungsvorschläge[16]. Auf Kritik und Ablehnung stießen die Vorstellungen von Humphreys jedoch bei der überwiegenden Zahl der Juristen. Sudgen etwa, später Lord St. Leonards als Lord Chancellor, gestand zwar eine gewisse Reformbedürftigkeit des Liegenschaftsrechts zu, meinte aber, daß die Pläne zu weit gingen, und im Ergebnis den Adel als die staatstragende Schicht ohne ausreichende Substanz zur Wahrung seines standesgemäßen Unterhaltes belassen würde. Das Prinzip der Kodifikation wurde von ihm grundsätzlich abgelehnt.

Auch die Real Property Commission, ein Ausschuß des Parlaments, lehnte die Vorstellungen Humphreys ab, und so blieb sein Entwurf im Ergebnis ohne den erstrebten Erfolg[17].

---

13 *Holdsworth*, History XIII, S. 467.
14 *DNB*, Bd. X, S. 250.
15 *Holdsworth*, History XIII, S. 294 f.
16 *Bentham*, Works, Bd. V, S. 387 ff.; *Stevenson*, S. 162, Anm. 22.
17 Berücksichtigt wurden jedoch die Ideen von Humphreys bei der Gesetzgebung des Staates New York im Jahre 1828, wobei zahlreiche seiner Vorstellungen Eingang in das dortige Gesetzbuch fanden. (Vgl. *Stevenson*, S. 155 ff.)

Ein weiterer Rechtsgelehrter, J. J. Park (1795 - 1833)[18],der unter anderem auch in Göttingen studiert hatte und dort in seinem Denken durch die Historische Schule beeinflußt worden war, setzte sich in seiner Schrift „A Contra-Project to the Humphreysian Code, and to the projects of reduction by Messrs. Hammond, Uniacke, and Twiss“, 1828, grundsätzlicher mit dem Problem einer Kodifikation auseinander. Er betonte, daß eine solche in England nicht erforderlich sei, da das Recht hier bereits ein einheitliches System darstelle, und jeder gesetzgeberische Eingriff nur eine unorganische und damit abzulehnende Änderung bringen würde. Park äußerte sich auch noch in weiteren Schriften ablehnend zu dem Problem einer Kodifikation. So erschien 1828 unter dem Pseudonym Eunomus die „Three Juridical letters addressed to the Right Hon. Sir Robert Peel in reference to the Present Crises of Law Reform“ und 1832 „Conservative Reform: A Letter addressed to Sir William Bentham“.

Davon, daß die Meinung der Juristen allgemein gegen eine Kodifikation gerichtet war, zeugt auch ein Ausspruch von Lord Cambell, der äußerte[19]:

> "Joseph Hume and other such ignorant coxcombs think that the whole law of England might be compromised in an octavo volume, and that all other books connected with the law might be burned. Were he to attend in the Palais de Justice, he would find the advocates and judges ... referring to the Civil Law, to the droit coutumier before the Revolution, to the works of Daguesseau and Pothier, or to a body of recent decided cases little less bulky than the Reports which load the shelves of an English lawyer."

Obwohl also seit Beginn des 19. Jh. sich die Gruppe der Reformer in England ständig vergrößerte, konnte sich die Idee einer Kodifikation des englischen Rechts nicht durchsetzen. Weder in der Rechtswissenschaft noch in der Öffentlichkeit fand sie einen größeren Widerhall und stieß fast durchweg auf Unverständnis, Mißtrauen und Ablehnung. Nur wenige aus dem engeren und weiteren Kreis um Bentham bekannten sich zu ihr und suchten sie zu verwirklichen[20].

---

[18] *DNB*, Bd. XV, S. 217 f.

[19] Zitat bei *Holdsworth*, History XIII, S. 128. Der im Zitat erwähnte Joseph Hume (1777 - 1855) kam 1811 in das Parlament und galt als einer der „leader of the radical party“. Er war ein Freund von Bentham und James Mill und engagierte sich besonders auf dem Gebiet des Steuer- und Finanzwesens und trat sowohl hier als auch sonst zugunsten der Arbeiterschaft für Reformen ein. (*DNB*, Bd. X, S. 230 ff.)

[20] Romilly etwa wie auch später Brougham (s. u.) vermieden es trotz aller Bewunderung Benthams, sich bei ihren Reformbemühungen auf das Prinzip einer Kodifikation zu versteifen oder diese gar zum zentralen Punkt ihrer Tätigkeit zu machen.

2. Die Idee der Kodifikation im englischen Parlament

Im englischen Parlament ist nach den ersten Reformansätzen am Ende des 18. Jh. erst wieder nach 1815 ein verstärktes Bemühen festzustellen, sich mit Fragen einer Rechtsreform zu befassen. Im Zuge dieser Entwicklung wurde es nun auch möglich, das Problem einer Kodifikation als Prinzip einer umfassenden Neuordnung des Rechts anzusprechen. Es ist zum ersten Mal seit der Zeit des Commonwealth, daß diese Frage wieder im Parlament ernsthaft zur Sprache kommt.

Bereits 1811 hatte Bentham Lord Sidmouth, der zu der Zeit Mitglied des Kabinetts war, den Vorschlag unterbreitet, eine Kodifikation in die Wege zu leiten, und hatte sich angeboten, den Entwurf zu einem Strafgesetzbuch auszuarbeiten. Seine Pläne wurden jedoch ohne weitere Begründung abgelehnt[21].

Im Jahre 1815 wurde dann durch Earl Stanhope im House of Lords wiederum für Gebiete des Strafrechts sowie des Poor-Law angeregt, Gesetzentwürfe vorbereiten zu lassen, die die Zusammenfassung des Rechts auf diesen zunächst noch recht eng gefaßten Gebieten zum Ziel haben sollten.

> "That the Judges do prepare and lay before the House a Bill for reducing into one Act all the laws now in force, imposing the penalty of the pillory, or authorising the infliction of the same. ... they do prepare and bring in a Bill to digest into one Act, all the laws now in force respecting the Poor[22]."

Da hier nur von „reducing" und „to digest" die Rede ist, muß man annnehmen, daß lediglich eine Consolidation, eine Zusammenstellung, und zunächst zumindest keine inhaltliche Reform des Rechts beabsichtigt war[23].

Auch bei der Diskussion einer allgemeinen systematisierenden Reform der Statutes im Jahre 1816 wurde die Frage einer Zusammenfassung von Gesetzen in bestimmten Bereichen — „might be reduced into a body"[24] — angesprochen, doch im Ergebnis als noch verfrüht und nicht praktikabel verworfen[25].

Nach diesen beiden Hinweisen in den Aufzeichnungen der Parlamentsdebatten, aus denen sich nur indirekte Anhaltspunkte für einen Wunsch

---

21 *Vadon*, S. 43.

22 *Hansard* (1st Series) XXXI, S. 1142.

23 Einer besonderen Untersuchung, die im Rahmen dieser Arbeit jedoch nicht geleistet werden kann, bedürfte die Frage, inwieweit die genannten Materien ausschließlich durch Statutes geregelt waren, so daß im Ergebnis eine Consolidation dieser Gesetze einer Teilkodifikation gleichgekommen wäre. Zu berücksichtigen wäre hierbei jedoch, in welchem Maße die betroffenen Statutes bereits durch Precedents überlagert und umgeformt oder zu Teilen des Common Law geworden waren.

24 *Hansard* (1st Series) XXXIII, S. 1042.

25 Vgl. oben Fünftes Kapitel, V, 3.

nach Kodifikation gewinnen lassen, tritt eine Pause von über einem Jahrzehnt ein, bis für etwa drei Jahre die Frage einer umfassenden Kodifikation des Rechts etwas mehr in den Blickpunkt der Auseinandersetzungen im Zusammenhang mit der allgemeinen Reformdiskussion rückt. Der Auftakt zu einer intensivierten Befassung mit einer Reform des Rechts war 1828 durch eine Rede von Brougham im Unterhaus gesetzt worden[26]. Seine umfangsreiche und detaillierte Kritik, verbunden mit zahlreichen Reformvorschlägen, hatte in dem pathetischen Aufruf gegipfelt, das englische Parlament möge, sich Kaiser Augustus und Napoleon an die Seite stellend, unvergänglichen Ruhm als Bewahrer und Förderer von Recht und Gerechtigkeit erwerben. Obwohl Brougham ein Schüler und Freund von Bentham war, und er am Schluß seiner Rede selbst auf den Code Civil anspielte, verband er keinen seiner Vorschläge mit der Anregung zur Schaffung einer Kodifikation. Bei der Vorbereitung der Rede hatte Bentham sogar Brougham hierbei seine Hilfe angeboten und dabei auch ausdrücklich angeregt, den Plan zu einer Kodifikation vorzutragen[27]. Die Gründe für diese Zurückhaltung sind mit aller Wahrscheinlichkeit darin zu sehen, daß Brougham sicher nicht zu Unrecht glaubte, daß ein solcher Plan politisch nicht durchsetzbar war, und er daher, um die notwendige Rechtsreform nicht zu gefährden, darauf verzichtete, ein zu hoch gestecktes Ziel ins Auge zu fassen und dem Parlament zur Realisierung vorzuschlagen[28].

Erst zwei Jahre später, nachdem die Reformbemühungen vorangeschritten waren, erste Ergebnisse gezeigt hatten und das Bewußtsein ihrer Notwendigkeit bei der Mehrheit des Parlaments verankert war, fand eine größere Debatte über das Problem einer Kodifikation statt.

Im Jahre 1830 führte Robert Peel[29], Home Secretary, in einer Debatte über die Schaffung von County Courts[30] aus[31]:

> "We ought not to attempt partial reform but endeavour to effect a general improvement in the practise and administration of law."

---

[26] Vgl. oben Fünftes Kapitel, VII.

[27] *Radzinowicz,* Bd. I, S. 357, Anm. 4.

[28] *Dillon,* S. 502, Anm. 1, gibt eine ausführliche Darstellung des Verhältnisses von Bentham und Brougham und Benthams bitterer Kritik an der Rede und den seiner Meinung nach ungenügenden Reformvorschlägen. "Mr. Brougham's mountain is delivered, and behold! a mouse."

[29] Robert Peel (1750 - 1830), einer der Führer der Tories im 19. Jh., wurde 1821 Home Secretary und bemühte sich um eine Reihe von Rechtsreformen, wobei er jedoch stets darauf bedacht war, sich im Rahmen der vorgegebenen Rechtsstruktur zu halten. "He carried out reform after reform of a practical and limited kind; but his measures were never part of a widely envisaged plan of great social change. They were always set against the larger mass of English institutions and habits which Peel did not want to alter." (*Woodward,* S. 111.)

[30] Vgl. oben Fünftes Kapitel, III 1 a.

[31] *Hansard* (2nd Series) XXII, S. 654.

Die Versuche jedoch, diese Erklärung der Regierung zum Anlaß zu nehmen, und eine allgemeine Verbesserung durch eine Kodifikation vorzuschlagen und in die Wege zu leiten, scheiterten. Es war der Abgeordnete O'Connell[32], der als erster diese Formulierung von Peel aufgriff und ausführte[33]:

> "... to bring forward as a thing neccessary above all others — he meant the formation of a Code for England. All other countries had Codes, and why should England be behind them in the simplicity of her laws? The principle of codification was good. Many persons, no doubt, would object to a Code as not sufficiently comprehensive; but what the right hon. Gentleman opposite was now doing, and what he had done, in consolidating the principles of 272 Statutes into 8, was Codification, and he ought to proceed until he had established a complete code. It might be said that the cases likely to arise for legal adjudication in this country would be too numerous and too complicated to be comprehended in any one Code; but we had at present a law for almost every case that could arise, and where such a law did not exist, the matter was left to the discretion of the Judge, which was the worst of all law, because it must be an ex post facto law."

Peel erwiderte darauf[34]:

> "The suggestion of the hon. Member as to Codification, was one in which he could not go with him. It was, no doubt, very popular. But the hon. and learned Gentleman should consider what had been the result where it had been adopted. Let him only see what had been the extent of the comments on the Code Napoleon. In short, the more concise any legal Code was made, the more its interpretation was left to the discretion of the Judge. Now he had often heard it objected to English judicial administration, that too much was left to the discretion of the Judges, but the more we allowed general rules of law to form our Code, the more we must necessarily leave to the discretion of Judges, and thus the adoption of a Code would be open to one of the hon. and learned Member's strongest objections — that of an ex post facto law for a new case in the discretionary interpretation of the Judge. There was a medium to be observed between the system, too much in practise in former time, of making a specific act for each case as it arose, which produced this mass of legislation that we are now endeavouring to consolidate, and that of making a Code which would be too concise to embrace more than general principles."

---

[32] Daniel O'Connell (1775 - 1847) war einer der führenden Männer im politischen Leben Irlands und dessen Fürsprecher im Parlament. Sein Hauptbemühen galt der Verbesserung der Rechtsstellung der irischen Katholiken. In diesem Zusammenhang beschäftigte er sich in seiner parlamentarischen Arbeit allgemein mit Fragen der Rechtsreform und bemühte sich, Benthams Ideen und Lehren in der Gesetzgebung des Parlaments Geltung zu verschaffen, mit dem er auch in Korrespondenz über diese Fragen stand. (Vgl. *Dicey*, S. 178 f.; *DNB*, Bd. IV, S. 816 ff.). In der englischen Literatur wird, soweit ersichtlich, das Bemühen von O'Connell, der Kodifikationsidee Benthams im Parlament zum Erfolg zu verhelfen sowie überhaupt die Debatte in diesen Jahren, nicht behandelt.

[33] *Hansard* (2nd Series) XXII, S. 676.

[34] *Hansard* (2nd Series) XXII, S. 677.

Ihm entgegnete nochmals O'Connell[35]:

> "... the right hon. Gentleman had misunderstood what he said about a Code. He was not for making now a new Code of laws for the country. We had already the materials in English law for an excellent Code, and the comments of the Judges would form so many philosophic experiments by which the fitness of certain parts of it might be decided. The Code Napoleon was good as far as it went, but its fault was that it did not go far enough. It was not sufficiently comprehensive to embrace many subjects which it ought to have included."

Im gleichen Jahr bei der Fortsetzung der Debatte über die Schaffung von County Courts wurde von Brougham zwar Bentham als „Founder of all Legal Reform"[36] gefeiert, doch grenzte er sich zugleich von ihm ab, indem er betonte, daß ihm viele der von diesem vorgeschlagenen Reformen in Form und Inhalt zu weitgehend seien. Wegen dieser Distanzierung wurde er von O'Connell angegriffen, der ihn der Halbherzigkeit anklagte[37], und selbst wiederum die Schaffung eines Gesetzbuches vorschlug, da die geplanten County Courts nur auf der Grundlage einer umfassenden Kodifikation schnell und billig Recht sprechen könnten.

> "... for no alteration in the machinery of the laws would cure the evils now existing, without the making of a code[38]."

Gegen die Einwände, in Frankreich habe sich gezeigt, daß auch dort der Code Civil die meisten Probleme nicht habe lösen können[39], verteidigte er sich mit dem Argument, der französische Code sei unvollständig und nicht konsequent genug durchdacht.

Nachdem die Versuche im Rahmen der Diskussion über die Einsetzung neuer Gerichte, das Parlament für den Plan einer Kodifikation zu gewinnen, gescheitert waren — auch die Schaffung der County Courts war abgelehnt worden — wurde von O'Connell im Sommer 1830 angekündigt, daß er folgenden weiteren Schritt beabsichtige[40]:

> "A Address to his Majesty, that he would be graciously pleased to take measures to have drafts or plans of a Code of Laws and procedure, either in the whole or in parts, to be laid before that House."

Weiter kündigte er an, daß Bentham eine Petition verfassen und er, O'Connell, diese in der nächsten Sitzungsperiode dem Parlament vorlegen werde[41]:

---

[35] *Hansard* (2nd Series) XXII, S. 678.
[36] *Hansard* (2nd Series) XXIV, S. 263.
[37] *Hansard* (2nd Series) XXIV, S. 286 f.
[38] *Hansard* (2nd Series) XXIV, S. 286.
[39] Abgeordneter *Wynn*: "... that there (Frankreich) was a code, but it did not meet, and it was impossible to make a Code to meet every case." *(Hansard* [2nd Series] XXIV, S. 287.)
[40] *Hansard* (2nd Series) XXV, S. 1114.
[41] O'Connell bezieht sich hier zweifellos auch auf eine Schrift, die Bentham

"... which petition contained an offer to submit to the House the draft of a full Code of Laws and procedure, with reasons for every article, if the House would think proper to go to the expense of printing it. He was instructed to say, that Mr. Bentham in his plan, met the objection which had hitherto been made to all codes, that they were subject to misinterpretation."

Diese Petition wurde im Jahre 1831 vorgelegt[42], blieb jedoch ohne Erfolg.

"A Petition ... complaining of the Statute Law and Common Law as it exists at present; and praying that the House, in and by its votes, may be pleased to give invitation to all persons so disposed to send in each of them a plan of an all-comprehensive code, followed by the text thereof; this text either the whole of it at the same time, or in such succesive portions as he may find most convenient."

Im gleichen Jahre wurde ebenfalls von John Dingwall Williams, einem Studenten am Inner Temple, eine entsprechende Petition eingebracht[43].

"That the House will be pleased to entrust the revision of the British Code of Law to men having some claim to liberal feelings, enlarged capacities, and general knowledge."

Die Law Commission, die vom Parlament mit einer Prüfung und Sichtung des Rechts beauftragt worden war, befaßte sich jedoch mit diesen Petitionen nicht näher, wie auch überhaupt die Frage einer Kodifikation nicht berücksichtigt wurde. Zwar wurde diese Haltung wiederum von O'Connell kritisiert, der ausdrücklich auf das Bemühen und die Bereitschaft von Bentham verwies, doch konnte er sich wie schon in den früheren Jahren mit seiner Ansicht nicht durchsetzen.

"It would on the whole, be infinitely better, to form a new and complete code, particularly as an offer had been made by a celebrated individual to devote his time and attention to this subject[44]."

Mit dem Fehlschlagen der Versuche, das Parlament in den Jahren 1830 und 1831 zu einer umfassenden Kodifikation auf der Grundlage der von Bentham entwickelten Prinzipien zu bewegen, war der Plan zu einem solchen Gesetzbuch in England praktisch gescheitert. Zwar wurde in den nächsten Jahrzehnten die Diskussion um die Schaffung einzelner Teilkodifikationen fortgesetzt, doch war dies im Grunde nur noch ein

---

bereits 1829 unter dem Titel „Petition for codification" veröffentlicht hatte. Zu Unrecht wird in der englischen Literatur (vgl. *Lang*, S. 33) angenommen, daß diese niemals dem Parlament vorgelegt worden sei, da sich keiner seiner Freunde hierzu bereitgefunden habe. Offensichtlich wird hier das Tätigwerden von O'Connell übersehen.

[42] *Commons Journal* 85, S. 26.

[43] *Commons Journal* 85, S. 563.

[44] *Hansard* (3rd Series) IV, S. 1444.

Ausklang der ursprünglich sehr viel weitergehenden Ziele und Vorstellungen. Die mangelnde Unterstützung dieser Pläne und die relativ kurze Zeit, in der sie nur vertreten wurden, zeigt, daß die Idee einer umfassenden Kodifikation des englischen Rechts auf keine breite Resonanz gestoßen ist[45]. Obwohl es neben Bentham noch eine Reihe weiterer Personen gab, die außerhalb und innerhalb des Parlaments die Sache einer Kodifikation des englischen Rechts vertraten, wenn auch mit teilweise unterschiedlichen Schwerpunkten und Ausformungen, bleibt als Ergebnis festzuhalten, daß im Grunde die Idee der Kodifikation an die Person von Bentham und seinen engeren Kreis von Freunden und Anhängern gebunden blieb. Eine Breitenwirkung wurde weder in der allgemeinen Öffentlichkeit, noch unter den Juristen, noch im Parlament erreicht. Wenn also Peel 1830 davon spricht, daß das Anliegen einer Kodifikation „very popular" sei, so ist dies nicht zutreffend, und kann wohl nur als Höflichkeitsfloskel gegenüber O'Connell verstanden werden. Während eines recht kurzen Zeitraumes von etwa 10 Jahren war zwar das Problem einer umfassenden Kodifikation Gegenstand einiger Auseinandersetzungen, doch einen nachhaltigen und in den Ergebnissen der Gesetzgebung sich widerspiegelnden Ausdruck fand dies nicht. Im Vordergrund standen Fragen einer materiellen Rechtsverbesserung, die Frage der Form des Rechts, der Statutes, rückte hierbei in den Hintergrund. Auch bei den Auseinandersetzungen um die verschiedenen Consolidations ging es in erster Linie nicht darum, ob gerade diese Form der Neuordnung gewählt werden sollte, sondern um die Frage, ob überhaupt Reformen notwendig seien. Die ersten Jahrzehnte des 19. Jh. sind daher geprägt von der Diskussion einer Reform des materiellen Rechts, den inhaltlichen Prinzipien, nach denen dieses zu regeln sei — auch hier hat Bentham entscheidende Beiträge geleistet — nicht jedoch um die formelle Struktur des Rechts. Eine legislative Reform des englischen Rechtssystems — die Ersetzung von Common Law und Equity durch ein Gesetzesrecht — stand nicht zur Debatte.

IV. Weitere Entwicklung der Kodifikationsbewegung im 19. Jh.

Nachdem durch die Parlamentsreform des Jahres 1832 sich die Zusammensetzung des Unterhauses dahin geändert hatte, daß die Gruppe der reformbereiten Abgeordneten nunmehr in der Mehrheit war, bestand die Aussicht, daß nun auf dieser Grundlage umfassendere Reformen des Rechts in die Wege geleitet werden konnten. Diese Möglichkeit, die ein bewußtes Ziel der Reform gewesen war, wurde auch von dem neuen Lord Chancellor Brougham gesehen, der 1833 das House of Lords

---

[45] *Lang*, S. 48.

veranlaßte, eine Royal Commission einzusetzen, der folgende Aufgaben übertragen wurden[1]:

"1. To digest into one statute all the statutes and enactments touching crimes and the trial and punishment thereof, and also to digest into one other statute all the provisions of the common or unwritten law touching the same;

2. To inquire and report how far it might be expedient to combine both those statutes into one body of criminal law; and

3. Generally to inquire and report how far it might be expedient to consolidate the other branches of the existing law for England."

Ziel sollte es also sein, zumindest eine Zusammenstellung des Strafrechts in zwei Gesetzeswerken zu erreichen, und zwar je eines unter Berücksichtigung des Statute Law und des Common Law, wobei als weiterer Schritt einer systematischen Neuordnung des Strafrechts in einem Gesetzbuch dies durch Einarbeitung der in den zunächst erstellten Sammlungen gefundenen Grundsätzen erfolgen sollte[2]. Ein solches Gesetzbuch hätte in der Tat eine Kodifikation des englischen Strafrechts bedeutet, da sowohl Statute Law als auch Common Law in einem Gesetz als alleinige Rechtsquelle zusammengefaßt worden wären. Daß man das Ziel einer Gesamtkodifikation des englischen Rechts noch nicht ganz aus dem Auge verloren hatte[3], zeigt der dritte Absatz des zitierten Beschlusses. Es fällt bei diesem Beschluß auf, daß an keiner Stelle der Begriff „code" oder „codification" gebraucht wird, obwohl das Ergebnis der Bemühungen, wenn diese erfolgreich gewesen wären, zweifellos eine Kodifikation zur Folge gehabt hätten. Die Verwendung einer abweichenden Terminologie ist wohl das Ergebnis früherer Debatten, in denen unter Hinweis auf den Code Civil und die Thesen Benthams die Zwecklosigkeit und Erfolglosigkeit von allgemeinen Kodifikationen behauptet wurde. Um wohl von vornherein derartigen Angriffen zu begegnen, verwandte man die bekannteren und unverfänglicheren Begriffe von „one body of law" oder „consolidation".

Mitglieder der Kommission waren so bekannte Rechtsgelehrte wie Andrew Amos, John Austin und T. Starkie[4]. Austin zog sich jedoch bald zurück, da er erkannte, daß die Tätigkeit der Kommission nicht zu dem auch von ihm erstrebten Ziel einer Kodifizierung des Rechts würde führen können[5]. Die Kommission veröffentlichte 1835 einen ersten allgemeinen Bericht und bis 1843 sieben weitere, die sich speziell

---

[1] Zitat bei *Ilbert*, S. 51.

[2] Zur Geschichte der Reform des Strafrechts im 19. Jh. vgl. *Holdsworth*, History XV, S. 142 ff. und *Radzinowicz*.

[3] Zur allgemeinen Geschichte der Kodifikationspläne nach 1832 vgl. *Ilbert*, S. 51 ff. und 122 ff., und *Lang*, S. 40 ff.

[4] *Lang*, S. 42.

[5] *Austin*, Bd. 1, S. 10 f.

mit dem Strafrecht beschäftigten. Bei seiner Tätigkeit war der Ausschuß zu dem Ergebnis gekommen, daß es nicht ausreichend sei, eine Kompilation des bestehenden Rechts zu erstellen, sondern daß es notwendig wäre, auch inhaltliche Verbesserungen und Neuregelungen zu treffen. Diese Notwendigkeit wurde anerkannt, und der Kommission 1839 ausdrücklich ein diesbezügliches Vorschlagsrecht zugestanden[6]. Nach 12 Jahren wurde der Ausschuß jedoch 1845 aufgelöst. Es war zwar ein sogenannter Digest erstellt worden, den Brougham als Gesetzesvorlage einbrachte, doch wurde diese vom House of Lords als unzureichend empfunden[7] und Brougham vom Lord Chancellor Lord Lyndhorst überredet, den Entwurf überarbeiten zu lassen[8]. Es wurde daher ein neuer Ausschuß eingesetzt, der diese Überarbeitung vornehmen sollte. Die Aufgaben wurden jetzt jedoch dahin eingeschränkt, daß nur noch ein Gesetzentwurf bezüglich des ganzen oder auch nur für Teilbereiche des Strafrechts erstellt werden sollte. Im Jahre 1848 wurde von diesem Ausschuß ein Entwurf vorgelegt, der eine Reihe grundsätzlicher Begriffsbestimmungen normierte, “An entire Digest of the written and unwritten Law relating to the Definition of Crimes and Punishments”[9]. Dieser Entwurf wie auch ein Bericht über das Strafprozeßrecht aus dem Jahre 1849 wurden vom Oberhaus nicht weiter behandelt. Die Kommission wurde aufgelöst.

Drei Jahre später, 1852, wurde ein erneuter Anlauf zur Schaffung eines Strafgesetzbuches durch Lord Chancellor Lord St. Leonards unternommen. Wiederum sollte ein Entwurf erstellt werden, der sowohl das Statute Law als auch das Common Law umfassen sollte[10]. Es wurden auch einige Entwürfe zu Teilbereichen geschaffen, doch keiner wurde dem House of Lords vorgelegt, da sich insbesondere die Richter auf Anfrage durch Lord Chancellor Lord Cranworth grundsätzlich gegen jede Kodifikation des Strafrechts schlechthin ausgesprochen hatten[11]. Damit war das Vorhaben einer strafrechtlichen Kodifikation gescheitert, obwohl die Bemühungen hierzu über 20 Jahre gedauert und Kosten von etwa 50 000 Pfund verursacht hatten[12].

Man versuchte nun, einen anderen, weniger anspruchsvollen Weg einzuschlagen, um zumindest eine Neuordnung des Statute Law zu erreichen[13], und zwar griff man wieder auf das Verfahren der Consolida-

---

[6] *Lang*, S. 43 f.
[7] *Ilbert*, S. 52.
[8] *Hansard*, Bd. 48 (1848), S. 912.
[9] Zitat bei *Ilbert*, S. 52.
[10] *Ilbert*, S. 53.
[11] *Parliamentary Papers* 53 (1854), S. 391. Vgl. *Lang*, S. 47 ff., mit ausführlicher Darstellung und kritischer Würdigung der Argumente.
[12] *Lang*, S. 54.
[13] *Ilbert*, S. 53 ff.

tion zurück. Als Endziel schwebte einigen auch hier noch ein „Code Victoria“[14] vor, doch war dies nur eine Hoffnung, ein mögliches Fernziel. In den nächsten Jahrzehnten wurden nun zahlreiche sogenannte Criminal Law Consolidation Acts erlassen, die das Strafrecht bereinigten und übersichtlicher gestalteten.

Im Jahre 1863 wurde von Lord Chancellor Lord Westbury eine Bilanz gezogen[15], in der er der Hoffnung Ausdruck gab, daß, wenn die Arbeit einer Durchsicht der Statutes auf allen Rechtsgebieten geleistet worden wäre, man sich endlich an die Aufgabe der Schaffung eines Gesetzbuches machen könne, das alles geschriebene und ungeschriebene Recht enthalte.

"... to inquire into the expediency of a digest of law, and the best mode of accomplishing that object, and of otherwise exhibiting in a compendious and accessible form the law as embodied in judicial decisions[16]."

Eine zur Vorarbeit auf diesem Gebiet eingesetzte Kommission löst sich jedoch bereits nach einem Jahr Tätigkeit 1867 wieder auf[17].

Ein Versuch, das Problem der Schaffung eines einheitlichen Strafgesetzbuches wieder aufzunehmen, erfolgte 1878. Es wurde ein von James Stephen geschaffener Entwurf — Criminal Code (Indictable Offences) Bill — vorgelegt, der jedoch nicht die Zustimmung des Unterhauses, dem erstmals ein solcher Entwurf vorgelegt worden war, und des Lord Chief Justice[18] fand und 1883 endgültig zurückgezogen werden mußte[19]. Das gleiche Schicksal erlitt ein Vorhaben, das Beweisrecht zu normieren[20].

Das Scheitern dieser Versuche ließ endgültig erkennen, daß das englische Parlament auch in der zweiten Hälfte des 19. Jh. in seiner großen Mehrheit nicht bereit war, eine Kodifikation von größerem Umfang durchzuführen, selbst wenn die Entwürfe von führenden Rechtsgelehrten ausgearbeitet worden waren. Es sind zwar in den folgenden Jahr-

---

[14] *Lord Cranworth*, Hansard, Bd. 124, S. 4.

[15] *Hansard*, Bd. 171 (1863).

[16] Zitat bei *Ilbert*, S. 127.

[17] *Ilbert*, S. 61, 127. Zur gleichen Zeit wurden jedoch in Indien durch die englische Regierung einige Kodifikationen erlassen, die bestimmte Rechtsgebiete abschließend regelten. (Vgl. allgemein *Ilbert*, S. 129 ff.; *Lang*, S. 69 ff.) Die ersten Ansätze zu dieser Gesetzgebung gehen bereits auf das Jahr 1833 zurück, doch konnte politisch erst 1860 eine Durchsetzung erreicht werden. Ab diesem Zeitpunkt ergingen in schneller Folge der Code of Civil Procedure (1859), der Penal Code (1860) und der Code of Criminal Procedure (1861).

[18] *Harding*, S. 336; *Baker*, S. 301.

[19] *Ilbert*, S. 69 f.; *Dicey*, S. 163 f.; Ausführlich zum parlamentarischen Verfahren *Lang*, S. 55 ff.

[20] *Ilbert*, S. 127.

zehnten einige kleinere Teilgebiete geregelt worden[21], der Ansatz und das Bemühen, zu einem allgemeinen Gesetzbuch oder mehreren umfassenderen Gesetzeswerken zu gelangen, waren jedoch nicht mehr vorhanden.

---

[21] Bills of Exchange Act, 1882 (45 & 46 Vict. c. 61), Partnership Act, 1890 (53 & 54 Vict. c. 39) und Sale of Goods Act, 1893 (56 & 57 Vict. c. 71). Das letzte Gesetz stellt jedoch eine Ausnahme dar, da es einen wichtigen und relativ umfangreichen Teilbereich regelt, der allerdings weder formell noch materiell umstritten war.

Achtes Kapitel

Gründe des Scheiterns der Kodifikationspläne

I. Methodisch-systematische Probleme

Im sechsten Kapitel ist dargestellt worden, welches unter dem Einfluß von Naturrecht und Aufklärung die wesentlichen Motive der Kodifikationsbewegung waren. Diese Motive spielten nicht nur im 18. Jh. eine Rolle, sondern setzten sich auch im Denken des 19. Jh. fort und fanden gerade erst hier in den ersten Jahrzehnten, soweit die Idee der Kodifikation überhaupt erfolgreich war, ihre Verwirklichung. Im Zusammenhang mit der Frage nach den Gründen des Scheiterns einer Kodifikation des englischen Rechts ist daher zu untersuchen, welche dieser Motive in England eine Rolle hätten spielen können und welche tatsächlich in der Auseinandersetzung um diese Frage Berücksichtigung fanden.

1. Territoriale Rechtsvereinheitlichung

Eines der erklärten Ziele der Kodifikationsbestrebungen war die Schaffung der Rechtseinheit innerhalb eines bestimmten territorialen Bereichs gewesen. Zugleich mit der staatlichen Einheit sollten so rechtliche Einheit und Gleichheit garantiert werden. Diese Überlegungen hatten ihre Grundlage nicht nur in einem modernen Territorialstaatsdenken, sondern dieser Gedanke wurde auch von den Vertretern der Aufklärung selbst getragen, die so formal die Erfordernisse von Rechtsfrieden und Rechtssicherheit für jeden Bürger am besten sichern zu können glaubten.

Für England bestand dieses Problem einer territorialen Rechtsvereinheitlichung jedoch im Grunde nicht. Verwaltung, Gerichtswesen und Recht waren seit Jahrhunderten zentralisiert und einheitlich. Es gab kaum lokale Sonderrechte und Gewohnheiten, die — soweit vorhanden — im übrigen alle dem staatlichen Recht nachgeordnet waren. England verfügte also im Gegensatz zum Kontinent bereits über ein nationales, geschlossenes Rechtssystem, während die meisten anderen europäischen Nationen noch um die Grundlagen der Einheit ihres Rechts kämpfen mußten.

Zu einer anderen Situation hätte lediglich das Bestreben führen können, eine Rechts- und damit auch engere Verwaltungseinheit mit Schottland zu schaffen. Dies wäre jedoch eine Frage gewesen, die schwerwiegende verfassungsrechtliche und politische Probleme aufgeworfen hätte, da in der Act of Union, 1707[1], den Schotten die Beibehaltung ihres Rechts- und Gerichtssystems garantiert worden war[2]. Unabhängig von diesen Schwierigkeiten wurde auf beiden Seiten auch kein Bedürfnis nach einer Vereinheitlichung des Rechts empfunden. Insbesondere in Schottland war man darauf bedacht, sich den garantierten Rahmen der Selbständigkeit und Unabhängigkeit zu erhalten.

Das Motiv also, durch Rechtseinheit den Anspruch auf nationale Identität nach außen und innen zu dokumentieren und sich so zugleich ein effektives Instrument zur gleichmäßigen Durchsetzung des Herrschaftswillens zu schaffen, war nicht gegeben. Hatte außerhalb Englands eine Interessengleichheit von Rechtspraxis und Rechtstheorie dahin bestanden[3], daß man sich aus dem genannten Grund in dem formalen Ziel der Erstellung einer Kodifikation einig gewesen war, so fehlten in England sowohl das objektive Bedürfnis nach Einheit als auch diese Interessenidentität. Das Fehlen dieser Faktoren darf nicht unterschätzt werden. Wenn ein Staat, d. h. der Gesetzgeber, nicht auch eigene Interessen mit einem Projekt der Rechtsreform verbinden kann, wird er kaum geneigt sein, einem von außen kommenden Drängen nach formalen und inhaltlichen Veränderungen nachzugeben, zumal wenn diese Veränderungen einen einschneidenden Eingriff in die bestehende Rechtsstruktur bedeuten würden.

2. Stellung der Rechtsprechung

Die mit der Schaffung von Kodifikationen im 18. und 19. Jh. verbundene Vorstellung, daß durch ein lückenloses Gesetzbuch dem Richter zugleich die Stellung eines „Subsumtionsautomaten" zugewiesen werden müsse, wurde mitgetragen von der Erfahrung, daß der Exekutive politisch motivierte Einflußnahmen auf die Rechtsprechung möglich seien, so lange diese nicht an fest fixierte, alle Beteiligte bindende Normen gebunden wäre[4]. Es war daher ein Anliegen bürgerlich-aufklärerischen

---

[1] 5 & 6 Anne, c. 8.

[2] *Taswell-Langmead*, S. 471.

[3] *Jolowicz*, S. 302; *Zweigert-Kötz*, S. 231.

[4] *Thieme*, Spätes Naturrecht, S. 202 ff.; Kodifikation, S. 362, unterscheidet bei der Einordnung der Funktion der Richter im Rahmen der aufklärerischen Kodifikationen zwei Richtungen, und zwar eine mathematisch-deduktive und eine philosophisch-empirische Richtung. Die erstere Vorstellung ist auf Grund ihres Glaubens an ein geschlossenes und lückenloses System der Meinung, daß der Richter mechanisch nur das Gesetz buchstabengetreu nachzuvollziehen habe. Dies ist etwa der Standpunkt des ALR. Die andere Richtung erkennt

Denkens, daß die Regeln, nach denen die Gesellschaft leben sollte, einmal verbindlich durch einen formalen Akt der Gesetzgebung konstituiert werden müßten, und zum anderen die so festgeschriebenen Normen der Willkür der Exekutive und der Auslegung des richterlichen Individuums zu entziehen seien. Dieser Gedanke war eine Komponente der Idee der Gewaltenteilung, deren Prinzip ebenfalls zur Sicherung der bürgerlichen Freiheiten entwickelt worden war[5].

Diese Gedankengänge trafen jedoch in England auf andersgeartete tatsächliche Voraussetzungen. Einmal bestand in England kein grundsätzliches Mißtrauen gegenüber der Richterschaft, da diese traditionell als Hüter und Garant der Freiheiten des englischen Volkes galt, und diese zum anderen bereits seit der Act of Settlement von 1701 auch institutionell unabhängig war. Der Vorwurf einer „Kabinettsjustiz" konnte daher seit dem 18. Jahrhundert in England ernsthaft nicht mehr erhoben werden. Bezeichnend für diese Haltung sind die Ausführungen des Marquis of Abercorn vor dem House of Lords im Jahre 1804[6]:

> "The grandest boone which justice and the public in the kingdoms, have ever received, was the independence of the judges."

Der Gedanke also, eine Kodifikation sei notwendig, um so Sicherheit vor politisch motivierter Willkür der Rechtsprechung zu erreichen, konnte in England keine Wirksamkeit entfalten[7].

Selbst die Angriffe Benthams gegen die Funktion der Rechtsprechung bezogen sich insoweit nicht auf eine so geartete Mißachtung des Prinzips der Gewaltenteilung, sondern darauf, daß die Richter — bedingt durch die Struktur des englischen Rechts — rechtsschöpferisch tätig werden müßten, und zwar „ex post facto", so daß einmal der Grundsatz der

---

grundsätzlich an, daß auch bei einer Kodifikation Lücken denkbar seien, und daß daher der Rechtsprechung ein Spielraum zu deren Ausfüllung gegeben werden muß, der Richter also schöpferisch durch die Rechtsprechung tätig werden kann. In diese Gruppe sind das ABGB und der Code Civil einzuordnen. Dem englischen Gesetzgeber hätten also im Falle einer Kodifikation durchaus alternative Lösungsmöglichkeiten zur Verfügung gestanden. Für die Beurteilung dieser Frage in England wäre weiter zu berücksichtigen, daß ein anerkannter Grundsatz bestand, daß Gesetze von dem auszulegen seien, der sie geschaffen habe (vgl. *Plucknett*, History, S. 329 f.), so daß eine Beschneidung des Auslegungsrechts der Gerichte bei einer Kodifikation in England nicht die Einführung eines völlig neuen Grundsatzes bedeutet hätte. Siehe hierzu weiter unten Abschnitt 5, Präjudizien.

[5] Vgl. allgemein *Neumann*.

[6] *Hansard* (1st Series), II, S. 477.

[7] Vgl. auch *Blackstone*, Bd. I, S. 69: "They (i. e. the judges) are the depositary of the laws; the living oracles, who must decide in all cases of doubt, and who are bound by an oath to decide according to the law of the land.", oder S. 269: "In this distinct and separate existence of the judicial power, in a peculiar body of men, nominated indeed, but not removable at pleasure, by the crown, consists one main preservative of the public liberty; . . ."

Rechtssicherheit mißachtet werde, und zum anderen eine unzulässige Vermischung legislativer und exekutiver Kompetenzen vorliegen würde. Damit war aber das methodische Problem der Lückenlosigkeit und begrifflichen Eindeutigkeit eines Gesetzbuches angesprochen, der Gedanke der Rechtssicherheit im Sinne einer normativ festgelegten Rechtsordnung.

Diese Angriffe Benthams gegen die Richterschaft weckten jedoch in England erhebliches Mißtrauen gegenüber seinen möglichen wahren Zielen, so daß sogar nach der Meinung von Graveson[8] hier einer der wesentlichen Gründe für das Scheitern Benthams in England liegt.

3. Systematische Rechtsvereinfachung und Rechtsvereinheitlichung

In der englischen Rechtswissenschaft und der politischen Öffentlichkeit gab es, wie bereits oben festgestellt wurde, bis auf die zahlreichen Schriften Benthams und seiner Anhänger zur Frage einer Kodifikation im Grunde keine sich grundsätzlich und tiefergehend analysierend mit diesem Problem beschäftigende Diskussion. Erst im späteren 19. Jh. wurde diese Frage von einer sich neu entwickelnden englischen Rechtswissenschaft in Form der analytischen Schule wieder aufgegriffen und eingehender untersucht.

a) Zugänglichkeit und Übersichtlichkeit des Rechts

Der Gesichtspunkt, daß das Recht verständlich dargestellt, und der Zugang zu den getroffenen Regelungen erleichtert werden müsse, hatte bei der Frage der Reform des Statute Law eine erhebliche Rolle gespielt. Es sei hier insoweit auf die Feststellung der Statute Law Commission aus dem Jahre 1835 hingewiesen[9]:

> "The imperfections in the statute law arising from mere generality, laxity or ambiguity of expression, are too numerous and too well known to require particular specification. They are the natural result of negligent, desultory and inartificial legislation; the statutes have been framed extemporaneously, not as parts of a system, but to answer particular exigencies as they occured."

Im Hintergrund dieser Erwägungen stand jedoch nicht die aufklärerisch-naturrechtliche Forderung, wie sie insbesondere von Bentham vertreten wurde und auch zur Zeit des Commonwealth eine Rolle gespielt hatte[10], daß das Recht allgemein „volkstümlich" sein müsse, sondern die Argumente beschränkten sich auf den juristischen und rechtstechnischen

---

[8] *Graveson*, S. 122.
[9] Zitat bei *Allen*, S. 484.
[10] Vgl. oben zweite Kapitel, IV, 5.

Bereich, verbunden mit einigen Hinweisen auf Schwierigkeiten im Wirtschaftsleben. Die geäußerte Kritik und die Änderungsvorschläge bezogen sich weiter allein auf das Gesetzesrecht, nicht jedoch auf Common Law und Equity. Gerade hier aber bestand für Laien sowohl aus Gründen der Zugänglichkeit als auch der Verständlichkeit praktisch keine Möglichkeit, sich selbst über Rechte und Ansprüche zu informieren.

Die Vorstellung, auch hier Abhilfe zu schaffen, wurde im Parlament allein von O'Connell in der Debatte über die Schaffung von County Courts aufgegriffen. Er meinte, daß, wenn man schon neue Gerichte für einfacher gelagerte Streitfälle schaffe, diese sowohl im Interesse der Parteien als auch der dort tätigen Juristen durch ein einfacher und besser zugängliches Recht erst wirklich funktionsfähig gemacht werden müßten. Dieses Argument wurde in der Debatte jedoch nicht weiter verfolgt und spielte auch allgemein in der Auseinandersetzung um eine Kodifikation keine wesentliche Rolle.

Es ist überhaupt bezeichnend, daß, soweit die Frage einer Kodifikation zur Sprache kam, allgemein rechtspolitische Erwägungen, wie etwa die der Rechtssicherheit und Volkstümlichkeit, kaum erörtert wurden, sondern daß sich die Diskussion fast ausschließlich auf rechtstechnische Fragen, wie sie in erster Linie für die Handhabung des Rechts durch die Juristen von Bedeutung waren, beschränkte. Hier zeigt sich, was unten noch näher auszuführen sein wird, daß Recht, Rechtsanwendung und Rechtskenntnis in England ein fast ausschließliches Monopol der Juristen waren. Als Konsequenz hieraus ergab sich, daß von deren Standpunkt aus gesehen, da sie mit der gegebenen Materie und deren Schwierigkeiten weitgehend vertraut waren, alle methodischen Bedenken und behaupteten Mängel sich, als keineswegs sonderlich gravierend darstellten, zumindest jedoch nicht in dem Maße, daß sie eine grundsätzliche Neustrukturierung des englischen Rechts befürwortet hätten. In diesen Umständen dürfte auch die Ursache dafür zu suchen sein, daß das Motiv, ein volkstümliches und jedermann zugängliches Recht zu schaffen, in England keine Rolle gespielt hat. Auch in der allgemeinen Öffentlichkeit gab es keine Bewegung zugunsten einer Rechtsreform, in der der Gesichtspunkt der Rechtssicherheit in Form des besseren Zugangs zum Recht und besserer Verständlichkeit des Inhalts eine Rolle gespielt hätte.

b) Prinzip der Lückenlosigkeit und Generalklauseln

Bei der Auseinandersetzung über die Frage, ob methodisch eine Kodifikation, die sich im Prinzip als lückenlos verstand und notwendig auch mit Generalklauseln oder zumindest weit gefaßten Oberbegriffen arbeiten mußte, dem System eines auf Einzelfällen aufbauenden Präjudizienrechts verbunden mit diesen es ergänzenden Gesetzen vorzuziehen sei, spielten in der öffentlichen Diskussion nicht direkt die Thesen und Vorschläge Benthams, sondern das Beispiel des Code Civil und die Meinung, die man von diesem und seiner Anwendung in der Praxis gewonnen hatte, die Hauptrolle[11].

Eine Ausnahme bildeten hier lediglich die Ausführungen von Park, der unter dem Einfluß der Gedanken der deutschen Historischen Schule eine Kodifikation grundsätzlich mit dem Hinweis auf eine notwendige organische Entwicklung des Rechts ohne gesetzgeberische Eingriffe ablehnte. Diese Meinung entsprach zwar im Ergebnis weitgehend dem Selbstverständnis der englischen Juristen und ihrer Vorstellung der Rolle des Common Law und Equity, ohne daß man jedoch in dieser Zeit von einer eigenständig reflektierenden englischen Historischen Schule sprechen könnte.

Bentham und seinen Anhängern wurde entgegengehalten, daß der Code Civil in Frankreich bewiesen habe, daß eine Kodifikation nicht, wie von den Vertretern dieses Prinzips in England behauptet würde, lückenlos sein könne, so daß nach wie vor Zweifelsfragen offen blieben, die einer nachträglichen Lösung durch Gesetzgebung oder Rechtsprechung bedürften[12]. Auch das Instrument der Generalklauseln, das vorgeschlagen werde, könne diesem Nachteil nicht abhelfen, da diese ebenfalls in ihrer Anwendung und Auslegung dem Ermessen der Richter unterliegen, so daß damit nichts gewonnen sei. Gerade aber gegen die angebliche Willkür der Richter und das Problem, daß durch diese „ex post facto" Recht gesetzt und zur Anwendung gegenüber Parteien gebracht werde, die dieses Recht haben nicht kennen können, habe sich Bentham doch gewandt und hier Abhilfe gefordert. Es sei aber nicht erkennbar, und die Erfahrungen in Frankreich würden dies bestätigen, wie durch eine Kodifikation dieses Problem würde gelöst werden können. Da also sich in der Sache kaum etwas ändern würde, die Juristen nach wie vor gehalten wären, sich an Fallentscheidungen zu orientieren und diese ihren rechtlichen Ausführungen zugrundezulegen, wäre es besser, an dem vorhandenen, bewährten System festzuhalten.

In England konnte daher der Gesichtspunkt, daß die Schaffung eines einheitlichen und umfassenden Gesetzbuches nötig sei, um ein „ius certum" zu entwickeln, sich nicht durchsetzen, da in dem Verständnis der Juristen ein solches Recht bereits vorhanden war, und mögliche

---

[11] Vgl. die Ausführungen von Hammond (7. Kapitel, III., 1.), der seine Pläne gegen einen Vergleich mit dem Code Civil verteidigen mußte. Selbst Brougham bezieht sich in seiner Rede 1828 auf den Code Civil, wenn auch allerdings als positives Beispiel der Gesetzgebung, was beweist, daß dieses Werk in England einiges Interesse fand. Auch in der Auseinandersetzung zwischen Peel und O'Connell spielte dieser Punkt eine erhebliche Rolle, sowie in der Petition von Bentham von 1830, in der er ausdrücklich erklärt, daß er zu Vergleichen und Vorwürfen werde Stellung nehmen.

Mängel der gegebenen Struktur durch eine Kodifikation nicht würden beseitigt werden können.

4. Rechtsquellenlehre

Neben den eben erörterten Gesichtspunkten gab es noch eine Reihe weiterer rechtsmethodischer und rechtspolitischer Probleme, die im Falle einer Kodifikation des englischen Rechts hätten gelöst werden müssen, und die in ihrer Mehrzahl von Bentham auch angesprochen worden waren. Aufgabe dieser Arbeit ist es jedoch nicht zu untersuchen und festzustellen, inwieweit und auf welchem Wege diese Probleme zu bewältigen gewesen wären, weil dies zugleich ein Urteil — eine Wertenscheidung — über die Frage bedingen würde, ob überhaupt und in welcher Form eine Kodifikation des englischen Rechts wünschenswert gewesen wäre. Im folgenden kann es also nur darum gehen, die Problemstellungen aufzuzeigen, nicht aber eine Wertung der Gesichtspunkte vorzunehmen und Lösungen zu entwickeln.

Die von Blackstone formulierte klassische englische Lehre ging von zwei Gruppen der Rechtsquellen[13] aus, dem Richterrecht und dem Gesetzesrecht.

> "The municipal law of England, or the rule of civil conduct prescribed to the inhabitants of this kingdom, may with sufficient propriety be divided into two kinds; the lex non scripta, the unwritten, or common law; and the lex scripta, the written or statute law[14]."

a) Richterrecht

Bei Blackstone umfaßt die lex non scripta sowohl das Common Law, das er „general customs" nennt, als auch örtliche Gewohnheiten und Sonderrechte[15]. Das Common Law ist in den Entscheidungen der Gerichte und in allgemein anerkannten Werken von Rechtsgelehrten[16] niedergelegt und erhält seine Legitimation durch allgemeine Anerkennung und „immemorial usage"[17].

> "And thus much for the first ground and chief corner stone of the laws of England, which is, general immemorial custom, or common law, from time to

[12] Vgl. die Zitate von O'Connell, Wynn und Lord Campbell (Siebentes Kapitel, III., 2.).

[13] Auf die weiteren anerkannten Quellen wie Gewohnheit und Books of Authority kann hier nicht näher eingegangen werden. Vgl. auch oben Erstes Kapitel, II. Die für das 18. und 19. Jh. geltende Meinung ist mit einigen Modifikationen auch die heute noch gültige Theorie, vgl. allgemein *David-Grasmann*, S. 380 ff. und *Schwarz*, Quellen, S. 12 ff.

[14] *Blackstone*, Bd. I, S. 63.

[15] *Blackstone*, Bd. I, S. 67, 74 ff.

[16] *Blackstone*, Bd. I, S. 72 f., zählt zu diesen ausdrücklich Glanvil, Bracton, Britton, Fleta, Littleton, Fitzherbert und Coke.

[17] *Blackstone*, Bd. I, S. 64.

time declared in the decisions of the courts of justice; which decisions are preserved among our public records, explained in our reports, and digested for general use in the authoritative writings of the venerable sages of the law[18]."

Es ist das Recht der königlichen Gerichte, das durch die dort tätigen Richter gefunden, gewahrt und ausgelegt wird[19].

Die Equity wird von Blackstone noch nicht zu den „general customs" gerechnet, da diese seiner Meinung nach nur eine ausgleichende Kontrollfunktion gegenüber Härten und Ungerechtigkeiten des Common Law hat. Er erkennt jedoch an, daß dies eine Materie sui generis ist, die in einer unabhängigen Gerichtsbarkeit angewandt werde[20]. Spätestens jedoch mit der Tätigkeit von Lord Eldon hatte sich dann aber auch die Equity zu einem vollgültigen Normengefüge entwickelt[21], so daß im 19. Jh. diese als integraler Bestandteil des Case Law anzusehen ist.

Die Rolle der Rechtsprechung bestand so in England nicht nur darin, vorgegebenes Recht anzuwenden und auszulegen, sondern ihre Funktion war nicht zuletzt auch die, die Rechtssätze und Begriffe zu entwickeln, die für sie Gültigkeit haben sollten[22]. So wurde durch die Richter in jahrhundertelanger Tätigkeit unter Berufung auf Gewohnheit und Vernunft[23] durch eine Fülle von Entscheidungen ein Geflecht von in Urteilen verankerten Rechtssätzen geschaffen, das einen in sich geschlossenen Bereich von Rechtsregeln umfaßte, und faktisch die Hauptquelle des Rechts war. Notwendig verbunden mit einem derartigen System war der Gedanke der Bindung an Präjudizien, da anders Rechtssicherheit und Bestand und Zusammenhang des Richterrechts an sich gefährdet sind.

b) Gesetzesrecht

Das Gesetzesrecht spielte traditionsgemäß in der Praxis nur eine zweitrangige Rolle[24]; ihm war die Funktion zugewiesen, das Richterrecht, das

[18] *Blackstone*, Bd. I, S. 73.

[19] "But here a very natural, and very material, question arises: how are these customs or maxims to be known, and by whom is their validity to be determined? The answer is, by the judges in the several courts of justice." (*Blackstone*, Bd. I, S. 69).

[20] *Blackstone*, Bd. I, S. 91 f.

[21] Vgl. oben Fünftes Kapitel, II., 1.

[22] Das case law ist damit nicht Gewohnheitsrecht im eigentlichen Sinne. Die sog. „immemorial customs", auf die sich der Theorie nach das Common Law gründete, waren immer nur eine Fiktion. Vgl. allgemein *Lévy-Ullmann*, S. 53 ff.

[23] Vgl. hierzu *David-Grasmann*, S. 404 f.; *Blackstone*, Bd. I, S. 70: "And hence it is that our lawyers are with justice so copious in their encomiums on the reason of the common law; that they tell us, that the law is the perfection of reason, that it always intends to conform thereto, and that what is not reason is not law."

[24] Die Statutes sind jedoch nur in ihrer Bedeutung für die Praxis und in ihrer inhaltlich das Common Law ergänzenden Funktion als „zweitrangig" anzu-

den eigentlichen Bestand des Rechts bildete, bei Bedarf zu ergänzen oder zu korrigieren. Die „leges scriptae", das Gesetzesrecht, werden bei Blackstone wie folgt definiert[25]:

"Let us next proceed to the leges scriptae, the written laws of the kingdom, which are statutes, acts, or edicts, made by the King's majesty by and with the advice and consent of the lords spiritual and temporal, and commons in parliament assembled."

Ihrer Natur nach sind die Gesetze entweder „declaratory" oder „remedial"[26].

"Statutes also are either declaratory of the common law, or remedial of some defects therein. Declaratory, where the old custom of the kingdom is almost fallen into disuse, or become disputable; ... Remedial statutes are those which are made to supply such defects, and abridge such superfluities, in the common law, as arise either from the general imperfection of all human laws, from change of time circumstances, from the mistakes and unadvised determinations of unlearned judges, or from any other cause whatsoever."

Bei der Auslegung der Gesetze war weiterhin die im Heydon's case ausgeführte Dokrin zu beachten[27], nämlich daß zunächst das Common Law selbst zu prüfen sei — nicht etwa das Statute —, um dann das vom Parlament gesetzte Recht, das den angeblichen Mißständen abhelfen sollte, in diesen Rahmen einzuordnen. Das Gesetz wirkte also nicht selbständig, sondern war im Grunde nur als Auslegungshilfe für das Common Law gedacht, es war eingebettet in das Common Law zu sehen und nach dem Grundsatz „exceptio est strictissimae interpretationis" auszulegen. In den Statutes wurden demnach keine allgemeinen Grundsätze niedergelegt, sondern sie gaben nur Klarstellungen zu den in der Rechtsprechung entwickelten Prinzipien und enthielten einzelne Korrekturen. Nach dieser Ansicht stellte das Gesetz somit im Grunde einen Fremdkörper im englischen Recht dar; es ist formal und inhaltlich die Ausnahme von der Regel. Eine konsequente Kodifikation, d. h. die Verwirklichung des Prinzips, daß das Gesetz zur alleinigen und ausschließlichen Quelle des Rechts wird, hätte so notwendig eine völlige Umstrukturierung des englischen Rechts zur Folge haben müssen.

5. Präjudizien

Wie bereits oben erwähnt, ist mit dem System des case law notwendig das Prinzip des Präjudiz verbunden, da nur so Kontinuität und

sehen, nicht jedoch in ihrer formalen Stellung als Rechtsquelle. Als Acts of Parliament genießen sie absolute Autorität und sind so in ihrer konstitutionellen Bedeutung als keineswegs etwa dem Common Law nachgeordnet anzusehen. *Blackstone*, Bd. I, S. 90: "Because the legislature, being in truth the sovereign power, is always of equal, always of absolute authority: ..."

[25] *Blackstone*, Bd. I, S. 85.

[26] *Blackstone*, Bd. I, S. 86.

[27] Vgl. oben Sechstes Kapitel, II., 2.

Rechtssicherheit zu gewährleisten sind. Es ist daher nur folgerichtig, daß der Grundsatz der Bindung der Rechtsprechung an frühere Entscheidungen eine der prägenden Formen des englischen Rechts geworden ist[28], ein Phänomen, das es in dieser Ausformung auf dem Kontinent nicht gegeben hat[29]. Common Law und Equity sind in ihrer historischen Entwicklung das Ergebnis aufeinander aufbauender und miteinander verknüpfter Entscheidungen, die zunächst als Muster, Vorbilder und später als bindende Festlegungen von Rechtssätzen angesehen wurden. Diese Methodik ist die in England gefundene Lösung für das Problem der Wahrung der Rechtssicherheit. In Ermangelung eines umfassenden Gesetzbuches oder eines schriftlichen niedergelegten Rechts, wie es etwa das römische Recht in seinen verschiedenen Ausprägungen — etwa die als gemeines Recht in Deutschland — war, mußten die englischen Gerichte auf die ihnen allein verbliebenen und zugänglichen Quellen, in denen sich das Recht ausdrückte, die überlieferten Gerichtsentscheidungen, zurückgreifen. Dieser Gedanke der Rechtssicherheit kehrt bei allen Autoren durch die Jahrhunderte als Begründung und Rechtfertigung für das Befolgen von Präjudizien wieder. Weiter spielt bei dieser Entwicklung auch das zentralisierte Gerichtssystem mit seiner relativ geringen Anzahl der Richter eine besondere Rolle. Hierdurch waren Kommunikation und Überschaubarkeit als notwendige, tatsächliche Voraussetzungen zum Entstehen einer solchen Methode gegeben. Damit verbunden ist die enge berufsständische Organisation der Juristen, die durch ihr Ausbildungssystem in den Inns garantierten, daß die juristischen Traditionen und Kenntnisse gewahrt blieben[30].

Der entscheidende Unterschied zum kontinentalen Verständnis von Präjudizien ist der, daß in England ein precedent heute Quelle des Rechts und nicht bloß Beweis des Rechts oder Hinweis auf das Recht ist[31]. Die Gerichte sind gezwungen, den Rechtsregeln zu folgen, die im Wege der

---

[28] Zur heutigen Ausformung der Doktrin der stare decisis und der Literatur über diese vgl. *Blumenwitz*, S. 21 ff. Insbesondere zu erwähnen sind *Cross*, Stare Decisis, und *ders.*, Precedent, und allgemein zum Problem richterlicher Rechtsfortbildung *Esser*.

[29] Zum Vergleich der angloamerikanischen Methode der precedents mit der kontinentaleuropäischen Auffassung von der Funktion des „Richterrechts" s. *Esser*.

[30] *Goodhart*, S. 60 ff.

[31] In der englischen Rechtslehre ist hier heute eine rückläufige Entwicklung zu beobachten, ohne daß aber der Grundsatz etwa aufgehoben oder auch nur prinzipiell angetastet worden wäre. Man versucht sich in der Praxis einmal dadurch zu behelfen, daß man mit der Methode des „distinguishing" zunehmend scharf zwischen ratio decidendi und obiter dicta unterscheidet oder auf wesentliche Unterschiede im Sachverhalt des Präzedenzfalles und des jetzt zu entscheidenden Falles abstellt. Weiter hat das House of Lords in einer Entscheidung aus dem Jahre 1966 (3 All E.R. 77) den Standpunkt aufgegeben, daß es an seine eigenen Entscheidungen gebunden sei. Praktische Bedeutung hat dieser Spruch jedoch noch nicht gefunden.

Technik der Unterscheidung von „ratio decidendi" und „obiter dicta" in einer Entscheidung gefunden werden[32]. Ein precedent ist also nicht Entscheidungsmuster, sondern Entscheidungsnorm. Das englische Recht ist also nicht richterliches Fallrecht in dem Sinne, daß eine ständige, freie Rechtsschöpfung in individueller richterlicher Entscheidung des Einzelfalls möglich wäre, sondern es handelt sich um ein Prinzip, auf Grund dessen innerhalb eines vorgegebenen Rahmens von Rechtssätzen durch Deduktion aus Entscheidungen der jeweils anzuwendende Rechtssatz gefunden wird. Die Form des Bezugsrahmens — precedent — ist ein anderer als auf dem Kontinent — Gesetzbuch.

Das Problem, das sich bei der Frage einer Kodifikation des englischen Rechts stellte — und auch heute noch stellt — ist dies, inwieweit das Prinzip der stare decisis ein eine Kodifikation hinderndes oder zumindest erschwerendes Element darstellt. Bevor jedoch diese Frage näher erörtert werden kann ist zu untersuchen, welche rechtstechnische Ausformung dieser Grundsatz in der hier zu behandelnden Zeit erfahren hatte, ob also bereits eine strenge Bindung bestand, oder eine weniger strikte Regelung galt[33].

Für das Mittelalter läßt sich aus einer Durchsicht der Year Books und der juristischen Literatur entnehmen, daß es im Laufe der Zeit üblich wurde, zur Begründung von Entscheidungen frühere Urteile zu zitieren. Es begann sich so eine allgemeine Übung zu entwickeln, die dadurch gefördert wurde, daß die Zahl der verfügbaren Urteile wuchs, und so der Umfang der offenen Rechts- und Verfahrensfragen immer geringer wurde. Man erkannte auch, daß es das Prinzip der Rechtssicherheit erfordere, einmal gefundene und allgemein anerkannte Lösungen auch in der Zukunft zur Anwendung zu bringen[34].

Daraus ergibt sich jedoch noch nicht, daß man bereits hier von einer Doktrin der stare decisis sprechen könnte. Es sind vielmehr zwei Prinzipien zu unterscheiden, einmal das der gerichtlichen Beständigkeit in der Rechtsprechung, die sich in einer Summe von Entscheidungen ausdrückt, und zum anderen das einer strikten Bindung an ein früheres Urteil, das auch ein Einzelfall sein kann. Der Umstand allein also, daß man sich an früheren Entscheidungen in seiner Rechtsfindung orientiert, besagt noch nicht, daß man prinzipiell Konstituierung und Fortbildung des Rechts an dem Bestehen eines Urteils festmacht. Von letzterem kann im Mittelalter noch nicht die Rede sein. Entscheidungen werden

---

[32] Vgl. allgemein *Schwarz*, Quellen, S. 22 ff.

[33] Grundlegend für die Darstellung der Entwicklungsgeschichte des Grundsatzes der precedents sind die Untersuchungen von *T. Ellis Lewis; Winfield*, Kap. VII; *Allen*, S. 183 ff. und *Holdsworth*, Case Law.

[34] *T. Ellis Lewis*, S. 212 ff.

lediglich als Hinweis auf bestehendes Recht anerkannt, nicht aber als zwingender Beweis oder gar als Rechtsquelle selbst.

Eine entscheidende Weiterentwicklung dieser Gedanken erfolgte durch die Arbeiten von Coke[35]. Ihm kam es in seinen juristischen Werken nicht mehr darauf an, seine Feststellungen durch eine Fülle von Urteilen — farrago of authorities — zu belegen, sondern er bezog sich zunehmend nur noch auf prägnante Einzelentscheidungen[36]. Andererseits kannte er jedoch selbst eine strikte Bindung noch nicht, sondern benutzte die Zitate als Beleg dafür, daß der von ihm behauptete Rechtsgrundsatz bestehe[37]. Diese Ansichten Cokes blieben bis in das 18. Jh. einflußreich und bestimmend.

Mitte des 18. Jh. ist so die Bezugnahme auf und das Argumentieren mit Präjudizien zentraler Bestandteil des englischen Verfahrens — sowohl im Common Law als auch bei der Equity — geworden[38]. Es ist jedoch festzustellen, daß man sich nach wie vor bemühte, möglichst eine Reihe von Fällen zu zitieren, und man es also nicht als ausreichend ansah, lediglich auf Grund eines Einzelfalles zu plädieren[39]. Erst der Nachweis einer fortlaufenden Reihe gleichlautender Entscheidungen, eine gesicherte Rechtsprechung, reichte daher zum Nachweis eines Rechtssatzes aus.

Einen bedeutenden Einfluß in dieser Richtung übte Lord Mansfield aus[40], der zwar durchaus die Notwendigkeit von precedents als Element der Rechtssicherheit anerkannte, jedoch einen mechanischen Gebrauch von Einzelentscheidungen ablehnte. Nur wenn eine kontinuierliche und eindeutige Rechtsprechung vorlag, war er bereit, eine Bindung anzuerkennen[41], das allerdings nun selbst dann, wenn das Ergebnis unbefriedigend erschien. Hier zeigt sich somit als Ergebnis einer langen Entwick-

---

[35] Coke bemüht sich, das „wahre, unverfälschte" Recht, gestützt auf die Entscheidungen insbesondere aus der Zeit der Year Books, zu finden. Diese Übernahme wird jedoch nicht kritiklos vorgenommen, sondern wird am Maßstab einer als natürlich und vorgegeben empfundenen Gerechtigkeit und Vernunft überprüft. Wenn das Ergebnis „inconvenient" ist, kann es kein Recht sein. (Vgl. *Plucknett*, History, S. 349; *T. Ellis Lewis*, S. 238; *Holdsworth*, Case Law, S. 185.) So stellen sich seine „Institutes" nicht als eine reine Sammlung von Rechtsfällen dar, sondern sind eine teilweise nicht unterscheidbare Mischung aus „report", Kommentar und Darstellung theoretischer Überlegungen (*Plucknett*, History, S. 281; *Harding*, S. 223). Sein Werk ist daher eher ein Lehrbuch dessen, was nach Cokes Meinung Recht sein soll, und das als solches seiner Ansicht nach aufgrund der von ihm zitierten und kommentierten Entscheidungen ausgewiesen ist.

[36] *Potter*, S. 278.

[37] *T. Ellis Lewis*, S. 238.

[38] *Allen*, S. 210; *Holdsworth*, Case Law, S. 183.

[39] *Plucknett*, History, S. 349.

[40] *Allen*, S. 211 ff.

[41] *Mansfield* in R. v. Dowes and Morten (1767), 4 Burr. 2120.

lung, daß man aus Gründen der Rechtssicherheit eine Bindung an eine gesicherte Rechtsprechung prinzipiell anerkannte und diese auch befolgte.

Diese Entwicklung wurde von Blackstone 1765 in seinen Commentaries dann zusammengefaßt, und der Versuch unternommen, eine systematische Darstellung zu geben[42]. Nach ihm gelten frühere Entscheidungen als Beweis des Rechts, da sie eine Manifestation des allgemeinen und anerkannten Rechts seien.

"And indeed these judicial decisions are the principal and most authoritative evidence, that can be given, of the existence of such a custom as shall form a part of the common law[43]."

"For if it be found that the former decision is manifestly absurd or unjust, it is declared, not that such a sentence was bad law, but that it was not law; that is, that it is not the established custom of the realm, as has been erroneously established[44]."

Nach wie vor gilt also auch hier, daß Entscheidungen nicht selbst Recht begründen, sondern es nur beweisen und diesen nur aus Gründen der Rechtssicherheit und Rechtseinheit zu folgen ist. Aus dieser Theorie ergibt sich weiter zwangsläufig, daß auch der „Gegenbeweis" zulässig ist. Wenn das Ergebnis der Befolgung eines Präjudiz wäre, daß das zu fällende Urteil offensichtlich ungerecht ist, so kann dieses Präjudiz nicht Recht sein, d. h. der darin zum Ausdruck kommende Rechtssatz besteht in Wirklichkeit nicht. Es ist nicht bloß schlechtes Recht, es ist überhaupt kein Recht[45].

Allerdings verengt Blackstone die praktischen Anwendungsmöglichkeiten dadurch, daß er weiter ausführt[46]:

"The doctrin of the law then is this: that precedents and rules must be followed, unless flatly absurd or unjust: for though their reason be not obvious at first view, yet we owe such a deference to former times as not to suppose they acted wholly without consideration."

Auch bei Blackstone ist also ein Präjudiz nicht Rechtsquelle selbst, sondern der Beweis[47] des präexistenten Rechts, des Common Law; ein Beweis, der unter bestimmten Voraussetzungen auch widerlegbar ist.

---

[42] *Blackstone*, Bd. I, S. 69 ff.
[43] *Blackstone*, Bd. I, S. 69.
[44] *Blackstone*, Bd. I, S. 70.
[45] Hier liegt der wesentliche Unterschied zur heutigen Doktrin, nach der selbst in Fällen offensichtlicher Härte eine Bindung besteht, das precedent insoweit normativen Charakter hat. Vgl. *Olympia Oil and Cake Co., Ltd. v. Produce Brokers' Co., Ltd.* (1915), 112 L.T. 744.
[46] *Blackstone*, Bd. I, S. 70.
[47] Diese von Blackstone formulierte und allgemein akzeptierte Ansicht war trotz der heftigen Kritik von Bentham und später Austin bis weit in das 19. Jh. herrschende Meinung. Vgl. *Goodhart*, S. 44; *Jeremiah Smith*, S. 147; *Schwarz*, Quellen, S. 26 ff.

In den Entscheidungen des 18. Jh. selbst lassen sich kaum Unterscheidungen zu der Frage finden, ob Präjudizien Recht begründen oder Recht beweisen, da man in aller Regel ohne weitere theoretische Erörterung den früheren Entscheidungen folgt und sich faktisch als gebunden betrachtet[48].

In der englischen rechtshistorischen Literatur ist es daher umstritten, wann der Beginn der sogenannten modernen Theorie — der strikten Bindung von precedents — anzusetzen ist. Als möglicher Zeitraum wird die Periode zwischen dem Ende des 18. und der Mitte des 19. Jh. angesehen. Holdsworth[49] vertritt die Ansicht, daß in der Praxis sich das Prinzip der stare decisis am Ende des 18. Jh. durchgesetzt habe. Die Einschränkungen, die von Autoren und Richtern dieser Zeit gemacht würden, wären im Grunde nur theoretische Ausnahmen der Regel, die aber nicht soweit gingen, daß das Bestehen der Regel selbst dadurch in Zweifel gezogen werden könnte. Den entgegengesetzten Standpunkt vertritt Allen[50], der meint, daß Art und Umfang der Einschränkungen noch so erheblich waren, daß von einer prinzipiellen Bindung im heutigen Sinne noch nicht ausgegangen werden könne. Eine Entscheidung dieser Streitfrage ist hier jedoch nicht notwendig. Es ist einmal davon auszugehen, daß in der Praxis faktisch eine Bindung bestand, und die theoretischen Ausnahmen, soweit sie überhaupt anerkannt wurden, nur einen äußerst engen Spielraum gaben, den zu nutzen man sich offensichtlich sehr zurückhaltend zeigte.

Eine Kodifikation des Rechts hätte so einmal der traditionellen Ansicht, durch die Präjudizien werde das Common Law bewiesen, das seinerseits mit recht nebelhaften Begründungen als vorgegebene Rechtsordnung betrachtet wurde, die Grundlage entzogen. Zum anderen wären als Konsequenz einer Kodifikation auch die Theorien gegenstandslos geworden, die im Richterrecht selbst die Quelle des Rechts sahen, da durch ein Gesetzbuch das, was als Recht anerkannt werden soll, nun eindeutig sowohl bezüglich seiner Form, seines materiellen Inhalts als auch seiner Legitimation nach bestimmt worden wäre.

Es hätte jedoch nicht nur eine Veränderung im Bild davon, was Recht sei, und wie es gefunden werde, erfolgen müssen, sondern es wären weiter auch entscheidende rechtsmethodische Konsequenzen zu ziehen gewesen.

Grundsatz des englischen Rechts war nicht nur, daß im Bereich von Common Law und Equity Präjudizien zu befolgen seien, sondern dies galt auch für das Statute Law. Eine einmal oder wiederholt erfolgte Auslegung eines bestimmten Begriffs oder Paragraphen durch die Recht-

---

[48] *Holdsworth,* Case Law, S. 183.
[49] *Holdsworth,* Case Law, S. 184.
[50] *Allen,* S. 236 ff.

sprechung stellte sich im Ergebnis als Präjudiz dar, das die Auslegung festlegte, und so nicht mehr die Möglichkeit offenließ, diesen Begriff im Zuge neuer sozialer Entwicklungen auch neu auszulegen und anzupassen[51]. Das Gesetz versteinerte also und war nicht mehr flexibel, da der Bereich der Auslegung, der zunächst einmal in einem bestimmten Rahmen vorhanden gewesen war, durch die präjudizierte Auslegung auf nur eine Lösung verengt worden war. Der Richter legte das Gesetz selbst nicht mehr aus. Selbst die Verwendung von Generalklauseln wäre bei einer solchen Doktrin von wenig Nutzen, da sie bald durch die Rechtsprechung so stark festgelegt worden wären, daß sie ihrer Funktion, Tor für die Anpassung des Rechts an soziale Veränderungen zu sein, kaum mehr hätten erfüllen können. Die Richter konnten so nicht mehr zum Wortlaut des Gesetzes selbst zurückkehren und etwa durch eine neue Entscheidung eine als unzweckmäßig erkannte Rechtsprechung umstoßen[52].

Diese Methode widerspricht jedoch dem Prinzip einer Kodifikation, da durch sie der Grundsatz, daß alleinige Quelle des Rechts das Gesetz ist, entscheidend relativiert werden würde, denn binnen kurzem wäre jede Norm überkrustet von einer Fülle von Entscheidungen, die im Ergebnis an deren Stelle treten würden, ohne daß die Möglichkeit bestünde, wieder hinter sie zurückzugehen. Eine Kodifikation hätte also zur Folge haben müssen, daß mit deren Inkrafttreten zugleich jede präjudizielle Bindungswirkung richterlicher Entscheidungen hätte aufgehoben werden müssen. Damit wäre aber auch das Grundprinzip der bis dahin geltenden Methode des Aufbaus und der Findung des englischen Rechts vernichtet worden, was ein Umdenken der englischen Juristen und die Aneignung neuer Rechtstechniken[53] hätte zur Folge haben müssen.

Die Schaffung einer Kodifikation hätte also eine vollständige Umkehrung der rechtswissenschaftlichen und rechtsmethodischen Grundlagen des englischen Rechts bedeutet. Das konkurrierende Verhältnis von Common Law, Equity und Statute Law wäre aufgehoben, und an deren Stelle wäre ein Ausschließlichkeit beanspruchendes Gesetzesrecht getreten. Damit wäre die jahrhundertealte Tradition, daß das Gesetz in der Praxis nur eine zweitrangige Funktion einnahm, aufgehoben worden. Das Gesetzesrecht wäre an die erste Stelle getreten, die Gerichts-

---

[51] *David-Grasmann*, S. 396; *Lawson*, S. 5; *de Boor*, S. 22 ff.

[52] Zu einem kritischen Vergleich der Vorzüge und Nachteile der englischen Doktrin der stare decisis zum kontinentalen Gesetzesbegriff s. *Goodhart*, S. 40 ff. Goodhart kommt hier zu einem für England sehr negativen, aber umstrittenen Ergebnis. Vgl. auch *Schwarz*, Quellen, S. 24 ff.

[53] Auf die Frage, welche Auslegungsregeln an die Stelle des in England herrschenden engen Grundsatzes der „literal interpretation" hätten treten können und müssen, kann in dieser Arbeit nicht eingegangen werden. Vgl. *Schwarz*, Quellen, S. 52 ff.

entscheidungen hätten eine lediglich deklaratorische Funktion erhalten. Unabhängig von der Frage, wieviel von Common Law und Equity materiell in die Normen eingeflossen wäre, wäre damit hier eine entscheidende Zäsur gesetzt worden. Das Case Law im Sinne eines Präjudizienrechts hätte sein Ende gefunden, es wäre historisches Recht, Material für den Historiker, kaum noch für den Praktiker geworden. An seine Stelle wäre das Gesetz als alleinige Rechtsquelle getreten.

6. Verfassungsrecht

Ein weiteres Problem, das bei einer umfassenden Kodifikation des englischen Rechts aufgetreten wäre, ist die Frage, ob bei der Verwirklichung eines solchen Vorhabens die Grundsätze, die man als verfassungsrechtlich verstand, hätten mit aufgenommen werden können und sollen, oder ob eine gesonderte Verfassung hätte erstellt werden müssen. Das Problem ergab sich daraus, daß die verfassungsrechtlichen Prinzipien überwiegend Teil des Common Law waren[54], also ihren Ausdruck in Entscheidungen und allgemein anerkannten und respektierten Grundsätzen gefunden hatten. Was allerdings als verfassungsmäßiges Recht — fundamental law — anzusehen war, und wie dieses definiert wurde, darüber bestand keine Einigkeit.

Der Begriff „fundamental law“ spielte in der Geschichte der englischen Verfassungskämpfe und der Literatur des 17. und 18. Jh. eine zentrale Rolle. Jede Partei berief sich auf angeblich bestehende feste Grundsätze, die in der englischen Verfassung, im Common Law, verankert seien. Je nach politischem Standort wurden unterschiedliche Grundsätze genannt und betont. Einig war man sich im 18. Jh. nur insoweit, daß so etwas wie eine ungeschriebene Verfassung existiere[55], d. h., daß es eine Summe von Prinzipien gebe, die Anspruch auf oberste Gültigkeit hätten[56]. Es hätte also nicht eine bloße Kompilation der vorgegebenen Grundsätze in nun normativer Form erfolgen können, sondern es wären politisch heftig umstrittene Fragen zu lösen gewesen[57], etwa die der Abgrenzung der Rechte von Krone und Parlament bei der Ernennung der Regierung[58].

Selbst 50 Jahre später bereitete diese Frage bei den Überlegungen zu einer Kodifikation noch Schwierigkeiten.

---

[54] Zu den Statutes, die aufgrund ihres Inhalts und ihrer Bedeutung materiell konstitutionellen Charakter beanspruchen konnten, gehörten etwa die Habeas Corpus Act und die Act of Settlement.

[55] *Gough*, S. 207 ff.; *Halévy*, S. 187; *Amos*, S. 7.

[56] Zum Inhalt dieser Prinzipien im 18. und 19. Jh. vgl. *Holdsworth*, History XIII, S. 644 ff.

[57] *B. Williams*, S. 383 ff.

[58] *Loewenstein*, S. 84 ff.

"The constitution of England is in strict analogy with its laws, i. e. it has its base in custom, with a superstructure of statute; and the law and constitution of England, as of other countries are so bound up together that codifying the one more or less includes codifying the other[59]."

Auch Bentham hatte das Problem erkannt und vorgeschlagen, im Zusammenhang mit einer Kodifikation des englischen Rechts auch einen Constitutional Code zu verfassen und in Kraft zu setzen. Er befaßte sich in den Jahren 1820 - 1830 selbst mit diesem Projekt, ohne jedoch einen vollständigen Entwurf anzufertigen[60].

Zur Lösung dieses Problems hätten die folgenden alternativen Möglichkeiten bestanden. Entweder hätte man das Verfassungsrecht bewußt ausgeklammert, und es weiterhin als in Gewohnheiten, Entscheidungen und in tradierten Statutes verankert belassen. Dies hätte jedoch das von Bentham vertretene Prinzip einer umfassenden und ausschließlichen Gesetzgebung durchbrochen. Man hätte weiter dem Vorschlag von Bentham folgen können, einen Constitutional Code zu verfassen, was eine Lösung zahlreicher politischer Streitfragen vorausgesetzt hätte. Oder man wäre dem Vorbild der Commentaries von Blackstone und des ALR[61] gefolgt und hätte keine Unterscheidung zwischen formellem und materiellem Verfassungsrecht getroffen, sondern hätte ein Gesetzeswerk geschaffen, das bewußt oder unbewußt sich als zusammenfassendes Dokument der englischen Staats- und Gesellschaftsverfassung verstehen mußte.

7. Ergebnis

Aus den vorstehenden Ausführungen ergibt sich, daß, bis auf die ausführlichen Abhandlungen von Bentham selbst die rechtstheoretischen und methodischen Probleme, die im Zusammenhang mit einer Kodifikation des englischen Rechts zu lösen gewesen wären, kaum gesehen und untersucht wurden. Es bestanden nur sehr unklare Vorstellungen — sowohl bei Befürwortern als auch bei Gegnern — über die Auswirkungen, die eine Kodifikation für die Theorie des Rechts und die Praxis der Anwendung nach sich gezogen hätte. Aus den Ansichten Benthams allein ergibt sich, daß er von seinem philosophischen Standort her bereit war, radikal mit fast allen englischen rechtlichen Traditionen und Einrichtungen zu brechen. Die von den Gegnern vorgetragenen Einwände gingen jedoch nur selten näher auf die methodischen Kernfragen ein und wurden meist oberflächlich formuliert. Man greift in erster Linie die Praktikabilität einer Kodifikation an, nicht aber den Umstand, den man wohl

---

[59] *Best*, S. 222.

[60] Vgl. allgemein zu den Vorstellungen Benthams von den inhaltlichen Prinzipien einer solchen Verfassung, *Halévy*, S. 403 ff.

[61] Zum konstitutionelen Charakter des ALR vgl. *Conrad*, Landrecht, und *Birtsch*, S. 97 ff.

fühlt, aber nicht analysierend formuliert, daß mit einem so gearteten Plan einer Kodifikation ein konsequenter Bruch mit der Vergangenheit verbunden gewesen wäre. Aus diesen Stellungnahmen läßt sich daher zwar auf eine grundsätzliche Ablehnung der methodischen Idee einer Kodifikation schließen, nicht aber, daß diese tatsächlich als für England und das englische Recht undurchführbar oder unzumutbar erwiesen worden wäre[62]. Da also aus der Art der Argumentation mehr eine grundsätzliche Ablehnung des Prinzips einer Kodifikation zu folgern ist, als auf eine Entscheidung auf Grund einer umfassenden methodischen Widerlegung dieser Idee, ist im folgenden zu untersuchen, welche Motive und Ursachen hinter dieser Haltung stehen, die von vornherein eine eingehendere rechtswissenschaftliche Behandlung ausschlossen.

Es muß daher hier genügen festzustellen, daß das englische Parlament einmal die gesetzgeberische Kompetenz hatte, eine Rechtsreform auch im Wege einer Kodifikation durchzuführen, und zum anderen, daß es Modelle theoretischer Art von Bentham und praktischer Natur auf dem Kontinent gab, denen hätte gefolgt werden können. Ob man kodifizieren wollte oder nicht, beinhaltete also nicht primär die Frage, ob ein solches Vorhaben methodisch durchführbar war — zumindestens stellte man sich die Frage nicht in dieser Form — sondern es waren politische Entscheidungsgründe.

II. Gesellschaftspolitische Einwände gegen eine Kodifikation

1. Positionen der Tories und Whigs

Die Widerstände gegen die Pläne zur Kodifikation des englischen Rechts sind vor dem Hintergrund der allgemeinen politischen Entwicklung und den die Reformdiskussion beherrschenden Gedanken und Ideen zu sehen. Die Zeit bis etwa zum Jahre 1815 ist beherrscht von der kriegerischen Auseinandersetzung mit dem napoleonischen Frankreich, welche einmal schon faktisch kaum Zeit ließ, sich mit Gedanken an Reformen näher zu befassen, und die weiter eine strikt antithetische Haltung zu allen Ideen der französischen Revolution und die Förderung einer konservativen und reaktionären Grundhaltung zur Folge hatte. Erst nach der Schlacht von Waterloo und dem Friedensschluß setzte eine allmähliche Wandlung dieser Positionen ein.

Die englische Innenpolitik in den Jahren nach 1815 war zunächst geprägt von der Unsicherheit der Regierung und der sie tragenden herrschenden Gruppen der Tories und weiter Kreise des Bürgertums gegen-

---

[62] Zur Behandlung der Vor- und Nachteile einer Kodifikation aus englischer Sicht in der 1. Hälfte des 19. Jh. vgl. *Austin*, Bd. II, S. 1021 ff.

über den sozialen und ökonomischen Problemen der Zeit, deren Brisanz nach dem Kriege mehr und mehr in das Bewußtsein der Öffentlichkeit trat. Man beobachtete beunruhigt die zunehmende Radikalisierung und Unruhe in den unteren Klassen der Bevölkerung und ihrer geistigen Wortführer und versuchte mit wechselnden Maßnahmen, wie einerseits brutaler Unterdrückung in Zeiten anscheinend drohenden Aufruhrs oder andererseits nur Stückwerk bildenden Reformansätzen, den status quo unter Beruhigung der Situation weitgehend zu wahren[1].

Die „Partei" der Tories verstand sich als Vertretung all derjenigen, die den „Jacobinism", die Ideen der französischen Revolution, für unheilvoll und zu bekämpfen notwendig hielten. Unter dem Einfluß von Pitt d. J. und Edmund Burke, dessen Reflections on the Revolution in France, 1790, zur geistigen Grundlage eines neu formulierten Konservativismus wurden, standen die Tories in Opposition zu jeder Bewegung, die radikaldemokratische Ziele verfolgte oder auch nur gemäßigte politische und verfassungsrechtliche Reformen verlangte. Es war die Partei der anglikanischen Staatskirche — gegen Katholiken und Dissenters — und der öffentlichen Ordnung zur Bewahrung der überkommenen politischen Prinzipien und traditionellen Regierungsformen. Die Grundlage war der Glaube an die Notwendigkeit einer hierarchisch und aristokratisch strukturierten Gesellschaft, um einerseits Ruhe und Ordnung und andererseits langsamen organischen Fortschritt im tradierten Rahmen zu gewährleisten.

Die „Partei" der Whigs dagegen unterschied sich von dieser Haltung nicht durch ein Bekenntnis zu radikalen Prinzipien, sondern vertrat unter dem Einfluß des aufsteigenden Mittelstandes der Bankiers, Kaufleute und Fabrikanten die Forderung nach grundlegenden Reformen im ökonomischen Bereich im weitesten Sinne, um die Privilegien der sogenannten „landed interests" aufzuheben, die Handel und Wirtschaft behinderten. Vor allem forderten diese zur Durchsetzung jener Ziele die Teilhabe an der politischen Macht, d. h. das aktive und passive Wahlrecht zum Unterhaus. Die drei klassischen Aufgaben des Staates des 17. und 18. Jh., Aufrechterhaltung der öffentlichen Ordnung, nationale Verteidigung und Schutz von Eigentum und Besitz sollten zwar nicht in ihrer Substanz, wohl aber in der Form ihrer Durchführung überprüft werden. Unter dem Einfluß des Denkens der Aufklärung in der speziellen ökonomischen und frühliberalen Ausformung durch Adam Smith und gemäß den utilitaristischen Ideen von Jeremy Bentham sollten alle staatlichen Eingriffe in Wirtschaft und Gesellschaft beseitigt, und die Regelung dem freien Spiel der Kräfte überlassen werden. Das bedeutete zugleich aber auch Beseitigung der traditionellen aristokratisch-oligarchischen Struk-

---

[1] *Thomson*, S. 23 ff.; *Trevelyan*, Geschichte, Bd. II, S. 633 ff.

turen und Privilegien. Dies war der Kern der Auseinandersetzungen zwischen Tories und Whigs, zwischen denen keine scharfe Trennung existierte, wie etwa die Besetzung der Kabinette und später die wechselnden Mehrheiten bei einzelnen Reformgesetzen zeigen.

Die Art der Argumente, die in den Jahren 1775 bis 1832 gegen Reformen vorgebracht werden, zeigt, daß die Mehrheit der Mitglieder des Parlaments von tiefem Mißtrauen gegen jede Änderung der bestehenden Verhältnisse erfüllt war. Die im folgenden erörterten Zitate und Stellungnahmen sind nicht Argumente, die speziell im Zusammenhang mit dem Vorschlag einer Kodifikation vorgebracht wurden; sie geben jedoch einen Eindruck von der politischen Situation, mit der sich jeder, der einen solchen Plan zu realisieren suchte, auseinandersetzen mußte. Aus dieser Grundhaltung lassen sich auch dann die Motive erklären, die zu der Ablehnung eines näheren Befassens mit dem Plan der Schaffung eines umfassenden Gesetzbuches führten.

2. Positionen in der Zeit von 1775 bis 1790

Im folgenden ist zunächst der Zeitabschnitt bis zum Beginn der Auseinandersetzungen mit dem revolutionären Frankreich zu behandeln; bis der Eindruck der Schreckensherrschaft auch das geistige Klima in England änderte.

a) Ablehnung abstrakter Theorien

Wie bereits im sechsten Kapitel ausgeführt wurde[2], fanden Vorstellungen auf Grund aufklärerischer, demokratischer Ideen, wie diese auch in England am Ende des 18. Jh. eine Reihe von Vertretern fanden, und die auf den genannten Grundlagen Reformen verlangten, im Parlament keine Zustimmung, sondern wurden als unrealistisch und gefährlich abgelehnt.

> "All the idea of the necessity of a reform, he was persuaded, was the mere vapour of a dream, the shadow of a shade, empty whim and fanciful nothing, . . .[3]."

b) Beharren auf der tradierten Staats- und Rechtsordnung

Ein auch die nächsten Jahrzehnte durchlaufender Zug der Argumentation ist der, daß jedem Gedanken an Reform oder Neuordnung mit dem Hinweis begegnet wurde, daß einmal dadurch die historisch gewachsene

---

[2] Vgl. Sechstes Kapitel, II, 1 und die dort angeführten Zitate.

[3] *Lord North*, 1785 anläßlich der Debatte des Antrags von Pitt d. J. zur Reform des Parlaments (Parlt. Hist. XXV, S. 460).

und bewährte Struktur in Frage gestellt werde und zum anderen nicht abzusehen sei, welche möglichen Konsequenzen und Weiterungen eine Änderung zur Folge haben könne. Man berief sich darauf, daß die tradierte Ordnung sich durch Jahrhunderte bewährt habe[4] — test of ages —, und daß es vermessen sei zu glauben, man sei heute weiser als die Vorfahren, die dieses Recht geschaffen und nach ihm gelebt hätten[5].

c) Stolz auf das nationale Recht

Verbunden mit der Verehrung des eigenen tradierten Rechts war der Stolz auf die nationale Rechtsordnung im Vergleich zu anderen europäischen Staaten[6]. Bestätigt und gestützt wurde diese Haltung durch die Bewunderung einer Reihe kontinentaler Autoren, die das englische Recht nicht selten als Leitbild einer gerechten und weisen Verfassung priesen[7]. Jeder Versuch einer Änderung mußte so den Vertretern der konservativen Richtung fast als nationaler Verrat erscheinen.

> "... as no defect in the constitution has been proved, as we have heard nothing but declamation and surmise to warrant so awful and so very important a measure as an innovation on the form of that venerable palladium, which ages have sanctified down to us — let uns again, let me conjure you, act like men, and like Britons, and reject — what to adopt, must inevitably lead to ruin[8]."

d) Gefahr der Unruhe

Ein ebenfalls häufig wiederkehrendes Argument war dies, daß, wenn auch Reformen in einigen Teilbereichen vielleicht wünschenswert seien,

---

[4] Vgl. *Powys*, 1782 (Parlt. Hist. XXII, S. 1422), "... the constitution, in its present form had stood the test of many ages ..."; *Lord Advocate of Scotland*, 1782 (Parlt. Hist. XXII, S. 1434), "... The constitution ... had existed for ages pure ..."; *Eden*, 1784 (Parlt. Hist. XXIV, S. 763), "... that if the House once began to alter the present form which had stood for ages ..."

[5] Vgl. *Lee*, 1780 (Parlt. Hist. XX, S. 1396), "... what could induce any man to think that the change was necessary? Was it from the people now living, having grown wiser than their ancestors?"; *Lord North*, 1785 (Parlt. Hist. XXV, S. 460), "The means (safeguard of liberty) were provided by our ancestors, and had been sanctioned by experience, the test of truth."; *Lord Thurlow* (Lord Chancellor) 1788 (Parlt. Hist. XXVII, S. 548), "... those laws which our ancestors had thought prudent to continue from the time of William the Conqueror to the present period."

[6] Vgl. etwa *Beaufoy*, 1784 (Parlt. Hist. XXIV, S. 994, 996), "They (the people) whish to place as many guards as possible round those high privileges which they alone, of all the principal nations of Europe, continue to enjoy ... Where then will be the difference between the freedom of England and the slavery of France?"; *Lord North*, 1785 (Parlt. Hist. XXV, S. 460), "He begged to know where there existed in Europe, or on the face of the globe, a people so happy as those who lived under the British constitution?"

[7] Vgl. etwa Montesquieu und de Lolme.

[8] *Lord North*, 1782 in der Debatte über den Antrag von Pitt d. J. zur Reform

die jeweils gegenwärtigen Umstände solche Maßnahmen nicht angeraten sein ließen, da die Zeiten hierfür ungeeignet seien[9], und die Gefahr von Unruhen bestünde[10], wenn man sich konzessionsbereit zeige. So wurden etwa in der Rede der Regierung zur Schließung der Parlamentssession von 1780[11] der Wunsch nach Rechtsreform und rebellische Unruhe praktisch gleichgesetzt und Verfolgung angedroht:

> "Warn them (i. e. my people) of the hazard of innovation, point out to them the fatal consequences of such commotions as have lately been existed; and let it be your care to impress on their minds this important truth, that rebellious insurrections to resist, or to reform the laws, must end either in the destruction of the persons who make the attempt, or in the subversion of our free and happy constitution."

e) Ergebnis

Die hier erörterten Argumentationsgruppen sind im Ergebnis die Ansichten, die gegenüber jedwedem Reformvorschlag, sei es eine Reform der Verfassung oder nur eine einfache Gesetzesänderung, vorgebracht wurden. Äußerst selten nur findet eine inhaltliche Auseinandersetzung statt. In aller Regel wird mit dem Hinweis darauf, daß es nicht opportun, ja gefährlich sei, bewährtes altes Recht zu ändern, auf das man stolz sein könne und müsse, jede Änderung abgelehnt. Nur sehr selten konnten sich die wenigen Abgeordneten, die zu Reformen bereit waren, durchsetzen[12]. Jeder Versuch einer durchgreifenden Änderung, wie dies etwa eine Reform des Parlaments bedeutet hätte, mußte dagegen scheitern, obwohl diese mehrfach unter anderem auch von führenden Parlamentariern wie etwa Pitt d. J. 1782 und 1785 beantragt worden war. Diese Haltung hätte auch jeden Gedanken an eine Kodifikation des englischen Rechts scheitern lassen, selbst wenn zu der Zeit ein solcher Plan bestanden hätte und vorgebracht worden wäre. Hier liegt weiter ein zusätzlicher Grund dafür, daß im 18. Jh. neben den bereits im sechsten Kapitel genannten Gesichtspunkten, der Gedanke einer Kodifikation gar nicht erst entwickelt wurde.

---

des Parlaments (Parlt. Hist. XXIII, S. 853).

[9] Vgl. etwa *Lee*, 1780 (Parlt. Hist. XX, S. 1396), "He submitted it to the House wether, in difficult times like the present, it was a prudent measure to alter the system of law processes, so much as the Bill (Insolvent Debtors Bill) would alter it."; *Horace Man*, 1782 (Parlt. Hist. XXII, S. 1430), "... there undoubtedly was room for a reform, but now was not the proper time."

[10] Vgl. etwa *Powys*, 1782 (Parlt. Hist. XXIII, S. 836) und *Lord North*, 1785 (Parlt. Hist. XXV, S. 462), "... for if a door were once opened to innovation and experiment, there was no knowing to which extent it might be carried."

[11] The *King's Speech* at the close of the Session vom 8. 7. 1780 (Parlt. Hist. XXI, S. 767).

[12] Vgl. Fünftes Kapitel, III ff.

3. Positionen in der Zeit von 1790 bis 1810

Der sich anschließende Zeitabschnitt umfaßt die Periode während der England unter dem Einfluß der französischen Revolution und dem Krieg mit Napoleon stand. Sie ist geprägt von einer sich versteifenden Haltung gegenüber äußeren Einflüssen, verstärkter Reaktion nach innen und einem praktischen Stillstand der innenpolitischen Reformdiskussion[13]. Im wesentlichen sind hier die benutzten Argumente die gleichen wie in dem vorangegangenen Abschnitt, allerdings verschärft sich die Tonart. Die Vertreter von Reformideen sehen sich persönlichem Angriff ausgesezt oder sind sogar von Verfolgung bedroht.

a) Ablehnung radikaler Theorien

Der Ausbruch der französischen Revolution und der beginnende Terror wurden für die englische Öffentlichkeit zu einem Katalysator der Meinungen und Positionen. War die Diskussion radikaler Theorien und Forderungen zunächst noch recht akademisch gewesen, so verhärteten sich jetzt die Stellungen, und wurden die jeweiligen Standpunkte zu Kernfragen der öffentlichen Auseinandersetzung.

aa) Edmund Burke

Ausgelöst wurde diese Entwicklung durch Edmund Burke (1729 bis 1797)[14], der in seinem Werk „Reflections on the Revolution in France" (1790) die Thesen der französischen revolutionären Aufklärung angriff und durch Formulierung einer konservativen Gegenposition zum geistigen Führer der Tories und des Konservativismus antirevolutionärer Prägung in England wurde[15].

Burke betrachtete die historisch gewachsene und bewährte Staats- und Gesellschaftsordnung Englands als eine Idealform, bei deren Entwicklung letztlich die göttliche Vorsehung unmittelbar wirksam geworden sei, weshalb allem geschichtlich überkommenen Recht eine metaphysische Rechtfertigung zukomme. Jede Ordnung, auch die Rechtsordnung, erhält also danach ihre Legitimation erst durch Herkommen und Gewohnheit; sie ist so eine natürliche, vorgegebene Ordnung. Grundsätzlich stehen damit die Prinzipien dieser Ordnung[16] auch außerhalb der Verfügungsgewalt des Parlaments. Geschichte und Tradition er-

---

[13] Vgl. allgemein *Philip Brown*, S. 10 ff.
[14] Vgl. zu Burke allgemein *Mommsen*, S. 39 ff. und *Henningsen*, S. 43 ff.
[15] Zum Einfluß der Ideen Burkes in Deutschland vgl. *Lenk*, Volk und Staat, S. 43 ff. und die Darstellung bei *Meinecke*, S. 269 ff.
[16] Zur Frage des Einflusses naturrechtlichen Denkens bei Burke vgl. oben Sechstes Kapitel.

halten so das Primat über den bewußten, vernünftigen Willen, an dessen Stelle die immanente Vernunft des Überkommenen gesetzt wird[17]. Von diesen Voraussetzungen her erschien Burke jeder Versuch einer Reform mit dem Ziel einer Neuordnung des Staates auf Grund abstrakter Philosophie fast als Sakrileg, als menschliche Hybris und als die Zerstörung menschlicher, zivilisierter Gesellschaft.

"... to tear up, along with all practical liberty, and all the foundations of human society, all equity and justice, religion and order[18]."

Burke war damit nicht ein grundsätzlicher Gegner jeder Reform, doch hatte sich eine solche nach seinen Vorstellungen im Rahmen der bestehenden, tradierten Strukturen zu halten. Sie war so anzulegen, daß sie die grundsätzliche Balance der Herrschaftsordnung nicht antastete oder diese zu erschüttern geeignet war. Er konnte sich daher mit gewissem Recht sogar als Freund von Reformen bezeichnen, aber sich zugleich als erbitterter Gegner jeder „innovation" exponieren[19].

Durch die Ereignisse in Frankreich, insbesondere durch die Zerschlagung der ständisch-agrarischen Struktur, sah Burke auch die traditionelle Sozialstruktur in England gefährdet und angegriffen, da für ihn die landbesitzende Aristokratie kraft Tradition und Bildung die allein zur Herrschaft befähigte und berufene Elite darstellte. So wandte er sich in seiner zitierten Schrift mit aller Heftigkeit gegen die Revolution und verteidigte die traditionellen Grundlagen der englischen Gesellschaftsordnung. „Burke dienten die Ereignisse in Frankreich in erster Linie als Beweismittel zur Erhärtung seiner Grundthese, daß nur bei prinzipiellem Festhalten an der überlieferten gesellschaftlichen Ordnung Staat und Nation vor völligem Chaos und vor der schändlichen Herrschaft unstandesgemäßer Cliquen bewahrt werden könnten, so daß die Freiheit im konkreten Sinne des Wortes nur innerhalb einer ständisch gegliederten Sozialordnung bestehen könne, in welcher der natürlichen Aristokratie des großen Grundeigentums unter Hinzuziehung des großen Handelsvermögens die politische Führung zufalle[20]."

bb) Parlament

Die von Burke vorgezeichneten Positionen wurden zur ideologischen Grundlage der Tories und einer großen Zahl von Whigs im Parlament,

---

[17] *Meinecke*, S. 275; *Rosenstock*, S. 259 f.

[18] *Burke*, Letter to the Sheriffs of Bristol (Zitat bei *Mommsen*, S. 49).

[19] So steht etwa auch die von ihm inspirierte und durchgesetzte Reform des königlichen Pfründesystems im Jahre 1782 durchaus in Einklang mit dieser Haltung, da die Politik von George III. drohte, die Balance zwischen König und Parlament zu verschieben.

[20] *Mommsen*, S. 52.

da letztere sich in einer erbitterten internen Auseinandersetzung über die Frage der Stellung zur französischen Revolution und zur Parlamentsreform in zwei Lager aufspaltete. Die eine Gruppe unter der Führung Burkes schloß sich den Tories an, die andere bildete unter Fox, Wilberforce und später Lord Grey die neuen Whigs, die in konsequenter Opposition gegen die Politik der Tories verharrten[21].

Zur Grundhaltung der Mehrheit im Parlament wurde nun die These, daß es dem „Jacobinism" zu wehren gelte, da es dessen Ziel sei, alle soziale Ordnung zu zerstören und Anarchie zu verbreiten. Jeder, der nun für Reformen eintrat, wurde verdächtigt, mit Radikalen und Jakobinern im Bunde zu stehen und ein Feind Englands zu sein[22]. Pitt d. J. führte 1795 in Ablehnung einer beantragten Reform des Parlaments aus:

> "... that the profligate principles of Jacobinism had succeeded in destroying all social order in France, and the same end had been aimed at, by the same means in all other parts of Europe[23]."

Edmund Burke vertrat 1796 in einer Schrift die Ansicht, daß von der englischen Bevölkerung ungefähr 80 000 reine Jakobiner seien, auf die „keine Vernunft, kein Argument, kein Beispiel, keine ehrwürdige Autorität den leisesten Einfluß ausüben könnten"[24].

b) *Beharren auf der tradierten Staats- und Rechtsordnung*

In dem Maße, wie sich der Widerstand gegen radikale und aufklärerische Ideen und damit gegen jede Reform an sich versteifte, wurde auch die Verehrung und das Festhalten an der tradierten Ordnung zunehmend betont und jede Kritik und jeder Änderungsvorschlag als überheblich und unpatriotisch zurückgewiesen[25]. Die gegebene Staats- und Rechts-

---

[21] *Trevelyan*, Geschichte, Bd. II, S. 644, 717 ff.; *Holdsworth*, History XIII, S. 157 ff.

[22] *Trevelyan*, Geschichte, Bd. II, S. 637 ff.

[23] *Pitt d. J.* 1795 (Parlt. Hist. XXXII, S. 358). Vgl. weiter *Windham*, 1790 (Parlt. Hist. XXVIII, S. 468): "I should still think it my duty to oppose the dangerous and progressive spirit of innovation; — I must still enter my protest against the strange mixture of metaphysics with politics, which we are witnessing in the neighbouring country, ... let us in good time, avoid the infection."; *Buxton*, 1793 (Parlt. Hist. XXX, S. 837), "... they (the people) had been alarmed by the importation of French principles, which tended to confusion, anarchy, and rebellion, and they would rather submit to some inconveniences than press the proposed reform ..."

[24] Vgl. das bei *Henningsen*, S. 66 wiedergegebene Zitat aus den „Letters on a Regicide Peace".

[25] Auch jetzt sind etwa wieder Motive der Würdigung wie die der „Weisheit der Vorfahren", vgl. etwa *Burke*, 1790 (Parlt. Hist. XXVIII, S. 477): "The right hon. gentlemen (Flood) had asked, who dared to tell the middle ranks of life, that they ought not to enjoy the peculiar privilege, the exercise of the rights of electors? He would inform him: the laws of the country dared tell then so;

ordnung wurde entsprechend den Thesen von Burke als Garant der Sicherheit der bestehenden Sozialordnung empfunden. So konnte etwa von Lord Stormont 1792 unter Beifall des House of Lords gesagt werden[26]:

"Many pamphlets have lately been published, various bills distributed, and some extraordinary public meetings held: but on this subject he could take upon him to say, that in parliament there was but one voice, and in that voice the people constitutionally united. The voice was: "Our constitution shall be immutable." Modern Reforms were mere phantoms, that led from certain happiness to real ruin. Our constitution in its present form, was the most perfect, the most wise, and the most happy system of government that ever the wisdom of man framed: its basis was natural justice, and its construction promised long continuance."

Entsprechend wurde vom Earl of Abingdon im gleichen Jahre pathetisch festgestellt[27]:

"Let him, therefore, in the fashionable cant of the times, leave with the right reverend bench of bishops, that little canticle of the once tought wise man Solomon, who said, 'remove not the ancient land marks which thy fathers have set', and with the rest of your lordships, as the bar of this madness of innovation that is now let loose upon us, that noble exclamation of our ancestors, 'Nolumus leges Angliae mutari!'."

c) Stolz auf nationales Recht und antifranzösiche Haltung

Der Glaube an den Wert und die Überlegenheit des eigenen Rechts[28] wurde jetzt mit einer scharfen antifranzösischen Haltung verknüpft. Frankreich galt nicht nur als der militärische Feind, sondern als Gegner der zivilisierten Menschheit schlechthin, den es zu vernichten gelte.

"Our great aim is to resist and to defeat the wild attempts of those who have declared it to be their deliberate purpose to 'disorganise' Europe, as they call it; that is, to subvert this and every other regular government; to trample upon all property; to break all the ties of civil society; to deprive men of every present comfort; to every future hope, and reduce them to the same wretched level with themselves[29]."

---

the usage of their ancestors dared tell them so: the uniform practise of parliamentary elections tells then so; and who shall dare to refuse to subsuit to such authorities?" (vgl. weiter *Pitt d. J.*, 1792, Parlt. Hist. XXIX, S. 1399; *Cocks*, 1796, Parlt. Hist. XXXII, S. 854) und der Bewährung durch die Jahrhunderte (vgl. etwa *Windham*, 1790, Parlt. Hist. XXVIII, S. 465; *Lord Chancellor*, 1792, Parlt. Hist. XXIX, S. 1040; *R. Pepper Arden*, Master of the Rolls, 1794, Parlt. Hist. XXX, S. 1353) zu finden.

[26] Parlt. Hist. XXIX, S. 749.

[27] Parlt. Hist. XXIX, S. 1371.

[28] Vgl. etwa *Lord Thurlow*, Lord Chancellor, 1792, Parlt. Hist. XXIX, S. 1040; *Pitt d. J.*, 1792, Parlt. Hist. XXIX, S. 1312; *King's Speech*, 1797, Parlt. Hist. XXXIII, S. 857; *Buxton*, 1795, "As to the laws of Germany, God forbid that they should ever be introduced in this country." (Parlt. Hist. XXXII, S. 848).

[29] *Earl of Mansfield*, 1794, Parlt. Hist. XXX, S. 1077; vgl. weiter *Lord Auckland*, 1794, Parlt. Hist. XXX, S. 1068, und *Pitt d. J.*, 1794, Parlt. Hist. XXX, S. 1278.

Alles, was daher an Ideen und Institutionen mit der französischen Revolution verknüpft war, galt a priori als verderblich und war zu bekämpfen[30]. Bewahrung des eigenen Rechts und der eigenen Verfassung war damit zugleich Abwehr der gefährlichen Einflüsse, die vom Gegner auf dem Kontinent ausgingen. Zu diesem Zweck war man auch bereit, eine Einschränkung[31] der eigenen Freiheiten in Kauf zu nehmen, um jedweder Gefahr der Ausbreitung dieser Idee in England von Beginn an entgegenzutreten, denn,

> "... that he thought even a despotism, where life and property were secure, preferable to that state of liberty, where both were continually liable to be invaded[32]."

Diese Haltung in ihrer extremen Form lehnte nicht nur die Ideen und Einrichtungen Frankreichs ab, sondern betrachtete Frankreich und die Franzosen schlechthin als minderwertig:

> "... but before a frenchman could be faithful, his nature must be changed[33]."

d) Gefahr der Unruhe

Die Sorge vor dem Übergreifen der Ideen der französischen Revolution auf England wurde gesteigert durch die Furcht vor Unruhen und sogar einer Revolution im eigenen Lande. Überall glaubte man, Anzeichen für eine solche Entwicklung zu sehen, die durch ein Nachgeben von seiten des Parlaments bei einzelnen Reformwünschen nur ermutigt werden würden. Um den gefürchteten Dammbruch bei den grundlegenden Prinzipien von Staat, Verfassung und Recht zu verhindern, war man nicht bereit, in irgendeinem Punkte vom Bestehenden abzuweichen und selbst bei Einzelfragen nachzugeben. So führte Pitt d. J. 1792 bei einer Debatte über die Parlamentsreform aus[34]:

> "He had seen with concern that those gentlemen of whom he spoke, who were members of that House, were connected with others, who proffessed not reform only, but direct hostility to the very form of our government. This afforded suspicion, that the motion for a reform was nothing more

---

[30] Vgl. weiter Lord Chancellor *Lord Loughborough*, 1795, Parlt. Hist. XXXII, S. 206; *King's Speech*, 1796, Parlt. Hist. XXXII, S. 1157.

[31] Lord Chancellor *Lord Loughborough*, 1795 (Parlt. Hist. XXXII, S. 553), "... all reverence for law and for religion, had been for the last five years extinguished in France. The spirit of innovation was abroad, and it was the duty of the British legislature to resist it."

[32] *Burke*, 1792, Parlt. Hist. XXX, S. 53 und bereits schon Parlt. Hist. XXIX, S. 1389.

[33] *Windham*, 1792 (Parlt. Hist. XXX, S. 40), vgl. auch *Lord Mornington*, 1793 (Parlt. Hist. XXX, S. 870), vgl. allgemein *Philipp Brown*, S. 90 f.

[34] *Pitt d. J.*, 1792, Parlt. Hist. XXIX, S. 1311 f., im gleichen Sinne äußerte er sich 1793, Parl. Hist. XXX, S. 890 ff.

than the preliminary to the overthrow of the whole system of our present government; and if they succeeded, they would overthrow what he thought the best constitution that was ever formed on the habitable globe."

Einige Jahre später äußerte sich Burke 1797 im gleichen Sinne[35]:

"Parliamentary reform was the pretext for all the sedition that had been sown for many years in this country. But the real object in this when the actions of those men were narrowly inspected, was nothing more nor less than the usurpation, and, in the end, the plunder, of the state. This was parliamentary reform; and for this purpose, whole classes of the working people of the country were to be jacobinized! — ... a majority of the people, who, by becoming the admirers of the French Revolution, always held up to them as a government superior to their own, would ultimately be led to frame one of their own, upon its model..."

Selbst die Diskussion über solche Fragen hielt man für so gefährlich, daß man glaubte, sie mit Hilfe des Strafrechts unterdrücken zu müssen[36].

e) Angriffe auf Reformer

Verbunden mit der antifranzösischen Haltung war eine zunehmende Aversion gegenüber den Personen und Gruppen, die sich innerhalb und außerhalb des Parlaments für Reformen einsetzten. So wurde 1795 vom Earl of Warwick ausgeführt[37]:

"He said, there were certain Lords in opposition, who more resembled French demagogues, than Lords composing a part of a sober and serious legislature."

James Fox beschwerte sich schon 1790, daß die Anhänger einer Reform des Parlaments als französische Agenten verdächtigt würden[38].

"The ghost of French tumult has again been excited, to conjure down, if possible the dangerous spirit of reform, and a grave member of the British parliament in the gravest of all possible harangues, has imaged to himself that a missionary from the national assembly of France has escaped into this house to make the present proposition."

War man noch im vorhergehenden Zeitabschnitt bereit gewesen, sich in gewissen Grenzen sachlich mit den Argumenten der Reformer auseinanderzusetzen, so wurde jetzt in der Regel schlechthin die Notwendigkeit jeder Reform bestritten[39], und die Vertreter solcher Vor-

---

[35] *Burke*, 1794, Parlt. Hist. XXXI, S. 518 f.

[36] *Powys*, 1790 (Parlt. Hist. XXVIII, S. 471), "The circumstances and times were such, as made not only the question dangerous, but the discussion of it dangerous likewise.". Vgl. weiter *Wallace*, 1792, Parlt. Hist. XXX, S. 8.

[37] Parlt. Hist. XXXI, S. 1282.

[38] Parlt. Hist. XXVIII, S. 474.

[39] Vgl. etwa *Windham*, 1790, Parlt. Hist. XXVIII, S. 468; *R. Pepper Arden*, Master of the Rolls, 1794, Parlt. Hist. XXX, S. 1353; Der *Bischof von Rochester* äußerte sogar 1795 (Parlt. Hist. XXXII, S. 258): "In fact, he did not know what the man of the people in every country had to do with the laws but to obey them,..."

stellungen verdächtigt, verkappte Revolutionäre oder Agenten der französischen Jakobiner zu sein, die England in das Chaos einer Revolution stürzen wollten[40].

f) Argumente der Reformer

Die dargestellten Widerstände und die Art deren Begründung verhinderten im Ergebnis praktisch die Durchsetzung jeden Reformvorschlages. Die Abgeordneten, die bereit waren, Änderungen der bestehenden Verfassungs- und Rechtsstruktur zu unterstützen, bemühten sich zwar, diese Hindernisse zu überwinden, konnten sich aber nicht durchsetzen. Ihre Position wurde nicht zuletzt dadurch kompliziert, daß sie tatsächlich weitgehend mit den Gedanken der französischen Revolution sympatisierten oder sympatisiert hatten[41]. Man versuchte zwar sachlich begründet darzulegen, in welchen Punkten, aus welchen Gründen und mit welchem Ziel Reformen erforderlich seien, und es gelang auch bei einigen Fragen Verständnis zu finden[42], doch konnte sich die Mehrheit nicht entschließen, diesen Einsichten zu folgen, was von den Reformern heftig kritisiert wurde.

> "By the learned profession in the other House, who admitted their necessity, objected to their principle or provisions in the gross, and who, without attempting to ammend them, or to substitute better in their stead, were perfectly content with their total rejection. ... The learned gentlemen, like physicians called to a sick man, admit that he is very ill, disapprove for all the remedies that have been proposed for him, but refuse to prescribe anything themselves for his relief or comfort[43]."

Änderungen im Wege der Gesetzgebung wurden mit den Begründungen abgelehnt, daß, wenn diese überhaupt erforderlich seien, dies Sache der Gerichte sei[44], und es sich gezeigt habe, daß dem Recht eine selbstreformierende Kraft innewohne[45].

---

[40] Vgl. allgemein *Philip Brown*, S. 141 ff. und Parlt. Hist. XXIX, S. 1322. Im Zusammenhang mit Paine und anderen radikalen Authoren werden auch die Dissenters als Anhänger der französischen Revolution verdächtigt. (Vgl. *Burke*, 1792, Parlt. Hist. XXIX, S. 1389; *Windham*, 1802, Parlt. Hist. XXXVI, S. 833).

[41] Vgl. z. B. die Rede von *Fox*, 1792 (Parlt. Hist. XXX, S. 12 ff.). Allgemein *Philip Brown*, S. 51 ff. und *O'Gorman*.

[42] Selbst *Burke* griff 1790 (Parlt. Hist. XXIX, S. 512) etwa die Zustände in den Schuldgefängnissen als ungerecht und beschämend an. Ebenso äußerte sich *Archibald Macdonald*, Attorney General (Parlt. Hist. XXIX, S. 510), lehnte aber gleichwohl eine Reform ab.

[43] Vgl. etwa *John Miller*, 1790, Parlt. Hist. XXVIII, S. 375).

[44] *Lord Thurlow*, Lord Chancellor, 1792 (Parlt. Hist. XXIX, S. 1298), "He quoted the great authority of Lord Hale for the doctrine, that the question of law lay always with the judges, and it was necessary to the unity of the law that it should do so."

[45] *Windham*, 1790 (Parlt. Hist. XXVIII, S. 467), "Experience has proved that the British constitution contains somewhere and somehow within itself,

Dem Vorwurf, daß man das althergebrachte Recht leichtfertig irgendwelchen Utopien opfern wolle, also „innovations" befürworte, womit als Schlagwort jede als gefährlich empfundene Änderung bezeichnet wurde[46], versuchte man dadurch zu entgehen, daß man sich darauf berief, im Grunde nichts Neues anzustreben, sondern nur das gute alte Recht wieder herstellen wolle. Bezeichnend ist hierfür eine Petition der „Friends of the People" zur Parlamentsreform aus dem Jahre 1792:

> "The example and situation of another kingdom, are held out to deter us from innovations of any kind. We say, that the reforms we have in view, are not innovations. Our intention is, not to change, but to restore: not to displace, but to re-instate the constitution upon its true principles and original ground[47]."

Aus dieser Petition ergibt sich weiter, daß man bemüht war, sich den Angriffen, man sei ein Freund Frankreichs und der Revolution, zu entziehen trachtete, indem man jede Identität der Interessen und Ziele leugnete und sich dagegen verwahrte, nicht als Patriot angesehen zu werden[48]. Man warf den Gegnern der Reformen vor, daß sie das Gespenst der französischen Revolution nur dazu benutzen würden, um sich einer sachlichen Auseinandersetzung zu entziehen und so jeden Reformvorschlag von vornherein diskreditieren würden.

> "The French revolution is an answer to every thing, the French revolution is his everlasting theme, the universal remedy, the grand specific; the never failing panacea, the perpetual burthen of his song; and with this he treats us from day to day[49]."

Weiter hielt man der Mehrheit vor, daß sie, wenn sie nicht wenigstens zu gemäßigten Reformen in einigen Bereichen bereit sei, sie damit die Gefahr der von ihr so gefürchteten gewaltsamen Entladung der Spannung erst recht fördern und letztendlich hervorrufen würde.

---

a principle of selfrecovery and self preservation, which brings it back, admist all the deviations to which it is exposed, to its natural and salutary state."

[46] Der Begriff „innovation" hatte schon zu den Zeiten von Francis Bacon die negative Bedeutung einer gefährlichen Veränderungsabsicht (vgl. *Veall*, S. 70). Ein Zeichen dafür, wie lang diese Linie des Traditionalismus im englischen Recht ist.

[47] Parlt. Hist. XXIX, S. 1306 f. Zu den Gründern dieser Vereinigung gehörten u. a. Lord Grey und Lord Lauderdale.

[48] Vgl. etwa *Francis*, 1792, Parlt. Hist. XXIX, S. 1339; *Grey*, 1793 (Parlt. Hist. XXX, S. 802): "No argument, therefore, drawn from the situation in France could apply to the kind of reform which it was the wish of those with whom he acted to introduce."

[49] *Francis*, 1793, Parlt. Hist. XXX, S. 843. Vgl. weiter *Fox*, 1790, Parlt. Hist. XXVIII, S. 474 (Zitat s. o. Anm. 38); 1792, Parlt. Hist. XXIX, S. 1316; 1792 Parlt. Hist. XXIX, S. 1401; *Erskine*, 1797 (Parlt. Hist. XXXIII, S. 661), "The cause of reform, was to be at all events, put down: and all who maintained it were to be stigmatized, persecuted, and oppressed. — This is the clue from every measure of government from that time to present. — The reformers had mixed with their cause an enthusiasm for the liberties of France, and for that reason the liberties of France were to be crushed."

"I am no friend of revolution, because they are an evil: I am, therefore, a friend to timely reform, and for this reason, that it renders revolution unnecessary; whilst they who oppose such reform, may be enemies to revolution in their hearts, but they are friends to it by their folly[50]."

Im Jahre 1808 urteilte Samuel Romilly, einer der bekanntesten und engagiertesten Reformpolitiker zu Beginn des 19. Jh., wie folgt:

"If any person be desirous of having an adequate idea of the mischievous effects which have been produced in this country by the French Revolution and all its attendant horrors, he should attempt some legislative reform, on human and liberal principles. He will then find not only what a stupid dread of innovation, but what a savage spirit it has infused into the minds of many of his countrymen[51]."

g) Ergebnis

Aufgabe dieser Arbeit kann es nicht sein, den objektiven Gehalt und die Berechtigung der oben dargestellten Argumente zu überprüfen und darzustellen, zumal auch in der englischen Literatur etwa die Frage, inwieweit tatsächlich die Gefahr einer Revolution auch in England bestand, umstritten ist. Es sollte hier lediglich ein Bild der Meinungen, der Hauptlinien der Argumente und deren Hintergrund gegeben werden. Als Ergebnis kann so hier festgehalten werden, daß bei der weit überwiegenden Mehrheit des Parlaments und der Regierung[52] die Ansicht vorherrschte, daß im Grunde die Verhältnisse, so wie sie waren, den Bedingungen und Anforderungen der Zeit entsprachen und daher Reformen nicht notwendig seien. Wenn doch Reformen gefordert würden, so entspringe dies einem gefährlichen, radikalen Geist der Erneuerung, der letztlich auf eine Veränderung der Staats- und Gesellschaftsstruktur ziele, und dem daher in allen Ansätzen entgegenzutreten, und dieser notfalls auch mit Gewalt zu unterdrücken sei. Die französische Revolution war zu einem traumatischen Erlebnis geworden[53], das jedem Begehren nach Veränderung und Weiterentwicklung entgegenstand. Die Stellung der reformbereiten Abgeordneten und der sie unter-

---

[50] *Flood*, 1790, Parlt. Hist. XXVIII, S. 456.

[51] *Romilly*, S. 247.

[52] Zur Verdeutlichung der Mehrheitsverhältnisse seien einige Abstimmungsergebnisse der Jahre 1792 bis 1797 zitiert.

1792 Abstimmung über Regierungspolitik (Parlt. Hist. XXX, S. 59) 290 : 50.
1793 Parlamentsreform (Parlt. Hist. XXX, S. 786) 108 : 29.
1793 Parlamentsreform (Parlt. Hist. XXX, S. 925) 282 : 41.
1794 Abstimmung über Regierungspolitik (Parlt. Hist. XXX, S. 1287) 277 : 59.
1794 Abstimmung über Regierungspolitik (Parlt. Hist. XXXI, S. 1061) 246 : 73.
1795 Aufhebung der Habeas Corpus Act (Parlt. Hist. XXXI, S. 1119) 239 : 53.
1797 Parlamentsreform (Parlt. Hist. XXXIII, S. 734) 256 : 91.

Im 19. Jh. rechnete man bis etwa zur Reform von 1832 mit einem Verhältnis von 350 zu 155 zugunsten der Tories (*Guttmann*, S. 193).

[53] *Trevelyan*, Geschichte, Bd. II, S. 639 f.

stützenden Vereinigungen von Gruppen mußte demgegenüber ohne jede Aussicht auf Erfolg bleiben. Sie bemühten sich zunächst zwar in den Jahren bis etwa 1795 mit großem Eifer und Energie, ihre Pläne vorzutragen und durchzusetzen, doch mußten sie erkennen, daß ihre Vorhaben nicht durchführbar waren, zumal jede Agitation außerhalb des Parlaments etwa für eine Parlamentsreform als strafbare Handlung verfolgt werden konnte[54], so daß sie endlich resignierten. Erst fast zwei Jahrzehnte später konnte eine neue Generation diese Aufgabe mit größerer Aussicht auf Erfolg aufnehmen.

Vor diesem Hintergrund kann es nicht verwundern, daß die Ideen von Jeremy Bentham in England während dieses Zeitabschnitts kaum auf ein positives Echo trafen. Seine Vorstellung einer Kodifikation, die nicht nur eine formale Neuordnung des Rechts bedeutet hätte, mußte nicht nur auf Unverständnis, sondern auf völlige Ablehnung stoßen.

4. Positionen in der Zeit von 1810 bis 1832

In dieser Zeit beginnt sich auf Grund der sich langsam wandelnden wirtschaftlichen und sozialen Situation im Parlament die Ansicht durchsetzen, daß Reformen notwendig sind. Abgeschlossen wird diese Periode mit der Durchsetzung der ersten großen Parlamentsreform des 19. Jh. im Jahre 1832.

a) Ablehnung radikaler Theorien

Nach der Niederlage Frankreichs und der Wiederaufrichtung der französischen Monarchie hatten die Ideen der Revolution von 1789 auch in England weitgehend ihre politische Stoßkraft verloren. Die Gedanken der kontinentalen und insbesondere französischen Aufklärung, die am Ende des 18. Jh. in England Verbreitung gefunden hatten, wurden durch eine neue Schule englischen Denkens verdrängt[55]. Es waren dies die Theorien und Ansichten des Utilitarismus, die weitgehend aus einer eigenen philosophischen Tradition erwachsen waren und schon von daher auf eine größere Bereitwilligkeit und ein größeres Verständnis trafen. Dieser Übergang war jedoch ein nur allmählicher, und noch bis in die 20er Jahre des 19. Jh. lebte die Tradition der Anprangerung radikaler und liberaler Ideen als „Jacobinism“ fort[56]. Diese Angriffe sind indirekt auch auf die Person Benthams und seine Philosophie

---

[54] Zur Gesetzgebung mit dem Ziel der Unterdrückung angeblich radikaler Umtriebe vgl. Drittes Kapitel III, und *Trevelyan*, Geschichte, Bd. II, S. 641 ff.

[55] Vgl. allgemein *Guttmann*, S. 271 ff., *Dicey*, S. 171 ff. und *Brinton*, S. 13 f.

[56] *Trevelyan*, Geschichte, Bd. II, S. 708.

zu beziehen, da er, was in der Öffentlichkeit bekannt war, in engem Kontakt zu zahlreichen der Reformer, die etwa als Radikale und Jakobiner bezeichnet wurden, stand und nicht selten im Parlament in diesem Zusammenhang auf die Beziehungen der angegriffenen Abgeordneten zu Personen und Kreisen außerhalb des Hauses hingewiesen wurde.

Langsam setzte sich jedoch die Erkenntnis durch, daß die Ideen des Bürgertums und der Whigs nicht mit den radikal-demokratischen Bewegungen, die insbesondere unter den kleineren Handwerkern und der Arbeiterschaft verbreitet waren, gleichzusetzen waren, da bei ersteren Parlamentsreform und Thesen der Volkssouveränität, verbunden mit Angriffen auf die Institution Privateigentum, nicht Hand in Hand gingen. Bentham, Adam Smith und James Mill einerseits, die Reformer unter den Whigs wie Brougham andererseits, sprachen nicht von einem Gesellschaftsvertrag, von natürlichen Menschenrechten, sondern von einem Utilitarismus und Liberalismus, bei denen Privateigentum und Verfügungsgewalt wesentliche Bestandteile der Argumentation waren[57].

> "The things that people stand most in need of being reminded of are, one would think, their duties; for their rights, whatever they may be, they are apt enough to attend to themselves ... the great enemies of public peace are the selfish and dissocial passions. ... What has been to object, the perpetual and palpable object, of this decleration of pretended rights? To add as much force as possible to those passions, already but too strong, to burst the cords that hold them in; to say to the selfish passions — There, everywhere is your prey! to the angry passions, There, everywhere is your enemy[58]."

Die Mehrheit des Parlaments lehnte jedoch auch zunächst noch aus grundsätzlicher Gegnerschaft zu jeder Gesellschaftstheorie, die einen Wandel der Grundstruktur zur Folge hätte haben können, Reformen[59] ab.

> "The other three (i. e. bills) respecting stealing from shops, dwelling houses, and canals, he should oppose; for they went to alter those laws, which a century had proved to be necessary, and which were now to be overturned by speculation and modern philosophy[60]."

Selbst 1831 wurde noch gegenüber einer Petition zur Parlamentsreform geäußert:

> "He could not but think, that the Reform sought out of doors meant neither more or less than revolution[61]."

Trotzdem konnte jedoch 1830 Cutlar-Ferguson feststellen[62]:

---

[57] *Guttmann*, S. 346 ff.

[58] *Bentham* in „Anarchical Fallacies" (Zitat bei *Dicey*, S. 172).

[59] In diesen Rahmen gehört auch das Argument von *Sugden* gegenüber Humphreys, daß dessen Vorschlag die sozialen Grundlagen des Adels erschüttern würde. (Vgl. oben Siebentes Kapitel, III, 1.)

[60] *Lord Ellenborough*, 1811 (Hansard, 1st Series, XX, S. 299).

[61] *H. Davies*, 1831 (Hansard, 3rd Series, II, S. 996).

[62] *Hansard*, 2nd Series, XXIV, S. 278.

"Twenty years ago, any gentlemen who had proposed such alteration of the law as had lately been effected would have been stigmatised as a Jacobin."

b) Beharren auf der tradierten Staats- und Rechtsordnung

Der Gedanke, daß die überlieferte Rechtsstruktur als Garant von Sicherheit und Freiheit zur Bewahrung der bestehenden Sozialordnung zu erhalten sei, setzte sich auch in den ersten Jahrzehnten des 19. Jh. fort. Nach wie vor wurde jedem Versuch, Änderungen durchzusetzen und eine Neuordnung in die Wege zu leiten, mit großem Mißtrauen begegnet. In dem oben angeführten Zitat von Lord Ellenborough wurde von diesem bereits der alte Gesichtspunkt wiederholt, eine durch Jahrhunderte bewährte Ordnung dürfe nicht angestastet werden. Im gleichen Sinne wurde von ihm 1815 bei der beantragten Abschaffung des Prangers argumentiert:

"Considering that the punishment had existed so long, and that no regulation was made for the substitution of another punishment, he could not agree to the passing this bill[63]."

Auf Grund dieser Haltung sahen sich selbst überzeugte Anhänger einer Reformpolitik wie Brougham gezwungen, ihre Vorschläge mit Hinweisen darauf zu unterstützen, daß es ihnen nicht zuletzt um eine Wiederherstellung alter Rechtsgrundsätze ginge.

"Have we then in all this nothing to induce us to recur to our old law — the English law, the Saxon law of our ancestors[64]?"

Aber auch der gemäßigte Flügel der Tories unter Peel und Premierminister Lord Liverpool begann nach und nach die Notwendigkeit von Reformen einzusehen, und sie bemühten sich in den Jahren ab 1822 auf einzelnen Bereichen — insbesondere beim Strafrecht und bei der Gerichtsverfassung — eine gemäßigte Neuordnung im Rahmen der alten Strukturen durchzuführen.

c) Stolz auf nationales Recht

Die strikt antifranzösische Haltung des vorhergehenden Zeitabschnitts begann allmählich zu weichen. Man betrachtete nicht mehr unbedingt

---

[63] *Hansard*, 2nd Series, XXXI, S. 1125.

[64] *Brougham*, 1830, Hansard, 2nd Series, XXIV, S. 272. Auch Hammond hatte 1824 ausdrücklich erklärt, daß es ihm nicht um die Schaffung neuen Rechts ginge, sondern er bei seinen Kodifikationsplänen nur eine formelle Vereinfachung im Auge habe. Selbst in Amerika im Staate New York waren die Begriffe „code" und „civil law" durch die Ereignisse in Frankreich so in Mißkredit geraten, daß die Reformer der Kommission von 1824 sich gezwungen sahen, unter Vermeidung des Terminus „codification" von einer „revision" des Rechts zu sprechen. Vgl. *Stevenson*, S. 163.

alles, was vom Kontinent kam, als verderblich oder gefährlich. Der Standpunkt hatte sich dahin verschoben, daß man nun die nationale Eigenart betonte und daraus folgerte, schon deshalb fremde Modelle und Leitbilder nicht übernehmen zu können. So wurde jetzt etwa der Code Civil durchaus als eine beachtliche Leistung der Franzosen gewürdigt, doch meinte man unabhängig davon, daß er durchaus seine immanenten Mängel habe und weiter auf das englische Rechtssystem in seinem Prinzip nicht übertragbar sei.

5. Ergebnis

Obwohl ein Wandel des geistigen Klimas eingetreten war, und „about 1830 utilitarism was as the expression goes, in the air“[65], bestanden doch gerade bei Fragen der Rechtsreform und damit auch bei der einer Kodifikation weiterhin noch erhebliche Widerstände. Der „Benthamism“, der sich bei den Whigs und dem Bürgertum durchgesetzt hatte, umfaßte keine radikalen Forderungen in der Form, daß eine grundlegende Neuordnung der Sozialstruktur nach utilitaristischen Prinzipien erfolgen sollte, sondern nur die Vorstellung, daß es an der Zeit sei, alle die Hemmnisse und archaischen Relikte zu beseitigen, die Handel und Gewerbe zugunsten der Privilegien der „landed interests“ behinderten. Nicht eine Umstrukturierung, sondern eine maßvolle Reform sollte erfolgen, zumal auch das Bürgertum, erschreckt durch die sozialen Unruhen und den damit verbundenen radikalen Forderungen, mögliche Folgen zu weitgehender Reformen befürchtete. Die Haltung des Bürgertums war geprägt durch die Ideen des Utilitarismus, eines frühen Liberalismus und nicht zuletzt tradierter konservativer Vorstellungen. Aus der Synthese dieser Vorstellungen ergab sich, daß man bereit war, einzelne Reformen und auch gegebenenfalls einschneidende Änderungen im Sinne einer ökonomischen Liberalisierung durchzusetzen, nicht aber eine revolutionäre Umgestaltung der ganzen gesellschaftlichen Struktur zu dulden. So führte Brougham 1831 in einer Rede zur Parlamentsreform unter zutreffender Charakterisierung des Mittelstandes aus[66]:

> "Unable though they be to round a period, or point an epigram, they are solid, right-judging men, and, above all, not given to change, if they have a fault, it is that error on the right side, a suspicion of state quacks, a dogged love of existing institutions, a perfect contempt of all political nostrums. ... Grave, intelligent, rational, fond of thinking for themselves, they consider a subject long before they make up their minds on it; and the opinions they are thus slow to form they are not swift to abandon."

Vor diesem Hintergrund mußte auch die Idee einer Kodifikation einen anderen Stellenwert erhalten als im kontinentalen Europa. Die

[65] *Dicey*, S. 173.
[66] Zitat bei *Dicey*, S. 186.

insbesondere vom emporstrebenden Bürgertum getragenen Vorstellungen eines Naturrechts und der Aufklärung zielten entweder auf eine Teilhabe an der Ausübung der politischen Macht oder zumindest auf die Sicherung und Garantie eines wirtschaftlichen Freiheitsraumes. In Deutschland konnte der Wunsch nach direkter Beteiligung an den staatlichen Entscheidungsprozessen nicht verwirklicht werden, so daß die Entwicklung zu dem führte, was man mit dem Schlagwort der „Trennung von Staat und Gesellschaft" bezeichnet. Der Staat sollte in seinen Eingriffsmöglichkeiten zurückgedrängt und an bestimmte und möglichst detaillierte Regelungen gebunden werden oder zumindest aus weiten Bereichen des gesellschaftlichen und wirtschaftlichen Lebens herausgedrängt werden.

In England hat jedoch eine solche Trennung von Staat und Gesellschaft nicht Platz gegriffen[67]. Der Grund hierfür liegt zweifellos nicht zuletzt darin, daß sich dort eine absolutistische Regierungsform nicht hat durchsetzen können, und so Teile des Bürgertums und des niederen Adels schon früh Zugang zum Unterhaus erhalten hatten. Es bestand immer, wenn auch mit unterschiedlichen Gewichtungen, eine prinzipielle Polarität zwischen König und Parlament, auf deren Erhaltung selbst konservative Kräfte achteten. Der Versuch der Stuarts im 17. Jh., den Einfluß des Parlaments zurückzudrängen oder aufzuheben, führte zum Bürgerkrieg und letztendlich zur Glorious Revolution von 1688. War es hier Teilen des Bürgertums erstmals gelungen, sich einen Einfluß auf die politische Macht zu sichern, so gingen auch die Auseinandersetzung im 18. und 19. Jh. um eine Erweiterung dieser Beteiligung, d. h. Einbeziehung weiterer Schichten. Diese Auseinandersetzungen fanden ihren sichtbarsten Ausdruck in dem Kampf um eine Reform des Parlaments, die im Jahre 1832 mit einem ersten Erfolg abgeschlossen wurden. Golo Mann beschreibt[68] den Charakter der Reformbill zutreffend wie folgt:

„Die Bill bedeutete keine revolutionäre Trennung vom Althergebrachten, einer neuen Philosophie zuliebe, vielmehr die Anpassung alter Einrichtungen an neue Tatsachen. Daß wirtschaftlicher Besitz und politische Macht nur durch gewalttätige Künsteleien auseinanderzuhalten seien, hatte angelsächsische Staatsphilosophie längst erkannt. Hier wurde neuem Besitz ein Teil der Macht eingeräumt, verspätet, aber nicht zu spät. Daß er sich damit zufriedengab, daß auch jene, die gar nichts besaßen, sich leidenschaftlich an der Sache beteiligt und „die Bill, nur die Bill und die ganze Bill" gefordert hatten, gab der Reform den Charakter des Triumphes der Nation über eine geringe privilegierte Minderheit; wodurch die Klassenkämpfe der Zukunft nicht aufgehoben,

[67] Vgl. *Ehmke*, S. 25 f.
[68] *Mann*, Propyläen Weltgeschichte, Bd. VIII, S. 421.

aber gemildert wurden. Hier liegt ein tiefer Unterschied zwischen der englischen und der kontinentalen, zumal der französischen Entwicklung."

Es war daher zur Durchsetzung der liberalen und aufklärerischen Ziele nicht notwendig, diese durch Abgrenzung vom Staatsapparat durchzusetzen. Da man seit 1832 selbst in den Gesetzgebungsorganen vertreten war und so erheblichen Einfluß auf die Legislative hatte, verspürte man keine Notwendigkeit, eine Grenzziehung vorzunehmen. Nachdem also in England einer relativ breiten Schicht des Bürgertums die Teilhabe an der politischen Macht gewährt worden war, waren diese nicht mehr darauf angewiesen, ein Gesetzbuch zu fordern, daß dann erst politisch und rechtlich bestimmte Institutionen sichern sollte.

In diesem Zusammenhang war es auch nicht mehr notwendig etwa naturrechtliche Gedanken zur theoretischen Legitimation einer grundsätzlichen Veränderung der Regierungsform zu entwickeln. Im Gegenteil, die bestehende Form wurde in ihren Grundzügen als bestätigt und gerechtfertigt betrachtet, es galt lediglich, sie auf eine breitere Basis zu stellen.

Spätestens nach der Parlamentsreform des Jahres 1832 mußte sich damit die Frage einer Kodifikation im ursprünglichen auch von Bentham für England formulierten Sinne so nicht mehr stellen. Diese Vorstellungen waren von ihm zu dem Zweck konzipiert worden, die englische Rechtsstruktur aufzulösen und an deren Stelle ein formal und materiell neues, nur noch Bruchstücke des Alten verwendendes Recht zu setzen, um so eine Neuordnung der Gesellschaft auf streng utilitaristischer Grundlage zu bewirken. Da jedoch derart weitgehende Ziele von der Mehrheit des Bürgertums und der sog. Reformer nicht oder nicht mehr verfolgt wurden, mußte eine Kodifikation des Rechts, was dann ja im wesentlichen nur eine Aufzeichnung des geltenden englischen Rechts hätte bedeuten können, als überflüssiges Unterfangen erscheinen, das die damit verbundene Mühe nicht lohnen würde. Jeder, der sie dennoch forderte, setzte sich dem Verdacht aus, daß er doch mehr im Sinn habe und tatsächlich neue Prinzipien von großer Tragweite durchsetzen wolle. So führt auch O'Connell 1830 in seiner Rede zugunsten einer Kodifikation aus, daß er nicht etwa neues Recht mit diesem Mittel einzuführen beabsichtige.

Wenn also eine Kodifikation als Instrument zur Durchsetzung einer Gesellschaftsreform weder als notwendig noch als erwünscht empfunden wurde, so bleibt nur noch zu prüfen, ob nicht allgemeine rechtspolitische Zielsetzungen, die mit den Ideen der Aufklärung und des Liberalismus verbunden waren, ein solches Gesetzeswerk hätten wünschenswert erscheinen lassen können. Die Forderungen, um die es sich hier in erster

Linie handelte, waren die nach Herrschaft und Allgemeinheit des Gesetzes[69].

Der Grundsatz der Herrschaft des Gesetzes, d. h. daß ausschließlich das durch die Legislative gesetzte Recht den Anspruch auf Befolgung und Verknüpfung mit staatlichen Sanktionen beanspruchen darf, um so staatliches und privates Handeln berechenbar zu machen, hatte sich in England bereits insofern durchgesetzt, als unbestritten galt, daß Gesetze des Parlaments Common Law und Equity aufheben und ändern können[70]. Eingriffe in Freiheits- und Eigentumsrechte waren damit nicht der Willkür eines Herrschers oder einer in ihrer Rechtsschöpfung unabhängigen Justiz überlassen, sondern unterlagen politisch der entscheidenden Mitbestimmung und Kontrolle des Bürgertums. Ein grundlegender gesetzgeberischer Eingriff in Common Law and Equity mußte unter diesen Voraussetzungen nur dann als notwendig erscheinen, wenn man der Ansicht war, daß sie in ihrem materiellen Gehalt gegen prinzipielle Forderungen des liberalen und aufklärerischen Verständnisses des Bürgertums verstießen. Dies war jedoch nicht der Fall. Man konnte sich daher damit bescheiden, das tradierte Recht in seiner Substanz zu übernehmen und nur dort, wo in Teilbereichen eine Anpassung und „Modernisierung„ dringend geboten erschien, punktuell durch einzelne Reformgesetze Veränderungen vorzunehmen[71].

So war also durch den Grundsatz, daß die Gesetze des Parlaments die absolute und höchste Autorität innehatten, die Forderung der Herrschaft des Gesetzes durch das Gesetzgebungsmonopol des Parlaments theoretisch abgesichert. Die Notwendigkeit der praktischen Konkretisierung durch Umwandlung allen Rechts in gesatzte Normen war damit nicht gegeben, da das materielle Recht weitgehend den politischen und wirtschaftlichen Bedürfnissen entsprach.

Das Prinzip der Allgemeinheit des Gesetzes, d. h. daß jede Rechtsnorm ausnahmslos jeden Bürger gleichermaßen betrifft, es also keine individuellen Privilegien gibt, war in England sowohl im Common Law als auch im Parlament anerkannt. So führt Blackstone aus[72]:

> "And, first, it (i. e. municipal law) is a rule; not a transient sudden order from a superior to or concerning a particular person; but something permanent, uniform, and universal. Therefore a particular act of legislature to confiscate the goods of Titius, or to attaint him of high treason, does not enter into the idea of a municipal law: for the operation of this act is spent upon Titius only, and has no relation to the community in general; it is rather a sentence than a law."

[69] Vgl. allgemein *Neumann*, S. 7 ff. und *Böckenförde* zur Entwicklung in der deutschen Staatsrechtslehre und Gesetzgebungswissenschaft.

[70] *Blackstone*, Bd. I, S. 185; s. oben Sechstes Kapitel, II, 2.

[71] Vgl. allgemein Fünftes Kapitel.

[72] *Blackstone*, Bd. I, S. 44.

Der generelle Charakter des Rechts, das Prinzip der formalen Gleichheit galt also in England bereits schon im 18. Jh. und mußte nicht erst gegen absolutistische Doktrinen wie etwa die eines Rechts auf Kassation oder „Machtspruchs"[73] durchgesetzt werden.

Da also die genannten rechtspolitischen Forderungen im Grundsatz bereits Anerkennung gefunden hatten, mußte die Frage einer Kodifikation sich damit im Grunde auf rechtstechnische Zweckmäßigkeitserwägungen reduzieren. Sie mußte nicht mit grundsätzlichen politischen Forderungen verknüpft werden, denn weder mußte man sich mit Hilfe eines Akts der Gesetzgebung vor absolutistischer Willkür sichern noch die Teilhabe an der Herrschaftsgewalt erkämpfen.

Als weiteres Problem bei der praktischen Realisierung einer Kodifikation ist zu berücksichtigen, daß zwar im englischen Parlament ein Organ bestand, das die verfassungsmäßige Kompetenz besaß, eine Kodifikation als Mittel der Rechtsreform durchzusetzen, doch war dessen Zusammensetzung so beschaffen, daß eine Vielzahl von Interessen bei den Entscheidungen zu berücksichtigen waren. Insofern bestand ein Unterschied zu den kontinentalen Staaten, die ihr Recht im Wege einer Kodifikation reformiert hatten, da diese — wie etwa Preußen, Österreich und Frankreich — eine mehr autoritär-absolutistische Regierungsform besaßen, und so die Durchsetzung des politischen Willens der staatlichen Spitze leichter vollzogen und erzwungen werden konnte. Mit diesen Überlegungen läßt sich daher der Schluß verknüpfen, daß die vergleichsweise demokratische Struktur Englands zu dieser Zeit, d. h. daß pluralistische Interessenströmungen in den Entscheidungsprozessen stärker zu berücksichtigen waren, dazu beigetragen hat, daß die Verwirklichung des Plans einer Kodifikation nicht erfolgte.

Gerade im House of Lords, dessen Zustimmung zu jedem Gesetzgebungsakt erforderlich war, waren die Widerstände erheblich, wie die Diskussionen und Abstimmungsergebnisse bei den tatsächlich durchgesetzten Reformen zeigen.

Eine Kodifikation, selbst wenn sie also vom Unterhaus beschlossen worden wäre, wäre zweifellos im House of Lords politisch gescheitert. Diese These wird durch das Schicksal der Bemühungen um eine Kodifikation des Strafrechts im 19. Jh. gestützt, wo alle Ansätze, ein derartiges Gesetzbuch zu formulieren und in Kraft zu setzen, im Oberhaus blockiert wurden.

So ergibt sich, daß einmal bei den Reformern selbst und weiten Schichten des Bürgertums der Wunsch nach einer Kodifikation aus den

---

[73] Vgl. *Schmitt*, S. 3 ff. Bereits im 17. Jh. war es Charles I. verwehrt worden, selbst als Richter unter anderen mit zu Gericht zu sitzen (s. Zweites Kapitel, IV, 3. a.).

dargestellten Gründen kaum mehr vorhanden war, zum anderen eine solche so gut wie keine Aussicht gehabt hätte, im Parlament durchgesetzt zu werden.

Die allgemein in der Literatur vertretene Meinung, daß nach durchaus verheißungsvollen Reformsätzen am Ende des 18. Jh. diese dann durch die französische Revolution und die Kriege für etwa 30 Jahre zum Erliegen gekommen seien, und danach die Ziele von einer neuen Generation mit Erfolg aufgenommen wurden, ist sicherlich zutreffend[74]. Diese Ansicht erklärt auch, daß in dem Zeitraum zwischen 1790 und etwa 1825 Pläne zu einer Kodifikation, wie sie etwa ab 1820 verstärkt vertreten wurden, nicht erfolgreich sein konnten. Sie bietet jedoch keine hinreichende Erklärung dafür, daß sich im Zusammenhang mit der allgemein lebhafter werdenden Reformdiskussion und den mit ihr verknüpften Erfolgen, die Idee einer Kodifikation nicht auch durchsetzen konnte. Es bedurfte daher insoweit einer näheren Untersuchung der Bedingungen nach 1820 und insbesondere 1832. Es muß davon ausgegangen werden, daß auf Grund der Haltung des Bürgertums und des nach wie vor einflußreichen Adels ein Wunsch nach einer Kodifikation bei der weit überwiegenden Mehrheit dieser Schichten im Grunde nicht bestand, da man nicht bereit war, eine umfassende Gesellschaftsreform zu verlangen und zuzulassen, und nur Reformen eingebettet in den Rahmen des Bestehenden durchführen wollte.

Das Hauptziel der Auseinandersetzungen war die Teilhabe weiterer Gruppen des Bürgertums an der politischen Macht gewesen, dies war erreicht worden. Eine Anpassung der Rechtsordnung, den Vorstellungen des Bürgertums entsprechend, konnte, soweit dies überhaupt politisch möglich war, auch durch Reformen erreicht werden, die formal und materiell im Rahmen der vorgegebenen Rechtsstrukturen blieben. Das englische Recht war im 17. und 18. Jh. bereits so weit den Erfordernissen einer bürgerlich-liberalen Wirtschafts- und Gesellschaftsordnung angepaßt worden, daß die endgültige Verwirklichung der Anpassung ohne formal einschneidende Änderungen erfolgen konnte. Es erschien daher nicht notwendig, ein bürgerliches Recht erst durch eine Kodifikation schaffen und durchsetzen zu müssen.

III. Konservativismus der Juristen

Ein Element, das weiter erheblich dazu beigetragen hat, daß der Gedanke einer Kodifikation des englischen Rechts sich weder in der

---

[74] Vgl. allgemein *Woodward*, S. 27 ff. Schon der Titel seines Werks „The Age of Reform“, der eine verbreitete Formulierung aufnimmt, ist bezeichnend.

Rechtswissenschaft noch im Parlament hat durchsetzen können, war die grundsätzlich traditionalistische und konservative Haltung der großen Mehrheit der englischen Juristen.

Im 18. und 19. Jh. fand diese Haltung ihre Begründung kaum in reflektierten Überlegungen mit dem Versuch einer theoretischen Grundlegung, wie etwa zur gleichen Zeit in Deutschland durch die Historische Schule, sondern beruhte auf einer optimistischen Selbstzufriedenheit mit dem geltenden Recht und der Gesellschaft sowie nationalem Stolz auf dieselben[1]. Ihren Ausdruck fanden diese Ansichten insbesondere in der Verehrung der auf die Glorious Revolution von 1688 gegründeten Verfassung und — notwendig damit verknüpft — der sie tragenden historischen Rechtsstruktur. Aus diesem Denken erklärt sich auch der Widerstand[2] gegen jeden legislativen Eingriff in diese Struktur[3]. Bezeichnend hierfür sind die Ausführungen von Blackstone am Schluß seiner Commentaries. Diese geben nicht nur seine persönliche Ansicht wieder, sondern sind auch Ausdruck des allgemeinen Denkens der englischen Juristen bis weit in das 19. Jh.

> "Of a constitution, so wisely contrived, so strongly raised, and so highly finished, it is hard to speak with that praise, which is justly and severly its due: — the thorough and attentive contemplation of it will furnish its best panegyric. ..."
>
> "The protection of *The Liberty of Britain* is a duty which they owe to themselves, who enjoy it; to their ancestors, who transmitted it down; and to their posterity, who will claim at their hands this, the best birthright, and noblest inheritance of mankind[4]."

Diese konservative Haltung hatte ihre Ursache nicht allein in einer allgemeinen traditionalistischen Einstellung der englischen Gesellschaft des 18. Jh., sondern liegt wohl primär in der Struktur des englischen Rechts und der Rechtsausbildung selbst begründet. Nicht zuletzt Max Weber[5] hat darauf hingewiesen, daß das Recht einer Gesellschaft erheblich durch die Juristen — Rechtshonoratioren, wie er sie nennt —, deren Form der Ausbildung, Organisation, Art der Berufspraxis und ihre ökonomischen Interessen bestimmt wird.

Die Ausbildung der englischen Juristen im 18. und 19. Jh. erfolgte konzentriert auf London in den vier Inns of Court in Form eines Lehrlingsverhältnisses bei einem Praktiker[6]. Eine offizielle und allgemeine

---

[1] *Dicey*, S. 70 ff., 81 f.

[2] Vgl. etwa *Heydon's Case* (Sechstes Kapitel, II., 2.) und das Zitat von *Blackstone* (Sechstes Kapitel, III., 2.).

[3] *Mullins*, S. 137; *Best*, S. 210.

[4] *Blackstone*, Bd. IV, S. 436.

[5] *Max Weber*, S. 450 ff.

[6] Vgl. allgemein *Holdsworth*, History XII, S. 1 ff.; *Max Weber*, S. 452; *Koschaker*, S. 170 ff. und *Zweigert-Kötz*, S. 239 ff.

Rechtsschulung gab es nicht[7]. Diese erfolgte vielmehr in praktisch-empirischen Bahnen und trug mehr handwerkliche als wissenschaftliche Merkmale. So gab es etwa auch kaum Lehrbücher, und die, die vorhanden waren, hatten meist ein sehr niedriges Niveau[8]. Erklärtes Ziel dieser Inns war es weiter, durch ein streng organisiertes Gemeinschaftsleben eine charakterliche Erziehung auf der Grundlage einer festen Standesgesinnung zu vermitteln. Die Erreichung dieses Zieles wurde dadurch gesichert, daß die Inns monopolistisch Ausbildung und Zulassung zum Anwaltsberuf und mittelbar auch der Richter beherrschten, da letztere aus ihren Reihen gewählt wurden. Bei der Sicherung der ständischen Geschlossenheit spielt zweifellos weiter das soziologische Element eine Rolle, daß die Juristen aus der sozialen Oberschicht stammten und auch von daher das bestehende Recht als Schutz und Garant ihrer sozialen und ökonomischen Stellung ansehen mußten[9].

Diese durch die Jahrhunderte geübte Art der Rechtsausbildung hatte zur Folge, daß die Haltung der Juristen zum Recht rein empirischer Natur war, man immer nur vom einzelnen auf das einzelne schloß, ohne dabei das Bestreben zu entwickeln, systematisierend Oberbegriffe zu schaffen, um dann aus diesen, von einer mehr generalisierend abstrakten Ebene her, Fallentscheidungen deduzieren zu können. Das Recht blieb an Präjudizien, Einzelfällen, orientiert, die so geschaffenen Begriffe waren an formale Tatbestände gebunden, die ihrerseits auf Grund äußerer Merkmale voneinander abgegrenzt wurden. Grundlage des Rechts war der Einzelfall als Funktionselement und nicht der Rechtsbegriff. Die Praxis entwickelte ein Schema von Klageformen und mit diesen verbundenen Ansprüchen, das nicht einer rationalen Systematik unterworfen war, sondern nur historisch verstanden und nachvollzogen werden konnte, nicht aber aus dem historischen Kontext losgelöste Allgemeinbegriffe und Institutionen. Aus dieser Grundhaltung konnten sich kaum immanente Ansätze zu einem rational systematisierten Recht, einer methodischen Rechtstheorie oder einer generalisierenden Rechtswissenschaft überhaupt entwickeln. Die Rechtsanwälte als Träger des Rechtsunterrichts vermittelten auf ausschließlich empirischem, induktivem Wege das Recht mit seinen tradierten Inhalten und Formen. Eine Weiterentwicklung konnte so auch nur in diesem Rahmen in den gleichen Grundstrukturen erfolgen. Selbst für das 20. Jh. läßt sich diese Haltung noch wie folgt beschreiben:

> "The training of English lawyers is essentially a training in cautiousness and conservatism. Its basis is the application of 'the judicial experience of

---

[7] Erst 1840 wurde etwa ein offizielles Examen für Barrister eingeführt (vgl. *Gower*, S. 139 f.).

[8] *Holdsworth*, History XII, S. 89).

[9] *Koschaker*, S. 176; *Max Weber*, S. 457 f.

the past to the judicial questions of the present'. Its objective is to ensure a 'continuity in traditional modes of professional thought and in traditional rules of art . . .'[10]."

Die Folge eines solchen Denkens und einer solchen Methode mußte notwendig die Gegnerschaft zu jeder einschneidenden legislativen Veränderung und Reform sein. Eine Gegnerschaft, die sich notwendig auch auf das Prinzip einer Kodifikation erstrecken mußte. In dieser Haltung setzte sich der bereits bei der Glorious Revolution von 1688 zum Ausdruck gekommene politische Konservativismus der Juristen fort. Ihr Widerstand gegen jede Reform beruhte mit auf der Überzeugung, daß nur durch die Bewahrung des historischen Rechts, so wie es einst gegen die Krone erkämpft worden war, Freiheit und Recht in England zu sichern seien. Dieses Denken erfuhr durch das Werk von Burke seit 1790 eine zusätzliche Begründung und Rechtfertigung. Ihren wohl stärksten Ausdruck fand diese Haltung dann in den Ansichten von Lord Eldon und Lord Ellenborough, die sich auch und gerade mit ihren politischen Funktionen gegen jede Änderung des Rechts stemmten.

Durch das Erlebnis der Terrorherrschaft der französischen Revolution erschreckt, verbanden sich nun Selbstzufriedenheit und Stolz mit dem Widerstand gegen alles, was auch nur den Anklang an Erneuerung — innovation — hatte, da man fürchtete, durch Nachgeben Entwicklungen wie in Frankreich Vorschub zu leisten. Diese grundsätzliche Haltung änderte sich in ihren Prinzipien auch nach 1820 wenig. Man war zwar nun auf Grund einer gewissen Einsicht in die Notwendigkeiten bereit, Konzessionen zu machen, wehrte sich aber nach wie vor gegen jeden umfassenden Eingriff des Parlaments in die historische Rechtsordnung. Der Gedanke einer Kodifikation mußte daher bei den Juristen schon aus diesem Grunde ohne jede positive Resonanz bleiben. So wie Scarman dies für das 20. Jh. schildert, galt diese Haltung erst recht im 18. und 19. Jh.:

"The common law is the seamless fabric covering all the activities of man; the statute is the tailor's stitch in time, to patch the fabric where gaps or other defects appear in the course of wear[11]."

Die politische Wirkung der konservativen Haltung der Juristen wurde insbesondere dadurch gefördert, daß diese im Parlament zahlenmäßig stark vertreten waren[12], und man traditionell in Fragen der Verfassung und des Rechts großen Wert auf ihre Meinung legte. Dies konnte unter anderem dadurch zum Ausdruck kommen, daß man bei Gesetzesvor-

---

[10] *Parry*, S. 186. Die eingeschobenen Zitate stammen aus *Roscoe Pound*, The Spirit of the Common Law, S. 182 und S. 43.

[11] *Scarman*, Law Reform, S. 46.

[12] *Holdsworth*, House of Lords, S. 328.

haben die Richter befragte, wobei man in aller Regel ihren Empfehlungen folgte[13]. So führte etwa Spencer Perceval 1811 aus, daß er nur dann einen Reformvorschlag unterstützen würde,

> "... if he had heard any representation of the bad effects of the existing law, made by any of the judges, or by any magistrate engaged in the administration of penal justice[14]."

Die Richter widersprachen jedoch ausnahmslos jeder Kodifikation, da ihnen die angeprangerten Übel auf Grund ihrer langen Vertrautheit mit dem Recht, keineswegs sonderlich gravierend erscheinen mußten.

> "I cannot but express an earnest hope, that our common law, may not be taken from us. Like many other things in our constitution, it may seem objectionable in theory, but its results is found to produce the greatest good[15]."

Bevor nicht eine Entmythologisierung oder Entideologisierung des englischen Rechts, so wie es im Bewußtsein der englischen Juristen verankert war, sowohl bezüglich seines Ursprungs als auch seiner Tradition erfolgte, konnte nicht mit Erfolg daran gedacht werden, diesen Traditionalismus zu überwinden. Um eine Überwindung dieses dem Historischen verhafteten Denkens hatte sich zwar Bentham bemüht, indem er das Recht auf die Basis des Utilitarismus hatte stellen wollen, doch war er hier bei den Juristen insoweit ohne Erfolg geblieben. Auch die analytische Schule des 19. Jh. unter Austin, die die Ideen Benthams fortführte, und deren Vertreter meist Anhänger eines Planes zur Kodifikation waren, konnte sich außerhalb des Bereichs der akademischen Rechtswissenschaft nicht durchsetzen[16].

IV. Mentalität und Volkscharakter

In der rechtswissenschaftlichen und rechtstheoretischen Literatur finden sich bei der Behandlung rechtsvergleichender Themen nicht selten Hinweise auf einen Nationalcharakter, der einem bestimmten Volk zukomme, und auf Grund dessen bestimmte Phänomene zumindest mit zu erklären seien[1]. Dies gilt nicht zuletzt auch für die englische Literatur

---

[13] Vgl. *Radzinowicz,* Bd. I, S. 507 ff. und für das 19. Jh. nach 1832 *Lang,* S. 47 ff. jeweils mit zahlreichen Zitaten.

[14] *Spencer Perceval,* Chancellor of Exchequer, 1811 (Hansard, 2nd Series, XIX, S. 82).

[15] *Lord Coleridge,* 1853 auf eine Anfrage des Lord Chancellor zur Kodifikation des Strafrechts (Zitat bei *Lang,* S. 51).

[16] Vgl. allgemein *Radbruch,* Jurisprudence, S. 530 ff.

[1] Vgl. z. B. *Dibelius,* S. 161 ff., wo ein ganzes Kapitel der Frage gewidmet ist, wie sich „der Engländer" von „dem Deutschen" unterscheidet. *Rinck,* S. 105, führt zur Frage der Kodifikation aus „... tief verwurzelte britische

selbst, die häufig eine enge Verknüpfung von eigenen nationalen Strukturen und Traditionen mit angeblichen nationalen Eigenschaften herstellt[2, 3].

Es kann nicht Aufgabe dieser Arbeit sein, ein Urteil über das Bestehen des Phänomens Nationalcharakter und den möglichen Folgerungen, die daraus zu ziehen wären, abzugeben. Da sich jedoch gerade auch im Zusammenhang mit dem Problem der Kodifikation des englischen Rechts derartige Hinweise und Behauptungen finden, soll mit aller gebotenen Vorsicht kurz auf diese Fragestellung eingegangen werden.

Die Rechtseinrichtungen eines jeden Landes tragen einen bestimmten Charakter, der das Ergebnis einer Vielzahl von Einflüssen ist, die untereinander in Wechselwirkung stehen. Hierbei spielen geschichtliche Erfahrungen und Traditionen, die oft rückwirkend glorifiziert und mythologisiert werden, eine erhebliche Rolle. Diese tatsächlich oder angeblich in der Vergangenheit begründeten Leitbilder werden bewußt oder unbewußt jeder Generation als Beispiel vorgehalten und ihr zur Verpflichtung gemacht, um so eine bestimmte Verhaltens- und Denkweise zu reproduzieren. Oft wird damit nur die eigene Verhaltensweise als angeblich in Einklang mit einer Tradition befindlich in die Vergangenheit projiziert und so legitimiert. Einem zufälligen Beobachter wird dann leicht eine solche bloß zeitbedingte Handlungsweise zum

---

Eigenart, Rechtsfragen immer vom Einzelfall aufzurollen und zu entscheiden, wie an der Scheu vor der Bindung an ein abstraktes Gedankengebäude, dem die Engländer von jeher mißtrauisch gegenüberstanden". *Rosenstock*, S. 304 ff.; *Boehmer*, Bd. II/1, S. 14 f. „Vielmehr beruht die englische Abneigung gegen kodifikatorische Rechtsschöpfung auf zwei charakteristischen Volkseigenschaften: einerseits der zäh-konservativen Traditionsgebundenheit ... andererseits dem praktischen, aller rationalen Symmetrik und abstrakt-normativistischen Formulierung widerstrebenden Geschäftssinn ..." (s. a. S. 17 ebd.).

[2] Als Beispiel mag der häufig zitierte Satz dienen, daß die Engländer aufgrund ihrer Eigenart ein Volk und „law abiding people" seien, und daß daraus sich Grundlagen für das englische Recht und seine Entwicklung ergeben. Vgl. z. B. *Holdsworth*, History X, S. 646, History XIII, S. 9; *Pollock*, Essays, S. 214; *Bryce*, S. 14, führt die Struktur des Rechts u. a. auf die „race of men who build it" zurück. *Lang*, S. 42: "To the English mind, revolutionary measures are extremely distasteful." Daher hätten sie auch einer Kodifikation widerstanden. Kritisch zu dieser englische Sicht *Goodhart*, S. 49.

[3] Die Frage der Beurteilung des Charakters des englischen Volkes aus deutscher Sicht hat im Laufe des 19. und 20. Jh. einige bemerkenswerte Wandlungen erfahren, die ein Beweis dafür sind, wie sehr dieses Problem nicht zuletzt auch von dem jeweiligen Standpunkt und Wertmaßstab des Betrachters und von zahlreichen immanenten deutschen Faktoren abhängt. Die Skala schwankt zwischen Bejahung und Ablehnung der Annahme geistiger und völkischer Verwandtschaft und Nähe wie auch geschichtlicher Entfremdung und immanenten Gegensatzes. Vgl. *Dockhorn*, der ausführlich in seiner kritischen Untersuchung die Wege und Motive der Darstellung der englischen Geistesgeschichte in Deutschland von der Historischen Schule über Treischke und Troeltsch bis in unsere Zeit verfolgt.

Element eines Nationalcharakters. Neben diesem Problem steht noch die weitere Frage, inwieweit nicht ein Verhältnis der Wechselwirkung zwischen Rechtsstruktur und bestimmten Verhaltensweisen besteht, so daß diese, ohne selbst das Resultat einer bestimmten Mentalität zu sein, diese ihrerseits erst schafft.

Die Frage nach dem Volkscharakter als Ursache bestimmter Entwicklungsabläufe ist daher derart komplexer Natur und bedürfte einer gründlichen und vor allen Dingen auch einer gruppenpsychologische und soziologische Aspekte berücksichtigender Untersuchung, daß sie hier zur Klärung der aufgeworfenen Fragen nicht weiter verfolgt werden kann.

Für die vorliegende Arbeit muß es daher genügen festzustellen, daß im England des 18. und 19. Jh. die Entwicklung des Rechts einen bestimmten Stand erreicht hatte, der das Ergebnis einer historischen Entwicklung war, in der die verschiedensten Ursachen und Bedingungen eine Rolle gespielt haben. Ob dieses Ergebnis zumindest unter anderem auch das Resultat eines bestimmten Volkscharakters war, und ob die Entwicklung des englischen Rechts daher naturnotwendig auch zu einem eine Kodifikation ablehnenden Ergebnis gelangen mußte, oder ob realisierbare Alternativen bestanden, kann hier nicht endgültig beantwortet werden, unterliegt jedoch starken Zweifeln.

V. Zusammenfassung

Im Zuge der Arbeit hat sich herausgestellt, daß zwei unterschiedliche Kodifikationsansätze zu behandeln waren. So war zunächst zu untersuchen, inwieweit in England im 17. und 18. Jh. ein naturrechtlich-aufklärerisches Systemdenken entwickelt wurde, oder Einflüsse in dieser Richtung bestanden, die zur Grundlage eines Planes zur Kodifikation des englischen Rechts hätten werden können. Die Darstellung hat ergeben, daß, anders als auf dem Kontinent, in England die Entwicklung in anderen rechtswissenschaftlichen und philosophischen Bahnen verlaufen ist. Die Vorstellung eines systematischen, deduktiven Naturrechts, aus dessen Grundprinzipien ein in sich geschlossenes Normengefüge abgeleitet werden könnte, ist in England für die Rechtswissenschaft weder erarbeitet noch vom kontinentalen Denken übernommen worden. Es fehlten daher sowohl die rechtswissenschaftlichen Impulse und Voraussetzungen als auch die philosophischen Grundlagen einer naturrechtlichen Kodifikationsidee mit dem weiteren Ergebnis, daß ein solches Anliegen weder von seiten der Wissenschaft noch von der der Praxis überhaupt postuliert wurde. Recht und Rechtsanwendung blieben den historisch tradierten Formen des Präjudizienrechts verhaftet, das in seinen Grundlagen und Lösungen als vernünftig — perfection of reason — empfunden wurde, und das man so auch als ausreichend naturrechtlich legitimiert und den philosophischen Ansprüchen der Zeit genügend betrachtete.

Aus der Untersuchung der Grundlagen der Kodifikationsidee bei Bentham und deren Einordnung in seine Vorstellung einer utilitaristischen Gesellschaftsordnung hat sich ergeben, daß hier nicht eine organische Fortführung vernunftrechtlichen Naturrechtsdenkens vorliegt, sondern daß ein aus dem philosophischen Denken und der Tradition Englands weitgehend eigenständig entwickelter Ansatz vorliegt.

Ausgangspunkt der Überlegungen Benthams ist nicht die Umsetzung einer vorgegebenen metaphysischen Rechtsidee in ein aus dieser deduziertes Normensystem, sondern im Vordergrund steht der Wunsch nach Schaffung bestimmter gesellschaftlicher und ökonomischer Verhältnisse. Aus einem aus vernunftrechtlichen Grundlagen abgeleiteten Normensystem würde sich zwar mittelbar auch eine bestimmte Gesellschaftsordnung ergeben, doch steht diese bei den so vorgehenden Theoretikern nicht im Mittelpunkt ihres Interesses, sondern ist eher ein beiläufiges Ergebnis. Umgekehrt ist das Vorgehen von Bentham. Ausgehend von dem Modell einer nach utilitaristischen Grundsätzen geordneten Gesellschaft, entwirft er den Plan zu einer Rechtsordnung, die die Schaffung einer solchen Gesellschaft erst ermöglichen soll. Eine Kodifikation erscheint ihm hier als das geeignetste Mittel zur Verwirklichung; sie hat so eine den gesellschaftlichen Zielvorstellungen untergeordnete instrumentale Funktion. Durch Bentham wurde so ein Neuansatz der Kodifikationsidee auf utilitaristischer Grundlage entwickelt, der sich prinzipiell in Funktion und Legitimation von der systematischen Naturrechtslehre des 18. Jh. unterschied.

Vergleicht man diese Ergebnisse mit den Entwicklungen im kontinentalen Europa, so ergibt sich, daß England sowohl im 18. wie auch im 19. Jh. einen anders gearteten Prozeß erlebt hat. Hatte man sich im 18. Jh. dem systematisch deduktiven Naturrechtsdenken verschlossen und bruchlos das tradierte Recht weiterentwickelt, also eine Rationalisierung des Rechts in Form und Inhalt abgelehnt, so war man nun im 19. Jh. unter dem Einfluß von Bentham's utilitaristisch-aufklärerischen Theorien gezwungen, sich mit dem auf solche Vorstellungen gegründeten Plan einer Kodifikation auseinanderzusetzen. Dies jedoch nun zu einer Zeit, in der etwa in Deutschland die Historische Schule die Rechtswissenschaft beherrschte und damit eine historisierende Bewegung gegen eine rationalistische Auffassung vom Recht in Gang setzte.

Das Scheitern einer Kodifikation des englischen Rechts auf der Grundlage der von Bentham entwickelten Prinzipien ist in erster Linie in gesellschaftlichen und rechtspolitischen Grundentscheidungen zu suchen. Es kann dagegen nicht damit begründet werden, daß man das englische

Recht in seiner Struktur, inhaltlichen Ausgestaltung und Anwendungsmethode als einer Kodifikation völlig unzugänglich bezeichnet. Der Hinweis auf zweifellos erhebliche rechtsmethodische Schwierigkeiten, die sicher komplexer waren als in der von der Systematik des römischen Rechts in Form und Denken geprägten Ländern des Kontinents, gibt für sich allein keine befriedigende Antwort.

Die Entscheidung über eine so einschneidende Reform des Rechts, wie dies eine Kodifikation dargestellt hätte — wie überhaupt über jede Gesetzgebung —, ist in erster Linie eine politische Entscheidung. Man kann nicht davon ausgehen, daß sich aus der rechtswissenschaftlichen und systematisierten Erarbeitung und Entwicklung von Begriffen und Rechtssätzen naturnotwendig auch die Realisierung eines entsprechenden Gesetzbuches ergibt. Die Rechtswissenschaft kann lediglich methodische und begriffliche Voraussetzungen zu einer Gesetzgebung liefern. Gesetzgebung ist kein wissenschaftsimmanenter Vorgang, sondern ein politischer Willensakt.

Die politische Entscheidung in England fiel im Ergebnis gegen eine Kodifikation aus, da eine solche weder als zur Rationalisierung und Legitimation der Herrschaftsausübung notwendig empfunden wurde, noch das Bürgertum zur Verwirklichung seiner gesellschaftlichen, politischen und ökonomischen Ziele das Instrument einer Kodifikation zu benötigen glaubte. Im Gegenteil, man fürchtete zu weitgehende und unerwünschte Folgen, da zahlreiche divergierende und weitgehend als zu radikal empfundene Interessen mit einem derartigen Projekt verknüpft worden waren.

Bei der Ablehnung einer Kodifikation spielte weiter die Haltung der überwiegenden Mehrheit der Juristen eine entscheidende Rolle. Sowohl im Bereich der Rechtswissenschaft als auch im politischen Raum sperrten sie sich fast geschlossen gegen jeden Versuch, in die bestehenden Inhalte und Strukturen des Rechts einzugreifen. Geprägt von der Überzeugung der Überlegenheit des englischen Rechts fanden sie zu keiner hinreichenden rechts- und sozialpolitischen Motivation für eine Kodifikation. Ihre praktisch-empirisch orientierte Ausbildung versperrte ihnen darüber hinaus den Zugang zu dem abstrakten Systemdenken der kontinentalen Rechtslehre, das ihren von Tradition und Herkommen geformten Vorstellungen zuwiderlief[1].

[1] Interessant und instruktiv wäre ein Vergleich der englischen Kodifikationsbewegung mit der entsprechenden Entwicklung in den Vereinigten Staaten von Amerika. Dort haben offenkundig andere Sozialstrukturen sowie auch die andersgeartete Ausbildung der Juristen und der Auswahl der Richter eine nicht unerhebliche Rolle dafür gespielt, daß es in den USA im 19. Jh. zu einer Reihe von Teilkodifikationen gekommen ist. So wurde etwa ein vom New Yorker Rechtsanwalt Field entworfener Code des Zivil- und Strafverfahrens 1848

Hauptziele des Bürgertums am Ende des 18. und zu Beginn des 19. Jh. waren die Gewinnung von Einfluß auf die Herrschaftsausübung und direkte Mitsprache bei der politischen Willensbildung gewesen, um so auch an der Gesetzgebung beteiligt zu sein. Diese Ziele hatte man in England weitgehend mit der Reform des Parlaments im Jahre 1832 erreicht. Man wollte jedoch keine radikale Umstrukturierung von Wirtschaft und Gesellschaft. Die bestehenden Verhältnisse sollten zwar überprüft und wenn notwendig auch reformiert werden, dies jedoch im Wege der Anpassung und nicht des Umsturzes. Da also einerseits eine durchgreifende inhaltliche Änderung des englischen Rechts weder als notwendig noch als erwünscht erschien, und andererseits eine bloße formale Neufassung die damit verbundene Mühe nicht lohnte und auch in dieser Form auf erhebliche politische Schwierigkeiten stieß, fand das Projekt einer umfassenden Kodifikation nach 1832 weder sonderliches Interesse noch erwähnenswerte Unterstützung.

in New York eingeführt. Ein ebenfalls von Field 1865 konzipierter Civil Code wurde in den Staaten Kalifornien, Nord- und Süd-Dakota, Idaho und Montana als Gesetz in Kraft gesetzt. In diesen Zusammenhang gehört weiter der 1892 von der National Conference of Commissioners on Uniform State Law entworfene Uniform Commercial Code, der bis auf Louisiana in allen Gliedstaaten gilt. Diese Hinweise können hier jedoch nicht vertieft werden, da dies den Rahmen der vorliegenden Arbeit sprengen würde.

Literaturverzeichnis

Allen, Carleton Kemp: Law in the Making, 7. Aufl., Oxford 1964

Amos, Sheldon: The Science of Law, London 1874

Austin, John: Lectures on Jurisprudence or the Philosophy of positive Law, hrsg. von Robert Campbell, 5. Aufl., London 1895

Baker, J. H.: An Introduction to English Legal History, London 1971

Barraclough, G.: Law and Legislation in Medieval England, in: L.Q.R. 56 (1940), S. 75 ff.

Beda: Bede's Ecclasiastical History of the English People, hrsg. von Bertram Colgrave und R. A. B. Mynors, Oxford 1969

Benser, Richard: Die Systematik des Privatrechts in Blackstones „Commentaries on the Laws of England", Ein Beitrag zur Geschichte des Rechtssystems, Heide i. Holst. 1938

Bentham, Jeremy [Gesetzgebung]: Jeremias Benthams, des englischen Juristen, Prinzipien der Gesetzgebung, Herausgegeben von Etienne Dumont nach der neuesten Auflage übersetzt, Köln 1833 (Nachdruck Frankfurt a. M. 1966)

— [Legislation]: The Theory of Legislation, hrsg. von C. K. Ogden, London 1931

— [Limits]: The Limits of Jurisprudence defined. Being part 2 of an introduction to the principles of Morals and Legislation. With an introduction by Charles Warren Everett, New York 1945 (Nachdruck 1970)

— [Principles]: An Introduction to the Principles of Morals and Legislation, hrsg. von J. H. Bums und H. L. A. Hart, London 1970

— [Works]: The works of Jeremy Bentham, publ. under the superintendence of his executor, John Bowring, 11 Bände, New York 1962

Best, W. M.: Codification of the Laws of England, in: Papers read before the Juridical Society, hrsg. von V. & R. Stevens und G. S. Norton, London, Bd. I (1855 - 1858), S. 209 ff.

Birtsch, Günter: Zum konstitutionellen Charakter des preußischen Allgemeinen Landrechts von 1794, in: Politische Ideologien und nationalstaatliche Ordnung, Festschrift für Theodor Schieder, hrsg. von Kurt Kluxen und Wolfgang J. Mommsen, München und Wien 1968, S. 97 ff.

Blackstone, William: Commentaries on the Laws of England, 4. Aufl., Dublin 1771

Blumenwitz, Dieter: Einführung in das anglo-amerikanische Recht, München 1971

Böckenförde, Ernst-Wolfgang: Gesetz und gesetzgebende Gewalt, Von den Anfängen der deutschen Staatsrechtslehre bis zur Höhe des staatsrechtlichen Positivismus, Berlin 1958

Boehmer, Gustav: Grundlagen der Bürgerlichen Rechtsordnung, Erstes Buch: Das bürgerliche Recht als Teil der Gesamtrechtsordnung, Tübingen 1950, Zweites Buch, erste Abteilung: Dogmengeschichtliche Grundlagen des bürgerlichen Rechts, Tübingen 1951, Zweites Buch, zweite Abteilung: Praxis der richterlichen Rechtsschöpfung, Tübingen 1952

de Boor, Hans-Otto: Die Methode des englischen Rechts und die deutsche Rechtsreform, Berlin 1934

Boorstin, Daniel J.: The mysterious Science of the Law, Boston 1958

Borchardt, Knut: Probleme der ersten Phase der industriellen Revolution in England, in: Vjschr. f. Soz. u. Wirtg. 55 (1968), S. 1 ff.

Borkenau, Franz: Der Übergang vom feudalen zum bürgerlichen Weltbild, Darmstadt 1971

Brinton, Crane: English Political Thought in the Nineteenth Century, 2. Aufl., London 1949

Brown, Esther Lucile: Lawyers, Law Schools and the Public Service, New York 1948

Brown, Philip Anthony: The French Revolution in English History, London 1918

Brunner, Heinrich: Die Geschichte der englischen Rechtsquellen im Grundriß, Leipzig 1909

Burke, Edmund: Reflections on the revolution in France and other writings, with a pref. by F. W. Rafferty, London 1958

Bryce, James: The Influence of National Character and Historical Environment on the Development of the Common Law, in: L.Q.R. 24 (1908), S. 9 ff.

Cam, Helen: Law-finders and Law-makers in Medieval England, Collected Studies in Legal and Constitutional History, London 1962

Carr, Cecil Thomas: Revised Statutes, in: L.Q.R. 45 (1929)

Cassirer, Ernst: Die Philosophie der Wissenschaft, 2. Aufl., Tübingen 1932

Coing, Helmut [Privatrechtsgeschichte]: Die europäische Privatrechtsgeschichte der neueren Zeit als einheitliches Forschungsgebiet, in: Jus Commune, Bd. I, Frankfurt a. M. 1967

— [Privatrechtssystem]: Zur Geschichte des Privatrechtssystems, Frankfurt a. M. 1962

Conrad, Hermann [Aufklärung]: Aufklärung und Gesetzgebung, in: JZ 69, S. 309 ff.

— [Grundlagen]: Die geistigen Grundlagen des Allgemeinen Landrechts für die preußischen Staaten von 1794, Köln & Opladen 1958

— [Landrecht]: Das Allgemeine Landrecht von 1794 als Grundgesetz des friderizianischen Staates, Berlin 1965

— [Rechtsgeschichte]: Deutsche Rechtsgeschichte, Ein Lehrbuch, Band I: Frühzeit und Mittelalter, Karlsruhe 1954, Band II: Neuzeit bis 1806, Karlsruhe 1966

Cross, Geoffrey [Stare Decisis]: Stare Decisis in Contemporary England, in: L.Q.R. 82 (1966) S. 203 ff.

— [Precedent]: Precedent in English Law, London 1961

David-Grasmann, René David: Einführung in die großen Rechtssysteme der Gegenwart, Rechtsvergleichung, übersetzt und für den deutschen Leser bearbeitet von Günther Grasmann, München und Berlin 1966

Dicey, A. V.: Lectures on the Relation between Law and Public Opinion in England during the nineteenth Century, 2. Aufl., London 1920

Dibelius, Wilhelm: England, Stuttgart, Leipzig und Berlin 1923

Dilcher, Gerhard: Gesetzgebungswissenschaft und Naturrecht, in: JZ 69, S. 1 ff.

Dillon, John Forrest: Bentham's Influence in the Reforms of the Nineteenth Century, in: Select Essays, Bd. I, S. 492 ff.

Dockhorn, Klaus: Deutscher Geist und angelsächsische Geistesgeschichte, Ein Versuch der Deutung ihres Verhältnisses, Göttinger Bausteine zur Geschichtswissenschaft, Band 17, Göttingen, Frankfurt, Berlin 1954

Dreier, Ralf: Probleme der Rechtsquellenlehre, in: Fortschritte des Verwaltungsrechts, Festschrift für Hans C. Wolff zum 75. Geburtstag, hrsg. von Christian-Mriedrich Menger, München 1973

Ehmke, Horst: „Staat" und „Gesellschaft" als verfassungstheoretisches Problem, in: Staatsverfassung und Kirchenordnung, Festgabe zum 80. Geburtstag am 15. Januar 1962, hrsg. von Konrad Hesse, Siegfried Reicke, Ulrich Scheuner, Tübingen 1962

Elton, G. R. [Historians]: Modern Historians on British History, 1485 - 1945, A critical Bibliography, 1945 - 1969, London 1970

— [Literaturbericht]: Literaturbericht über die englische Geschichte der Neuzeit 1485 - 1945; Veröffentlichungen 1945 bis Mai 1967, in: HZ, Sonderheft 3, 1969

Esser, Josef: Grundsatz und Norm in der richterlichen Fortbildung des Privatrechts, Rechtsvergleichende Beiträge zur Rechtsquellen- und Interpretationslehre, 2. Aufl., Tübingen 1964

Fesefeldt, Wiebke: Englische Staatstheorie des 13. Jahrhunderts, Göttingen 1962

Fifoot, C. H. S.: English Law and its Background, London 1932

Finnis, John M.: Blackstone's Theoretical Intentions, in: Natural Law Forum, 12 (1967), S. 163 ff.

Friedmann, Wolfgang [Bentham]: Bentham's „Limits of Jurisprudence Defined", in: L.Q.R. 64 (1948), S. 341 ff.

— [Theory]: Legal Theory, 5. Aufl., London 1967

Gagnér, Sten: Studien zur Ideengeschichte der Gesetzgebung, Stockholm, Uppsala, Göteborg 1960

Gardiner-Martin: Law Reform now, hrsg. von Gerald Gardiner und Andrew Martin, London 1963

Gash, Norman: English Reform and French Revolution in the General Election of 1830, in: Essays presented to Sir Lewis Namier, hrsg. von Richard Pares und A. J. P. Taylor, London 1956

Geldart, William: Elements of English Law, 7. Aufl., hrsg. von D. C. M. Yardley, London 1966

von Gneist, Rudolf: Englische Verfassungsgeschichte, Berlin 1882

Goodhart, A. L.: Precedent in English and Continental Law, in: L.Q.R. 50 (1934), S. 40 ff.

Gough, J. W.: Fundamental Law in English Constitutional History, Oxford 1955

Gower, L. C. B.: English Legal Training, in: Modern Law Review, 13 (1950), S. 137 ff.

Graveson, R. H.: The restless Spirit of English Law, in: Jeremy Bentham and the Law, A Symposion, hrsg. von George W. Keeton und Georg Schwarzenberger, London 1948

Gray, John Chipman: The Nature and Sources of the Law, 2. Aufl., New York 1931

Gregory, Charles Noble: Bentham and the Codifiers, in: H.L.R. 13 (1899/1900), S. 344 ff.

Guttmann, Bernhard: England im Zeitalter der bürgerlichen Reform, 2. Aufl., Stuttgart 1949

Hale, Matthew [History]: The History of the Common Law of England, hrsg. und eingeleitet von Charles M. Gray, Chicago 1971

— [Analysis]: The Analysis of the Law of England. Written by a learned hand, London 1713

Halévy, Elie: The Growth of Philosophic Radicalism, London 1934

Halsbury's Complete Statutes of England (1225 - 1951 ff.), jetzt 3. Auflage 1970, London 1970

Hampson, Norman: The Enlightment, The Penguin History of European Thought, Bd. 4, 1968

Hanbury, Harold G.: Blackstone as a Judge, in: AJLH 3 (1959), S. 1 ff.

Hansard [1st Series]: The Parliamentary Debates from the Year 1803 to the present time, hrsg. von T. C. Hansard, Band 1 - 41, London 1812 - 1820

Hansard [2nd Series]: Parliamentary Debates, Commencing with the Accession of George IV., hrsg. von T. C. Hansard, Band 1 - 25, London 1820 - 1830

Hansard [3rd Series]: Parliamentary Debates, hrsg. von T. C. Hansard, Band 1 - 356, London 1830 ff.

Harding, Alan: A Social History of English Law, Hammondsworth/Middlesex 1966

Hart, H. L. A.: Blackstone's Use of the Law of Nature, in: S.A.L.R. 3 (1956), S. 169 ff.

Hatschek, Julius [Bentham]: Bentham und die Geschlossenheit des Rechtssystems, in: A.ö.R. 24 (1909), 443 ff. und 26 (1910), S. 458 ff.

— [Verfassungsgeschichte]: Englische Verfassungsgeschichte bis zum Regierungsantritt der Königin Viktoria, München und Berlin 1913

Hazeltine, H. D.: The Renaissance and the Laws of Europe, in: Cambridge Legal Essays, Cambridge 1926

Henningsen, Manfred: Edmund Burke, in: Vom Nationalstaat zum Empire, hrsg. von Manfred Henningsen, München 1970

Henrich, Dieter: Einführung in das englische Privatrecht, Darmstadt 1971

Heymann, Ernst [England]: Das bürgerliche Recht Englands, in: Jur.Litbl. 14 (1907), S. 99 ff.

— [Privatrecht]: Überblick über das englische Privatrecht, in: Holtzendorff-Kohler, Enzyklopädie der Rechtswissenschaft, 7. Aufl., 1914, Bd. II, S. 281 ff.

— [Fortescue]: Fortescue's Laudes Legum Angliae, in: ZRG (Germ. Abt.) 58 (1938), S. 615 ff.

Hintze, Otto: Typologie der ständischen Verfassungen des Abendlandes, in: Gesammelte Abhandlungen zur Allgemeinen Verfassungsgeschichte, Band I, Staat und Verfassung, hrsg. von Fritz Hartung, Leipzig 1941

Hirsch, Ernst E.: Probleme der Kodifikation im Lichte der heutigen Erfahrungen und Bedingungen, in: Deutsche Landesreferate zum VI. Internationalen Kongreß für Rechtsvergleichung in Hamburg 1962, hrsg. von Hans Dölle, Berlin und Tübingen 1962

Historical Studies: Historical Studies of the English Parliament, Bd. I, Origins to 1399, Bd. II, 1399 - 1603, hrsg. von E. B. Fryde und Edward Miller, London 1970

Hobsbawn, Eric J.: Industrie und Empire I, Britische Wirtschaftsgeschichte seit 1750, aus dem Englischen übersetzt von Ursula Margetts, Edition Suhrkamp 315, 2. Aufl., Frankfurt a. M. 1970

Holdsworth, William Searle [History, Band]: A History of English Law, 16 Bände, London 1903 - 1966

— [House of Lords]: The House of Lords, 1689 - 1783, in: L.Q.R. 45 (1929), S. 307 ff.

— [Case Law]: Case Law, in: L.Q.R. 50 (1934), S. 180 ff.

— [Movement]: The Movement for Reforms in the Law (1793 - 1832), in: L.Q.R. 51 (1935), S. 33 ff., 208 ff., 340 ff.

— [Bentham]: Gibbon, Blackstone and Bentham, in: L.Q.R. 52 (1936), S. 46 ff.

— [Some Makers]: Some Makers of English Law, London o. J.

— [Sources]: Sources and Literature of English Law, Oxford 1925

Holland, H. A.: Jeremy Bentham, in: Cambr.L.J., 10 (1948), S. 3 ff.

Holland, Thomas Erskine: The Elements of Jurisprudence, 10. Aufl., New York 1908

Howard, Christopher: Literaturbericht über die englische Geschichte der Neuzeit (1950 - 1959), in: HZ, Sonderheft 1, 1962

Ilbert, Courtnay: Legislative Methods and Forms, Oxford 1901

James, J. E.: Codify or Consolidate?, in: Journal of comparative legislation and international law, 24 (3. Serie) (1942), S. 60 ff.

James, Margaret: Social Problems and Policy during the Puritan Revolution, 1640 - 1660, London 1930

James, Philip S.: Introduction to English Law, 6. Aufl., London 1966

Jenks, Eward [Edward I.]: Edward I., the English Justinian, in: Select Essays I, S. 139 ff.

— [History]: A short History of English Law from the earliest times to the end of the year 1933, 5. Aufl., London 1934

Joliffe, J. E. A.: The Constitutional History of Medieval England, 3. Aufl., London 1954

Jolowicz, H. F.: Lectures on Jurisprudence, hrsg. von J. A. Jolowicz, London 1963

Kan, J. van: De rechtsgedachte von het Codificatiewerk der Revolutie, in: Tijdschrift voor Rechtsgeschiedenis, Bd. 2, Deel 2 (1920)

Kluxen, Kurt: Der englische Adel im 18. Jh., in: Der Adel vor der Revolution, Göttingen 1971

Kocher, Paul H.: Francis Bacon on the Science of Jurisprudence, in: Journal of the History of Ideas, 18 (1957), S. 3 ff.

Kocourek, Albert: Factors in the Reception of Law, in: T.L.R. 10 (1955), S. 209 ff.

Kofler, Leo: Zur Geschichte der bürgerlichen Gesellschaft, Versuch einer verstehenden Deutung der Neuzeit, Neuwied und Berlin 1971

Koschaker, Paul: Europa und das Römische Recht, 3. Aufl., München und Berlin 1958

Landsberg, Ernst: Geschichte der deutschen Rechtswissenschaft, München und Leipzig 1898 (Neudruck Aalen 1957)

Lang, Maurice Eugen: Codification in the Britsih Empire and America, Amsterdam 1924

Lawson, F. H.: A Common Lawyer looks at Codification, in: Inter-American Law Review, Revista Juridica interamericana, 2 (1960), S. 1 ff.

Leibholz, Gerhard: Staat und Gesellschaft in England, in: Strukturprobleme der modernen Demokratie, 3. Aufl., Karlsruhe 1967

Lenk, Kurt [Volk und Staat]: „Volk und Staat", Strukturwandel politischer Ideologien im 19. und 20. Jh., Stuttgart 1971

— [Parteien]: Kurt Lenk und Franz Neumann, Theorie und Soziologie der politischen Parteien, Neuwied und Berlin 1968

Lévy-Ullmann, Henri: The English Legal Tradition, Its Sources and History, translated from the French by M. Mitchell and revised and edited by F. M. Goadby, with a Foreward by Sir W. S. Holdsworth, London 1935

Lewis, John Underwood: Sir Edward Coke (1552 - 1633): His Theory of „Artificial Reason" as a Context for Modern Basic Legal Theory, in: L.Q.R. 84 (1968), S. 330 ff.

Lewis, T. Ellis: The History of Judicial Precedent, in: L.Q.R. 46 (1930), S. 207 ff., 341 ff., 47 (1931), S. 411 ff., 48 (1932), S. 230 ff.

Liebermann, Felix: Die Gesetze der Angelsachsen, Halle 1903 - 1916

Loewenhaupt, Wilfried: Politischer Utilitarismus und bürgerliches Rechtsdenken. John Austin (1790 - 1859) und die „Philosophie des positiven Rechts", Berlin 1972

Loewenstein, Karl: Der britische Parlamentarismus, Entstehung und Gestalt, Rowohlts deutsche Enzyklopädie, Bd. 208, Hamburg 1964

Lolme, Jean Louis de: The Constitution of England; or an account of the English Government; in which it is compared, both with the republican form of government, and the other monarchies in Europe, A New ed., corr., London 1790

Lucas, Paul: Ex parte Sir William Blackstone, „Plagiatrist"; A Note on Blackstone and the Natural Law, in: AJLH 7 (1963), 142

Lukas, Josef [Bentham]: Benthams Einfluß auf die Geschlossenheit der Kodifikation, in: A.ö.R. 26 (1910), S. 67 ff. und 26 (1910) 465 ff.

— [Gesetzgeber]: Zur Lehre vom Willen des Gesetzgebers, in: Staatsrechtliche Abhandlungen, Festgabe für Paul Laband, Band I, Tübingen 1908

Lyon, Bryce: A Constitutional and Legal History of medieval England, New York 1960

Maine, Henry: Ancient Law, London 1861 (Nachdruck 1954)

Maitland, Frederic William [Constitutional History]: The Constitutional History of England, A course of Lectures delivered by F. W. Maitland, Cambridge 1948

— [Equity]: Equity, A course of Lectures, 2. Aufl., London 1949

— [Essays]: Selected historical Essays of F. W. Maitland, chosen and introduced by Helen M. Cam, Cambridge 1957

— [Forms of Action]: The Forms of Action at Common Law, A course of Lectures, hrsg. von A. H. Chaytor und W. J. Whittaker, Cambridge 1948

— [Prologue]: A Prologue to a History of English Law, L.Q.R. 14 (1898), S. 13 ff.

— [Renaissance]: English Law and the Renaissance, in: Select Essays, Bd. I, S. 168 ff.

Marsh, Norman S.: La réforme du droit en Grande-Bretagne: Quelques développements récents, in: Revue internationale de droit comparé, 21 (1969), S. 485 ff., Paris

May, Thomas Erskine: Constitutuonal History of England since the accession of George the Third, 12. Aufl., hrsg. von F. Holland, Band I – II, London 1861, Band III, London 1912

Mc Ilwain, C. H.: The High Court of Parliament and its Supremacy, Yale 1910

Meinecke, Friedrich: Die Entstehung des Historismus, 4. Aufl., München 1965

Michael, Wolfgang: Englische Geschichte im 18. Jahrhundert, Band IV: Englands Aufstieg zur Weltmacht, Basel 1955

Mitteis, Heinrich [Staat]: Der Staat des hohen Mittelalters, 4. Aufl., Weimar 1953

— [Naturrecht]: Über das Naturrecht, Berlin 1948

Mitteis-Lieberich: Heinrich Mitteis und Heinz Lieberich, Deutsches Privatrecht, Ein Studienbuch, 4. Aufl., München und Berlin 1963

Mommsen, Wolfgang J.: Edmund Burke und die Französische Revolution, in: Politische Ideologien und nationalstaatliche Ordnung, Festschrift für Theodor Schieder, München und Wien 1968

Montesquieu, Charles de: Vom Geist der Gesetze, in neuer Übertragung, eingel. und hrsg. von Ernst Forsthoff, Tübingen 1951

Mullins, Claud: In Quest of Justice, London 1931

Namier, Lewis: The structure of politics at the Accession of George III., 2. Aufl., London 1957

Namier-Brooke: Lewis Namier und John Brooke, The History of Parliament. The House of Commons 1754 - 1790, London 1964

Neumann, Franz: Der Funktionswandel des Gesetzes im Recht der bürgerlichen Gesellschaft, in: Demokratischer und autoritärer Staat. Beiträge zur Soziologie der Politik, Frankfurt/Main 1967

Nourse, G. B.: Law Reform under the Commonwealth and Protectorate, in: L.Q.R. 75 (1959), S. 512 ff.

O'Gorman, F.: The Whig Party and the French Revolution, London 1967

Othmer, Sieglinde C.: Berlin und die Verbreitung des Naturrechts in Europa, Berlin 1970

Paine, Thomas: Rights of Man, hrsg. und eingel. von Henry Collins, Pelican Classics, 1971

Parliamentary-History, The Parliamentary History of England from the earliest Period to the Year 1803, Bd. 18 - 36, hrsg. von T. C. Hansard, London 1813 - 1820

Parry, Hughes: Economic Theories in English Case Law, in: L.Q.R. 42 (1931), S. 183 ff.

Peter, Hans: Actio und Writ, Eine vergleichende Darstellung römischer und englischer Rechtsbehelfe, Tübingen 1957

Plucknett, Theodore F. T. [History]: A Concise History of the Common Law, 5. Aufl., London 1956

— [Profession]: The Place of the Legal Profession in the History of English Law, in: L.Q.R. 48 (1932), S. 328 ff.

Plumb, J. H.: England in the eighteenth Century (1714 - 1815), The Pelican History of England, Bd. 7, 2. Aufl., 1963

Pollock, Frederick [Partnership]: A Digest of the Law of Partnership, 13. Aufl., London 1937

— [Essays]: Essays in Jurisprudence and Ethics, London 1882

Pollock, Frederick [Politics]: The History of English Law as a Branch of Politics, London

— [Law of Nature]: The History of the Law of Nature, in: Essays in the Law, London 1922

Pollock and *Maitland:* Frederick Pollock and Frederic William Maitland, The History of English Law before the time of Edward I., 2. Aufl., Cambridge 1898 (Nachdruck 1952)

Post, Gaines: Studies in medieval legal Thought, Public Law and the State, 1100 - 1322, Princeton 1964

Potter, Harold: Potter's Historical Introduction to English Law and its Institutions, 4. Aufl., hrsg. von A. K. R. Kiralfy, London 1958

Pound, Roscoe [Jurisprudence]: Jurisprudence, St. Paul/Minnessota 1959

— [Philosophy]: An Introduction to the Philosophy of Law, 2. Aufl., New Haven 1955

Priestley, Joseph: Letters to the Right Honourable Edmund Burke, 2. Aufl., Birmingham 1791

Propyläen Weltgeschichte, Eine Universalgeschichte, hrsg. von Golo Mann, Bd. VIII: Das neunzehnte Jahrhundert, Berlin, Frankfurt, Wien 1960

Quaritsch, Helmut: Staat und Souveränität, Band 1: Die Grundlagen, Frankfurt a. M. 1970

Radbruch, Gustav [Geist]: Der Geist des englischen Rechts, Göttingen 1956

— [Jurisprudence]: Anglo-american Jurisprudence through continental Eyes, L.Q.R. 52 (1936), S. 530 ff.

Radcliffe and *Cross:* Geoffrey Cross and G. D. G. Hall, The English Legal System, 4. Aufl., London 1964

Radzinowicz, Leon: A History of English Criminal Law and its Administration from 1750, 3 Bände, London 1948

Randall, H. J.: Jeremy Bentham, in: L.Q.R. 22 (1906), S. 311 ff.

Record Commissioners: The Record Commissioners, A Historical Survey of ancient English Statutes, in: Select Essays, Bd. II, S. 169 ff.

Redlich, Josef: Recht und Technik des englischen Parlamentarismus, die Geschäftsordnung des House of Commons in ihrer geschichtlichen Entwicklung und gegenwärtigen Gestalt, Leipzig 1905

Rehfeldt, Bernhard: Grenzen der vergleichenden Methode in der rechtsgeschichtlichen Forschung, Bonn 1942

Reibstein, Ernst: Volkssouveränität und Freiheitsrechte, Texte und Studien zur politischen Theorie des 14. bis 18. Jahrhunderts, 2 Bände, Freiburg und München 1972

Rheinstein, Max: Die Struktur des vertraglichen Schuldverhältnisses im angloamerikanischen Recht, Berlin 1932

Richardson and *Sayles:* H. G. Richardson und G. O. Sayles, Law and Legislation from Aethelbert to Magna Carta, Edinburgh 1966

Rinck, Hans-Justus: Das Naturrecht bei Blackstone, maschinengeschriebene Dissertation, Göttingen 1952

Ritter, Gerhard A.: Das britische Parlament im 18. Jahrhundert, in: Ständische Vertretungen in Europa im 17. und 18. Jahrhundert, Göttingen 1969

Ritterbusch, Paul: Recht, Rechtssetzung und Theorie der Rechtssetzung im mittelalterlichen England, in: Festgabe für Richard Schmidt, Leipzig 1932

Robinson, R.: Anticipations under the Commonwealth of Changes in the Law, in: Select Essays, Bd. I, S. 467 ff.

Romberg, Harold Percy: Die Richter ihrer Majestät, Porträt der englischen Justiz, 3. Aufl., Stuttgart, Berlin, Köln, Mainz 1971

Romilly, Samuel: Memoirs of the Life of Sir Samuel Romilly written by himself; with a selection from his Correspondence. Edited by his Sons, Band II, London 1840

Roscoe, Edward Stanley: The Growth of English Law, Being Studies in the Evolution of Law and Procedure in England, London 1911

Rosenstock, Eugen: Die europäischen Revolutionen, Volkscharakter und Staatenbildung, Jena 1931

Salmond, John W.: The Literature of Law, in: Col.L.R. 22 (1922), S. 197 ff.

Scarman, Leslie [Code]: A Code of English Law?, University of Hull 1966

— [Codification]: Codification and Judge Made Law, University of Birmingham 1966

— [Law Reform]: Law Reform, The new Pattern, London 1968

Schaefer, Alfred: David Hume, Philosophie und Politik, Meisenheim am Glan 1963

Schmid, R.: Die Gesetze der Angelsachsen, 2. Aufl., Leipzig 1858

Schmidt, Eberhard: Rechtssprüche und Machtsprüche der preußischen Könige des 18. Jahrhunderts, Leipzig 1943

Schneider, Franz: Das Rechts- und Staatsdenken von Edmund Burke, Bonn 1965

Schultz, Lothar: Russische Rechtsgeschichte, Lahr 1951

Schwarz, Andreas B. [Austin]: John Austin und die deutsche Rechtswissenschaft seiner Zeit, in: Rechtsgeschichte und Gegenwart, Gesammelte Schriften zur neueren Privatrechtsgeschichte und Rechtsvergleichung, Karlsruhe 1960

— [Pandektensystem]: Zur Entstehung des modernen Pandektensystems, in: Rechtsgeschichte und Gegenwart, Karlsruhe 1960

— [Professoren]: Der Einfluß der Professoren auf die Rechtsentwicklung im Laufe der Jahrhunderte, in: Rechtsgeschichte und Gegenwart, Karlsruhe 1960

— [Quellen]: Das englische Recht und seine Quellen, in: Die Zivilgesetze der Gegenwart, Sammlung europäischer und außereuropäischer Privatrechtsquellen, Begr. von Karl Heinsheimer, Band II, Das Zivilrecht Englands in Einzeldarstellungen, Erster Teil, Mannheim, Berlin, Leipzig 1931

Scrutton, Thomas Edward: Roman Law Influence in Chancery, Church Courts, Admirality, and Law Merchant, in: Select Essays, Bd. I, S. 208 ff.

Selden Society, The Publications of the Selden Society, London 1888

Senior, W.: Roman Law in England before Vacarius, in: L.Q.R. 46 (1930), S. 191 ff.

Smith, Adam: Natur und Ursachen des Volkswohlstandes, neu übersetzt von Wilhelm Loewenthal, 2 .Aufl., Berlin 1882

Smith, Jeremiah: Surviving Fictions, in: Y.L.R. 27 (1917), S. 147 ff.

Stanlis, Peter J.: Edmund Burke and the Natural Law, Ann Arbor 1958

Stephen, Leslie [English Thought]: History of English Thought in the eighteenth Century, 3. Aufl., New York 1902 (Nachdruck 1949)

Stephen, Leslie [Utilitarians]: The English Utilitarians, London 1900

Stevenson, Charles E.: Influence of Bentham and Humphreys on the New York Property Legislation of 1828, in: AJLH 1 (1957), S. 155 ff.

Stone, Ferdinand Fairfax: A Primer on Codification, in: T.L.R. 29 (1955), S. 303 ff.

Strauss, Leo: Naturrecht und Geschichte, Stuttgart 1956

Stubbs, William: Select Charters, 9. Aufl., Oxford 1913

Taswell-Langmead, Thomas Pitt: English Constitutional History, From the Teutonis Conquest to the present Time, 11. Aufl., hrsg. von T. F. T Plucknett, London 1960

Thieme, Hans [Beitrag des Naturrechts]: Der Beitrag des Naturrechts zum positiven Recht, in: Deutsche Landesreferate zum VII. Internationalen Kongreß für Rechtsvergleichung in Uppsala 1966, Berlin 1967

— [Naturrecht]: Das Naturrecht und die europäische Privatrechtsgeschichte, 2. Aufl., Basel 1954

— [Landrecht]: Allgemeines Landrecht, in: HRG, Band I

— [Spätes Naturrecht]: Die Zeit des späten Naturrechts, in: ZRG (Germ.Abt.) 56 (1936), S. 202 ff.

— [Kodifikation]: Die preußische Kodifikation, Privatrechtsgeschichtliche Studien II, in: ZRG (Germ.Abt.) 57 (1937), S. 355 ff.

Thomson, David: England in the Nineteenth Century, 1815 - 1914, The Pelican History of England, Bd. 8, 1950 (Nachdruck 1971)

Trevelyan, George Macaulay [British History]: British History in the Nineteenth Century and after (1782 - 1919), 2. Aufl., London 1937

— [Geschichte]: Geschichte Englands, Übersetzung Edmund Jerusalem, 4. Aufl., München 1949

Turberville, Arthur Stanley [House of Lords]: The House of Lords in the age of reform, 1784 - 1837, London 1958

— [Johnson's England]: Johnson's England, An Account of the Life & Manners of his Age, London 1933 (Nachdruck 1952)

Vadon, Jean: Le probléme de la codification du droit anglais, Aix-en-Provence 1962 (Dissertation)

Valjavec, Fritz: Geschichte der abendländischen Aufklärung, Wien 1961

Vanderlinden, Jacques: Le concept de code en Europe occidentale du XIIe au XIXe siècle, Essai de définition, Brüssel 1967

Veall, Donald: The Popular Movement for Law Reform, 1640 - 1660, Oxford 1970

Vollmer, Rudolf: Die Idee der materiellen Gesetzeskontrolle in der englischen Rechtsprechung, Bonn 1969

Voltelini, Hans von: Die naturrechtlichen Lehren und die Reformer des 18. Jahrhunderts, in: HZ 105 (1910), S. 65 ff.

Vossler, Otto: Studien zur Erklärung der Menschenrechte, in: HZ 142 (1925), S. 516 ff.

Walcott, Robert: English politics in the early eightteenth Century, Oxford 1956

Walker, R. J. und *Walker*, M. G.: The English Legal System, London 1967

Watson, J. S.: The Reign of George III., 1760 - 1815, Oxford 1960

Weber, Manfred: Jeremy Bentham, in: Vom Nationalstaat zum Empire, hrsg. von Manfred Henningsen, München 1970

Weber, Max: Wirtschaft und Gesellschaft, Grundriß der verstehenden Soziologie, 5. Aufl., besorgt von Johannes Winkelmann, Tübingen 1972

Welzel, Hans: Naturrecht und materiale Gerechtigkeit, 4. Aufl., Göttingen 1962

Wesenberg, Gerhard: Neuere deutsche Privatrechtsgeschichte im Rahmen der europäischen Rechtsentwicklung, 2. Aufl., bearbeitet von Gunter Wesener, Lahr 1969

Wieacker, Franz [Kodifikationsidee]: Aufstieg, Blüte und Krisis der Kodifikationsidee, in: Festschrift für Gustav Boehmer, Bonn 1954

— [Privatrechtsgeschichte]: Privatrechtsgeschichte der Neuzeit unter besonderer Berücksichtigung der deutschen Entwicklung, 2. Aufl., Göttingen 1967

Williams, B.: The Whig Supremacy, 1714 - 1760, Oxford 1962

Williams, Ernest Neville: The eighteenth Century Constitution 1688 - 1815, Documents and Commentaries, Cambridge 1960

Winfield, Percy H.: The Chief Sources of English Legal History, New York 1925 (Nachdruck 1963)

Witte, Erich: Die englische Staatsverfassung im Urteil der Deutschen des achtzehnten Jahrhunderts, Leipzig 1929

Wolf, Erik [Naturrechtslehre]: Das Problem der Naturrechtslehre, 3. Aufl., Karlsruhe 1964

— [Rechtsdenker]: Große Rechtsdenker der deutschen Geistesgeschichte, 4. Aufl., Tübingen 1963

Woodward, Llewellyn: The age of Reform, 1815 - 1870, 2. Aufl., Oxford 1962

Wortley, B. A.: Jurisprudence, Manchester, 1967

Zweigert, Konrad: Zur Methode der Rechtsvergleichung, in: Studium Generale 1960, S. 193 ff.

Zweigert, Konrad und *Kötz*, Hein: Einführung in die Rechtsvergleichung auf dem Gebiet des Privatrechts, Bd. I, Grundlagen, Tübingen 1971

Kolibri 360 GmbH
Ferdinand-Jühlke-Straße 7
99095 Erfurt, Deutschland
produktsicherheit@kolibri360.de

Druck:
CPI Druckdienstleistungen GmbH
im Auftrag der
Kolibri 360 GmbH
Ferdinand-Jühlke-Str. 7
99095 Erfurt